영어의 정석

장시영 著

Beyond Knowledge

영어의 정석

지은이	장시영 (張時榮)
펴낸곳	비얀드 나리지 (Beyond knowledge)
디자인	김민선
연락처	010-9076-3807, strawjang@gmail.com
	fax. 02-6008-1406
등 록	2015. 7. 21. 제305-2015-000030호
	서울특별시 동대문구 답십리로 94
ISBN	979-11-965665-0-0 13740

초판 1쇄 2019년 2월 1일

본 도서에 실린 모든 내용, 디자인, 이미지, 편집 구성의 저작권은 비얀드 나리지와 지은이에게 있습니다.
허락 없는 일체의 무단 전재 · 모방은 법률로 금지되어 있습니다. 파본은 구입 서점에서 교환해 드립니다.

All rights reserved. Copyright © 2019 by Beyond knowledge.

이 도서의 국립중앙도서관 출판예정도서목록(CIP)은 서지정보유통지원시스템 홈페이지(http://seoji.nl.go.kr)와
국가자료공동목록시스템(http://www.nl.go.kr/kolisnet)에서 이용하실 수 있습니다.
(CIP제어번호: CIP2019000153)

| 서문 |

영어가 우리나라에 도입되고 긴 세월 동안 많은 변화가 있었지만, 우리나라 영어 교육은 그때나 지금이나 큰 변함이 없는 것 같습니다. 영어 실력도 마찬가지입니다. 공교육, 사교육, 대학 교육을 포함하여 근 20년을 공부하지만 영어 실력은 투자한 시간과 노력에 비례하지 않았습니다. 그렇게 많은 시간과 돈, 노력이 투입되었음에도 불구하고 처한 상황이 이러하다면 이젠 방법을 바꾸어야 합니다.

방법을 바꾸어야 한다는 것은 영어를 영어답게 익혀야 한다는 것입니다. 지금까지 우리는 영어를 영어 그대로가 아니라 우리나라 어순대로 억지로 끼워 맞춰 가며 배워 왔습니다. 단언컨대 그것은 전문 번역가가 해야 하는 일이지, 영어를 의사소통의 수단으로 활용해야 하는 학습자가 따라야 할 기술은 아닙니다. 영어를 자연스럽게 활용하는 communicator 가 돼야지, 온 국민이 번역가가 될 필요는 없기 때문입니다.

영어에 어순이 있다는 것은 영어를 그 어순 그대로 이해해야 한다는… 생각해 보면 너무나도 당연하고 단순한 진리를 말해 주고 있습니다. 세상 그 어디에도 읽는 것, 듣는 것 따로, 이해하는 것 따로 해야 하는 언어는 없습니다. 언어는 그 언어의 생성 원리에 따른 어순대로 이해해야만 하는 것입니다.

이 책은 영어 어순의 원리와 그 어순 그대로 이해하고 구사하는 방법에 대하여 상세히 다루고 있습니다. 처음엔 기존의 잘못된 방식과 달라 어색할 수도 있지만, 어순의 원리를 깨우치고 어순대로 이해하다 보면 왜 그래야 하고, 왜 처음부터 이렇게 해야 했는지를 학습자 스스로 깨닫게 될 것이라고 저는 확신합니다. 또한, 이 책에는 영어를 공부하는 학습자라면 누구나 궁금했을 법한 내용들을 빠짐없이 기술하려고 최선의 노력을 다하였습니다.

이 책은 영어를 처음 시작하는 아이뿐만 아니라,

- 수능 시험을 위해 빠른 독해가 필요한 수험생
- 아이에게 제대로 된 엄마표 영어를 가르쳐 주고 싶은 학부모
- 자기의 전공이나 관심 분야의 원서를 어순대로 술술 읽어 나가고, 미드나 영화를 자막 없이 즐기며, 외국인과 자유롭게 의사소통하고 싶은 일반인
- 영어를 이해할 때 문장을 이리저리 왔다갔다 하면서 마치 수학 문제나 암호를 풀 듯이 언어를 이해하는 영어 학습자
- 영어를 웬만큼 안다고 생각하지만 잘못된 기존 방법의 한계로 인하여 더 이상 실력 향상이 없는 영어 정체자에게까지 영어 학습의 새로운 패러다임을 제시할 것입니다.

부디 이 책을 통해 영어에 대한 큰 그림과 통찰력 그리고 자신감을 얻길 기원합니다.

2019년 1월 1일
저자 장 시 영

| 차례 |

[1. 기본 편]

| 1. 시작하며 | 12 |

| 2. 영어의 어순 | 13 |

| 3. 어순 | 16 |

1. 조동사 16
2. be동사 21
3. 일반동사 24
4. 어순 예외(명사 부가설명) 30
5. to는 화살표이다 44

| 4. 명사와 문장 확장 | 49 |

1. 명사 상당 어구 49
2. 문장 확장 55

| 5. 전치사 | 66 |

1. 전치사란 무엇인가? 66
2. 전치사 어순 원리 68
3. 이미지 연상을 통한 전치사의 기본 의미 이해 74
4. 전치사 요약 124
5. 전치사, 부사 이해 연습 126

6. 접속사   136

1. 접속사란 무엇인가?   136

2. 접속사 as   138

3. 접속사들   152

4. 접속사 기타   165

5. 접속사 요약   170

6. 접속사 이해 연습   171

7. 기타   174

1. 관사   174

2. 분사의 정의와 역할   175

3. 현재완료 용법   179

4. to부정사 예외 용법   182

5. 미래 표현들   183

6. 능력, 가능 표현들   186

7. There is / are ~   187

8. 빈도부사   188

8. 기본 편을 마치며   189

| 차례 |

[2. 심화 편]

1. 조동사	196
2. be동사	214
3. 일반동사	216
1. 1형식	217
2. 2형식	219
3. 3형식	226
4. 4형식	229
5. 5형식	231
6. 만능 동사 get	242
4. 명사 부가설명과 관계대명사	249
5. 전치사	272
6. 접속사	281
1. with 전치사로 접속사를 대체	281
2. 등위접속사	286

7. 대명사　　　　　287

　　1. 형용사가 아닌 대명사　　　　　287

　　2. 대명사 수 일치　　　　　290

8. 기타　　　　　293

　　1. 문장 구조 분석　　　　　293

　　2. 혼동되는 단어들　　　　　295

　　3. 기타 표현들　　　　　305

　　4. 종합 예제　　　　　309

　　5. 반드시 알아두어야 하는 미국식 축약형, 연음 발음　　　　　313

에필로그　　　　　316

주해(註解)

S : 진(眞)주어

s : 문장에서 진(眞)주어는 아니지만 주어 역할을 하는 단어

V : 본(本)동사

v : 문장에서 본(本)동사는 아니지만 동사 역할을 하는 단어

VT : 타동사

VI : 자동사

O : 목적어

C : 보어

SC : 주격보어

OC : 목적격보어

n : 명사

a : 형용사

~ing / v~ing : 현재분사

pp / v~pp : 과거분사

명사 부가설명 : 앞에 나온 명사를 보충 설명해 주는 것

STANDARD
of
ENGLISH

기본편

1 기본 편
1-1 시작하며

언어를 어순(語順)대로 이해하지 않는다는 것은 해당 언어를 사용하지 않겠다는 말과 같습니다. 모든 언어에 그 언어 나름의 어순이 있다는 것은, 해당 언어는 그 언어의 어순대로 이해해야 한다는 것을 의미하기 때문입니다.

영어도 마찬가지입니다. 영어는 반드시 영어 어순 그대로 이해해야 합니다. 우리는 지금까지 영어를 마치 국어를 대하듯이 배워 왔습니다. 읽기는 어순대로 읽지만 이해는 국어 어순대로 하면서, 번역가 수준으로 영어를 예쁜 우리나라 말로 환골탈태하기 위해 문장을 앞뒤로 수차례 왔다 갔다 반복해 가면서 이해를 했습니다. 이는 진짜 영어가 아니라 한국식 영어를 한 것입니다. 과연, 이게 올바른 방법일까요? 한낱 읽기가 이러한 상황일진데 듣기, 쓰기, 말하기로 넘어가면 문제는 더욱 심각해집니다. 한국식으로 영어를 이해하면 영어를 영어답게 활용하기가 정말 힘들어집니다.

국어와 영어는 주어가 맨 앞에 나온다는 점 말고는 주어 이후의 어순이 완전히 다릅니다. 이는 각각의 언어를 사용하는 사람들의 사고방식은 물론 그 사고방식과 문화가 고스란히 녹아 있는 언어의 차이로 나타납니다. 문제는 그런 사고방식과 언어의 차이를 내 언어 방식대로 억지로 끼워 맞춰서는 다른 나라 언어를 제대로 배울 수 없다는 점입니다.

자! 그럼 영어는 어떻게 배워야 할까요?

그건, 영어 어순에 그대로 나와 있습니다. **영어 어순에 원어민의 사고와 영어의 원리가 그대로 녹아 있다**는 의미입니다. 따라서, 우리는 영어 어순대로 영어를 이해하는 방법을 익혀야 합니다.

앞으로 우리는 이 책을 통해 영어 어순 원리와 영어 어순 그대로 영어를 이해하는 방법을 배워 나갈 것입니다. 이를 통해 우리는 영어의 어순 원리를 깨닫고, 자연스럽게 영어를 영어 어순대로 읽고, 듣고, 쓰고, 말할 수 있게 될 것입니다.

1-2 영어의 어순

그럼 본격적으로 '영어 어순'에 대해 알아보도록 하겠습니다. 영어의 어순이 어떤 원리로 전개되는지를 아는 것은 영어를 익히고 사용하는 데 있어 무척 중요한 문제이기 때문에 반드시 이해하고, 영어를 사용할 때는 항상 염두에 두고 있어야 합니다.

우선, 이 책 전체의 Key-Point 입니다.

Key-Point ── ○ 영어는 주어로부터 심리적·물리적으로 가까운 순서대로 단어를 나열한다.

= 주어 → 주어의 마음 상태(조동사) → 주어의 행위(동사) → 주어의 행위가 영향을 미치는 대상 (목적어)

= 주어 + 조동사 + 동사 + 목적어

S + 조동사 + V + O

영어는 마치 주어가 세상의 중심인 양 주어로부터 시작해, 순차적으로 확장되어 나가는 언어입니다.

Key-Point를 구체적으로 설명하면 아래와 같습니다.

1. 주어로부터 가장 가까운 것은 주어의 심리적인 마음 상태입니다.

마음 상태란 주어의 의지(意志)나 부담(負擔) 같은 것을 말합니다. 영어에서 조동사는 이런 주어의 마음 상태를 표현합니다. 그렇기 때문에 조동사는 주어 바로 다음에 나옵니다. (주어+조동사)

2. 아래 단어의 의미를 음미해 보세요! 국어사전에 정의된 내용입니다.

"행위(行爲) : 사람이 의지를 가지고 하는 짓"

'짓' 즉, 행위란 사람이 의지를 가지고 행하는 물리적 동작이나 사고 작용입니다.

13

따라서, 조동사 다음에 그러한 의지가 발현되는 동사가 나오는 것입니다.
(주어+조동사+동사)

3. 마지막으로 주어의 행위 즉, 동사가 영향을 미치는 대상인 목적어가 나옵니다.
   목적어가 동사 다음에 등장하는 이유는 주어의 행위가 먼저 존재해야 그 행위가 영향을 미치는 객체 즉, 목적어가 의미 있기 때문입니다. (주어+조동사+동사+목적어)

● 영어 어순 원리

주어 + 주어의 마음상태 + 주어의 행위 + 그 행위가 영향을 미치는 대상

영어는 주어로부터 가까운 순으로 순차적으로 확장해 나간다!

물론, 주어의 행위가 영향을 미치는 대상이 없고, 주어의 행위 자체로만 끝난다면 목적어는 나타나지 않습니다. 그런 동사를 우리는 자동사라고 합니다.

자! 이제 예문을 통해 어순에 따른 이해를 해보도록 하겠습니다.

- I kick a ball.
  "나는 공을 찬다"

앞으로 영어를 할 때 이런 우리말 식 이해는 이 문장을 끝으로 영원히 작별을 고해야 합니다. 이 문장은 "나 차다 한 공"으로 이해해야 합니다.

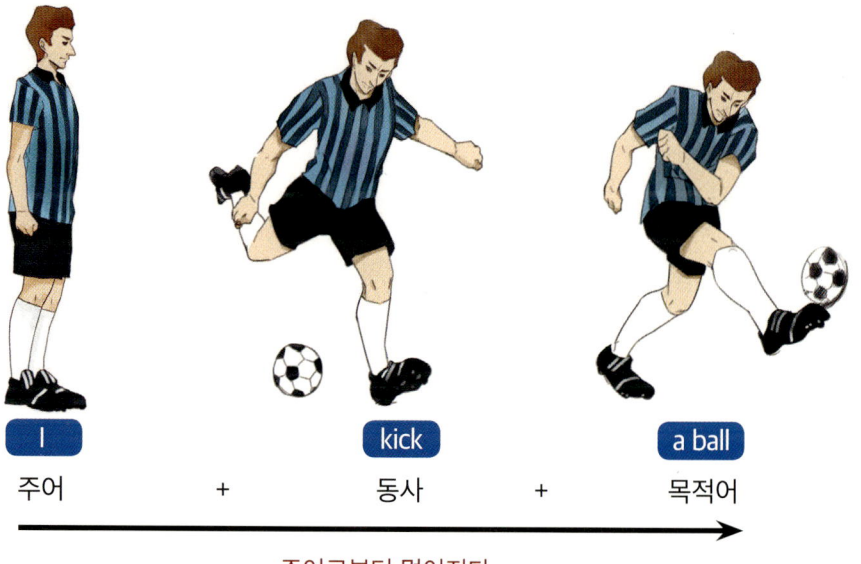

I		**kick**		**a ball**
주어	+	동사	+	목적어

주어로부터 멀어진다

영어는 위의 그림처럼 내가 존재하고, 주어인 나로부터 물리적으로 가까운 순서대로 단어가 전개됩니다. 내가 내 발을 움직여서, 그 행위가 우리 몸 밖의 객체인 공을 차는 것입니다.

영어 어순 원리를 깨우치고 이를 적용하게 되면, 영어 어순대로 직독직해가 빨라지고, 영어 듣기도 들리는 대로 바로 이해할 수 있습니다. 또한, 영어 표현에 있어서도 자기 생각과 장면 묘사에 대해 영어로 쓰고 말하는 것이 자연스러워집니다. 그 시작은 영어 어순 원리를 확실하게 이해하는 데에서 비롯됩니다.

1-3 어순
1. 조동사

이전 챕터에서 영어는 주어로부터 심리적·물리적으로 가까운 순으로 단어가 배열된다고 배웠습니다. 이번 챕터에서는 주어 바로 다음에 위치하여 주어의 심리 상태를 나타내는 조동사에 대하여 알아보도록 하겠습니다.

사실 조동사는 이야기하는 사람 즉, 화자(話者)가 생각하는 주어의 마음 상태입니다. 왜냐하면 화자가 자기 자신에 대해 이야기할 때도 있지만, 다른 대상에 대해 말할 수도 있기 때문입니다. 화자가 1인칭 주어(I)로 본인에 대해 말할 때 사용하는 조동사는 자신의 마음 상태를 표현하는 것이지만, 2/3인칭 주어(you, he, she, it, they)를 사용하여 다른 대상을 언급할 때의 조동사는 화자가 미루어 짐작하는 주어의 마음 상태입니다. 조동사에서는 항상 이점을 명심하기 바랍니다.

"화자(話者) : 이야기하는 사람"

조동사로 표현되는 주어의 심리 상태란 주어의 의지(意志)나 압박감/부담감을 말합니다. will은 주어의 의지(意志)가 가장 강할 때를 의미하며, 이때 주어는 강한 자기 확신과 앞으로 무언가를 이루겠다는 신념이 가장 강합니다.(will이 미래를 표현하는 이유이기도 합니다.)

"의지(意志) : 어떠한 일을 이루고자 하는 신념이나 마음"

이러한 주어의 의지는 아래 그림과 같이 will을 기준으로 오른쪽으로 갈수록 의지가 약해집니다. 주어의 의지가 약해진다는 것은 주어의 자기 확신이 줄어들어 추측의 마음 상태에 놓이게 됨을 의미합니다.(자기 의지는 약해지는 반면, 그에 따라 불확실성은 증가)

"추측(推測) : 미래의 일에 대한 상상이나, 과거나 현재의 일에 대한 불확실한 판단을 표현하는 일"

Key-Point ─○

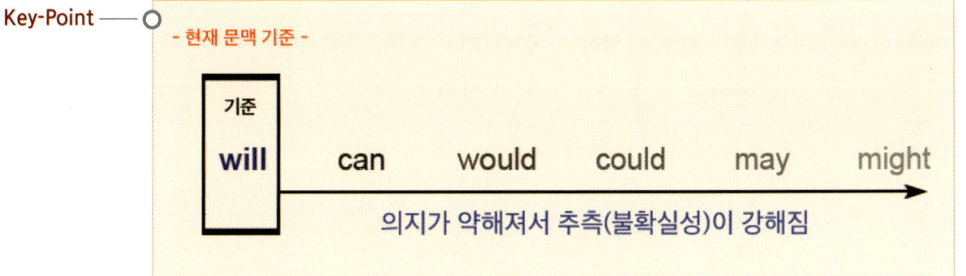

※ 현재 문맥: 현재 상황에 대해 언급(말 또는 글)하는 것

| 어순 - 조동사 |

따라서, 현재 상황에 대해 언급(말하거나 글 쓰는)하는 현재 문맥에서 will이 아닌 would를 사용한다는 것은 주어의 불확실한 추측의 마음 상태를 표현하는 것입니다. 왜냐하면, 주어의 의지가 약화되어 자기 확신이 결여되어 있기 때문입니다.

앞으로 우리는 현재 문맥에서 would를 만나면 머리 속으로 주어가 "추측"의 마음 상태에 놓여 있음을 상기하며 어순대로 문장을 이해해 나갈 것입니다.

점점 약해지는 주어의 의지(意志)는 might에 이르러서는 최소가 되어, 약한 가능성이나 강한 추측을 의미하게 됩니다. 이런 기본 의미에서 파생되어 정중하고 예의 바른 표현을 하고 싶거나, 화자의 의지에 의해서가 아니라 다른 사람에 의한 허락을 필요로 할 때 may 나 might를 사용하게 된 것입니다. 자기 확신이 부족해 자신을 낮추기 때문에 상대방을 더 높이고 배려하게 되는 것입니다.

현재 문맥에서의 would의 의미는 다음과 같이 생각해 볼 수도 있습니다. 현재 문맥임에도 불구하고 will의 과거형인 would를 사용한다는 것은 그만큼 과거의 강했던 의지가 시간이 지남에 따라 퇴색되고 약화되어 현재에 이르러서는 이전만큼 강한 의지가 아니라는 것입니다. 이런 측면에서 볼 때, 현재 문맥에서의 would가 의지가 약화된 '추측(推測)'의 의미를 지니게 되었다고도 유추해 볼 수 있습니다.

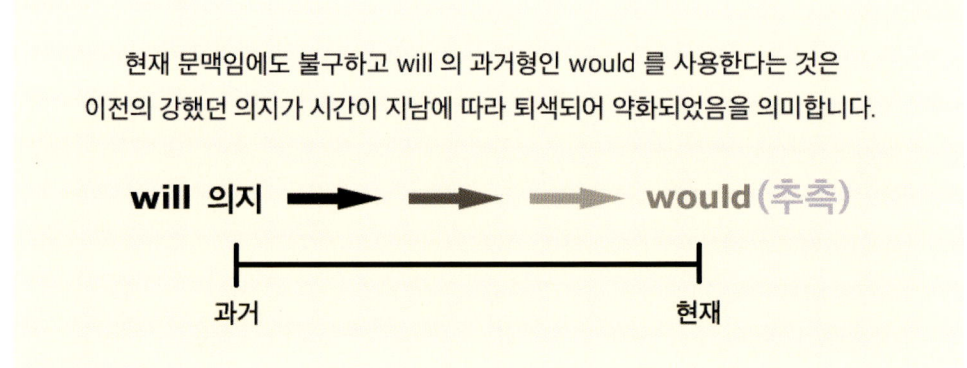

현재 문맥임에도 불구하고 will 의 과거형인 would 를 사용한다는 것은
이전의 강했던 의지가 시간이 지남에 따라 퇴색되어 약화되었음을 의미합니다.

will 의지 ➡ ➡ ➡ **would**(추측)

과거　　　　　　　　　　　　　현재

would 어순 이해 Tip ──○ 현재 문맥에서 would를 만나면 머릿속으로 '추측'이라고 떠올린 후 어순대로 이해합니다.

자! 이제 예문을 통해 어순에 따른 이해를 해보도록 하겠습니다.

- I will do it.
  - 이해 : 나 (의지 미래) 하다 그것
  - 해설 : will은 앞으로 어떻게 하겠다는 화자의 강한 의지를 표현합니다.
- I will be there for you.
  - 이해 : 나 (의지 미래) 존재하다 거기 목표는 너
  - 해설 : 'be동사'의 기본 의미는 '존재한다' 입니다.
- Promise me that you will watch out for him.
  - 이해 : 약속해라 나에게 (뭘?) 너 (의지 미래) 지켜보다 밖으로 목표는 그
  - 해설 : 명사절(s + v)은 하나의 온전한 문장이기 때문에 앞으로 밑줄을 그어 구분하도록 하겠습니다. watch out for (지켜보다 밖으로 목표는 ~ : 주의하다, 조심하다.) 전치사 for의 기본 의미는 '목표는 ~' 입니다.
- ~ 현재 문맥 ~ That would be great.
  - 이해 : 그것 (추측) 훌륭한
  - 해설 : would가 '추측' 의 의미일 때는 화자가 현재 상황에 대해 말하거나 글을 쓸 때입니다. 이때를 우리는 현재 문맥이라고 합니다. 과거시제에 사용된 would는 조동사 심화편에서 배우겠지만, '추측' 의 의미가 아니라 시제 일치를 시킨 will의 과거형으로서 과거에서의 '강한 의지' 입니다.
- ~ 현재 문맥 ~ It would be a good start.
  - 이해 : 그것 (추측) 한 좋은 시작
  - 해설 : 사실 자체에 대해 말할 때는 It is a good start와 같이 현재형을 사용합니다. 현재 문맥에서 위 예문과 같이 would를 사용한다는 것은 화자가 생각하기에 현재 상황(it)이 불확실하여 추측의 상태임을 의미합니다.
- We think you would like it.
  - 이해 : 우리 생각한다 (뭘?) 너 (추측) 좋아한다 그것
  - 해설 : 본동사 think가 현재 시제임에도 불구하고 명사절에 would를 사용했다는 것은 명사절의 would가 추측의 would라는 것입니다. 화자인 We가 생각하기에 네가(you) 그걸 좋아할지, 아닐지 확신할 수 없기 때문에 추측의 would를 사용하였습니다.

- ~ 현재 문맥 ~ Why would I do that?
  - 이해 : 왜 (추측) 나 하냐 그것?
  - 해설 : Why do I do that? 이라고 하면 사실 자체에 대한 의문이 되지만, 위와 같이 추측의 would를 사용하면 화자인 주어의 의지가 없기 때문에 "네가 뭔데? 내가 왜 그래야 하지?" 라는 어투입니다.

- ~ 현재 문맥 ~ How would I know?
  - 이해 : 어떻게 (추측) 나 알겠냐?
  - 해설 : 현재 문맥에서 추측의 would를 사용하여 어떤 사실이나 존재, 상태에 대해 알 길이 없는 주어의 마음 상태(자기 확신 결여)를 표현하고 있습니다.

- ~ 현재 문맥 ~ You would be very disappointed.
  - 이해 : 너 (추측건대) = 매우 실망한
  - 해설 : 화자가 추측하기에 주어인 You가 낙담했을 거라고 짐작하는 것입니다.

- ~ 현재 문맥 ~ He might be smart, but he is also a little careless.
  - 이해 : 그 (추측건대) 똑똑한, 그러나 그 또한 다소 부주의한
  - 해설 : 첫 번째 문장은 화자가 주어인 He에 대하여 추측하는 문장이고, 두 번째 문장은 사실 자체에 대해 언급하는 것입니다. 화자가 생각하기에 그가 똑똑할 수도 있지만, 다소 경솔하건 사실이라는 뉘앙스가 있습니다.

- ~ 현재 문맥 ~ Your father would be proud of you.
  - 이해 : 네 아버지 (추측건대) 자랑스러워하다 너
  - 해설 : 화자가 어머니라 가정할 때, 화자인 어머니가 주어인 자기 남편이 아들을 자랑스러워할 거라고 추측하는 것입니다. 화자 본인의 마음이 아니기에 추측의 would를 사용하였습니다. (Mother guesses that her husband is proud of their son.)

- I will be fine.
- I would be fine.

주어의 상태를 표현하는 위 두 문장에서 화자가 will을 사용할 때와 would를 사용할 때의 의미상 차이점이 느껴지시나요? 이 질문에 대해 스스로 생각해 보는 시간을 꼭 가져야 합니다.

화자가 will을 사용하는 경우, 화자 자신의 의지(意志)가 담겨 있기 때문에 상대방은 would를 사용할 때보다 더 안심하게 될 것입니다. 하지만 화자가 would를 사용한다면, 확신이 없는 자신의 마음 상태를 드러내는 것이기 때문에 상대방은 왠지 주어에 대해 불안한 마음을 갖게 될지도 모릅니다. "~될지도 모릅니다" 라고 표현한 것도 현재 문맥에서 would의 기본 의미가 '추측(推測)' 이기 때문에 비롯된 것입니다. 추측은 불확실성을 가중시키기 때문이죠! 만약 위 문장에서 'would be' 대신 'might be'를 사용한다면 불확실성은 더 가중되게 됩니다. might의 마음 상태는 반신반의(半信半疑) 상태라고 할 수 있습니다.

이런 것이 바로 화자가 생각하는 주어의 마음 상태를 표현하는 조동사의 역할이자, 단어 선택에 따른 미묘한 뉘앙스의 차이입니다. 그렇다면 초등학생이 자신의 꿈을 발표하는 자리에서는 어떤 조동사를 사용하는 것이 적절할까요? 한번 스스로 생각해 보세요! 주어의 마음 상태를 표현하는 조동사는 주어 자신의 의지 여부나 외부로부터 받는 영향력이 없을 수도 있기 때문에 문장에서 조동사의 존재 여부는 유동적입니다. 문장에서 나올 수도 있고, 나오지 않을 수도 있다는 말입니다. 따라서, 이 책에서는 아래와 같이 '(조동사)' 로 표기하도록 하겠습니다.

$$S + (조동사) + \underline{V} + O$$
→ 동사 원형

조동사 다음에 나오는 주어의 행위인 동사 자리에는 위의 그림과 같이 동사의 원형이 와야 합니다. 이상으로 조동사 기본 편을 마치고, 조동사에 대한 더 깊은 이해는 심화 편에서 다루도록 하겠습니다.

1-3 어순

2. be동사

'be동사' 의 기본 의미는 '존재한다' 입니다. 영어는 주어의 상태나 역할을 표현하기 전에 명시적으로 주어가 존재한다는 것을 be동사를 통해 문법적으로 표시해 줘야 합니다. 문법적으로 표시한다는 것은 국어에서 주격조사로 '은/는/이/가'를 붙이거나, 서술격조사로 '~이다'를 붙이는 것과 같다고 생각하면 됩니다. 말 그대로 문법적 표시이지만, 'be동사' 의 기본 의미가 '존재한다' 라는 사실은 반드시 알고 있어야 합니다.

Key-Point ——○ **be동사의 기본 의미는 '존재한다' 이다.**

"나 생각한다, 고로 나 존재한다."

서양 근대 철학의 아버지 데카르트는 '나는 생각한다. 그러므로 나는 존재한다' 라는 유명한 명제를 남겼습니다. 저는 이렇게 말하고 싶습니다. "be동사는 존재한다, 고로 주어의 상태나 역할이 의미가 있다." 라고 말입니다.

주어 다음에 be동사가 위치한다는 것은 주어가 존재하지 않고는 **주어의 상태나 역할**을 표현할 수 없다는 것입니다. 주어 자체가 존재하지 않으면 주어의 상태나 역할 따위는 아무런 의미가 없기 때문입니다. 따라서 주어 다음에 be동사가 나오고, be동사 다음에 주어의 상태나 역할이 등장(주어+be동사+주어의 상태 또는 역할)하는 것입니다. '주어의 상태나 역할' 은 주어가 어떤 존재라는 것을 보충해 수식(修飾)해 주는 역할을 하기 때문에 주격보어(補語)라고 하며, SC로 표시합니다. **보어가 될 수 있는 품사는 형용사나 명사이며, 형용사로는 주어의 상태를, 명사로는 주어의 역할을 표현**합니다.

S + be동사 + SC

= 주어가 존재하는데, 상태나 역할이 SC

또한, be동사는 be동사의 문법적 표시 성격 때문에 linking verb(연결 동사)라고도 합니다. 단순히 주어와 주격보어를 연결시켜 준다는 측면에서 그렇다는 것입니다. 그렇기 때문에 주어, be동사, 주격보어 간에는 'S=SC'라는 관계가 성립될 수 있습니다.

be동사 어순 이해 Tip ——◯ '존재한다' 혹은 'S = SC' 로 이해한다.

자! 이제 예문을 통해 어순에 따른 이해를 해보도록 하겠습니다.

- I am here for you.
  - 이해 : 나 존재한다 여기 목표는 너
- I know where she is.
  - 이해 : 나 안다 (뭘?) 어디 그녀 존재하는지
- I am happy.
  - 이해 : 나 존재한다 행복한
  - 해설 : '내가 존재하는데, 상태가 행복하다' 는 것입니다.
- How is she?
  - 이해 : 어떠냐 상태 그녀?
  - 해설 : 그녀가 존재하는데, 상태가 어떠냐고 안부를 묻는 것입니다.
- I am a student.
  - 이해 : 나 존재한다 한 학생
  - 해설 : 내가 존재하는데, 한 학생의 역할로 존재한다는 것입니다.
- Attitude is everything.
  - 이해 : 태도 = 모든 것
  - 해설 : 태도가 그만큼 중요하다는 의미입니다.

| 어순 - be동사 |

- You are in pain.
  - 이해 : 너 존재한다 안에, 밖에서 둘러싸고 있는 것은 고통
  - 해설 : '네가 존재하는데, 고통 속에 처해 있다'는 것입니다. 전치사 in의 기본 의미는
           어순대로 '~ 안에 있고, 밖에서 둘러싸고 있는 것은 ~'입니다.

- Be careful! the enemy is nearby.
  - 이해 : 존재가 되라 조심하는! 적 존재한다 가까운 곳에
  - 해설 : 동사가 문장 맨 앞에 나오면 명령문이 됩니다.

- Boys, be ambitious!
  - 이해 : 청년들이여, 존재가 되라 야심 있는

- I want to be a teacher.
  - 이해 : 나 원한다 앞으로 존재하는데 한 선생
  - 해설 : to부정사는 '미래 의미' 를 내포(to be : 앞으로 존재하다)하고 있습니다.

- To be or not to be, that is the question.
  - 이해 : 앞으로 존재하느냐 앞으로 존재하지 않느냐, 그것 = 문제
  - 해설 : William Shakespeare의 '햄릿' 에 나오는 유명한 대사입니다.

1-3 어순

3. 일반동사

"무릇 마음이 동(動)해야 행동으로 옮겨지는 법"이라고 했습니다. 이번에 배울 내용은 영어 어순 원리에 따라 주어의 마음 상태가 구체적으로 구현되는 행위 즉, 일반동사에 대해 알아보도록 하겠습니다.

'주어 + 주어의 마음 상태(조동사) + 주어의 행위(일반동사)'

지금까지 우리가 배운 내용입니다. 영어 어순 원리의 대전제는 '영어는 주어로부터 심리적·물리적으로 가까운 순서대로 단어를 배열한다.'입니다. 이에 따라 일반동사가 나왔으면 물리적 순서상 그 일반동사가 영향을 미치는 대상이 나와야 합니다. 그 대상을 우리는 목적어라고 부릅니다.

Key-Point ——○ 주어 → 주어의 마음 상태(조동사) → 주어의 행위(일반동사) → 주어의 행위가 영향을 미치는 대상(목적어)

I		will		kick		a ball
주어	+	조동사	+	일반동사	+	목적어

주어로부터 멀어진다

| 어순 - 일반동사 |

문장에서 일반동사를 만나면 우리는 그 동사가 영향을 미치는 대상인 목적어를 찾아야 합니다. '나 찬다 (뭘?) 한 공'에서 (뭘?)이라고 하는 것은 우리가 머릿속으로 동사가 영향을 미치는 대상인 목적어를 인식(認識)하는 과정(process) 입니다. 또한, (뭘?)을 이용하면 영어를 국어식으로 이해하는 것을 극복하게 해주는 하나의 도구 역할을 합니다.

다시 본론으로 돌아와, 물리적 순서상 목적어는 영향을 받는 대상이기 때문에 일반동사 다음에 나옵니다. 행위동사뿐만 아니라 know나 think 같은 사고(思考)동사도 마찬가지입니다. 주어 다음에 know나 think 같은 인간의 사고(思考) 작용을 나타내는 동사가 나오고, 그 다음에 심리적 순서상 그 사고 작용의 대상이 되는 목적어가 등장하는 것입니다. 이러한 일반동사는 주어의 행위가 주어 행위 자체로 마무리되는 즉, 주어의 행위가 영향을 미치는 대상이 없는 자동사와 주어의 행위가 어떤 대상에 영향을 미치는 타동사로 구분됩니다.

우리가 일반동사를 타동사와 자동사로 구분하는 이유는 뭘까요? 그것은 같은 동사라도 타동사냐, 자동사냐에 따라 그 의미가 완전히 달라질 수 있기 때문입니다. 따라서 이에 대한 구분이 필요한데, 이를 위해 아래와 같은 방법을 따릅니다.

Key-Point

같은 동사가 상황에 따라 자동사가 될 수도 있고, 타동사가 될 수도 있다.
1. 목적어가 될 수 있는 품사는 명사다.
2. 따라서 일반동사 뒤에 명사가 나오면 타동사고, 그렇지 않으면 자동사다.
3. 문장에서 명사는 주로 '관사(a or the) + 명사', '소유격 + 명사' 혹은 복수 명사의 형태로 나타난다.
4. 명사는 대명사를 포함한다.

S + (조동사) + V + O
n   n
주어, 목적어가 될 수 있는 품사는 명사이다.

25

| 일반동사
어순 이해 Tip | • 주어의 행위가 영향을 미치는 대상을 찾는다 : (뭘?)→ 목적어 ⇒ 타동사 |
| | • 동사의 의미상 영향을 미치는 대상이 없거나, 동사 바로 뒤에 명사가 없으면 그 동사는 자동사이다. |

자! 이제 예문을 통해 어순에 따른 이해를 해보도록 하겠습니다.

- Birds fly.
  - 이해 : 새들 날다
  - 해설 : 동사 fly 뒤에 아무것도 없기 때문에 위 문장에서 fly는 자동사입니다. 이런 행위동사는 새가 난다고 할 때 fly의 사전적 의미를 생각하기보다는, 머릿속으로 새가 날고 있는 장면을 떠올려야 합니다.

- Birds fly in the sky.
  - 이해 : 새들 날다 안에 있고, 밖에서 둘러싸고 있는 것은 하늘
  - 해설 : 동사 fly 뒤에 명사가 없고, 전치사구(전치사(in)+전치사의 목적어(the sky))가 나왔기 때문에 위 문장에서 fly는 자동사입니다.(전치사 뒤에는 반드시 전치사의 목적어가 나옵니다.)

- Boys fly their kites.
  - 이해 : 소년들 날리다 (뭘?) 그들의 연
  - 해설 : 동사 fly 뒤에 명사 their kites가 나왔기 때문에 위 문장에서 fly는 타동사입니다.

- He moved to the left.
  - 이해 : 그 움직였다 → 왼쪽
  - 해설 : 동사 moved 뒤에 명사가 없고, 전치사구(전치사(to)+전치사의 목적어(the left))가 나왔기 때문에 위 문장에서 moved는 자동사입니다.(to 의 기본 의미는 화살표(→)입니다.)

- He moved the vase.
  - 이해 : 그 옮겼다 (뭘?) 그 꽃병
  - 해설 : 동사 moved 뒤에 명사 the vase가 나왔기 때문에 위 문장에서 moved는 타동사입니다.

| 어순 - 일반동사 |

- She answered in the affirmative.

  - 이해 : 그녀 대답했다 긍정적으로

  - 해설 : 동사 answered 뒤에 명사가 없고, 전치사구(전치사+전치사의 목적어)가 나왔기 때문에 위 문장에서 answered는 자동사입니다.

- She answered the door.

  - 이해 : 그녀 응답했다 (뭘?) 문

  - 해설 : 동사 answered 뒤에 명사 the door가 나왔기 때문에 위 문장에서 answered 는 타동사입니다. 응답하는 행위가 영향을 미치는 대상이 door라는 것은, door bell이 울려서 상호작용을 하기 위해 문 쪽으로 간다는 것을 의미합니다.

- He handed it to me.

  - 이해 : 그 건네줬다 (뭘?) 그것 → 나

  - 해설 : 동사 handed 다음에 대명사 it이 나왔기 때문에 타동사입니다. 명사는 대명사를 포함합니다.

- The project is nearing the completion.

  - 이해 : 그 project 가까워지고 있다 (뭘?) 완성

  - 해설 : near에는 '가까운' 이라는 형용사 용법만 있지 않습니다. near의 다른 품사를 모르더라도 문장에서의 위치와 뒤에 나오는 단어를 고려하면, 위 예문에서 near는 동사가 될 수 밖에 없습니다. 동사 near 다음에 명사 the completion 이 나왔기 때문에 위 예문에서 near는 타동사입니다.

- 1. I lay down.

  2. I lay the book on the table.

  1. 이해 : 나 누웠다 아래로

  2. 이해 : 나 놓다 (뭘?) 그 책 접면은 그 책상

  - 해설 : 첫 번째 문장은 동사 lay 다음에 부사가 나왔기 때문에 자동사입니다.(down 다음에 전치사의 목적어 즉, 명사가 없기 때문에 위 예문에서 down은 전치사가 아니라 부사입니다.) 두 번째 문장은 동사 lay 다음에 명사 the book 이 나왔기 때문에 타동사입니다. 첫 번째 문장의 lay는 '누워 있다/눕다' 라는 의미의 자동사 lie의 과거형(lie-lay-lain)이고, 두 번째 문장의 lay는 '놓다/두다' 라는 의미의 타동사 lay의 현재형(lay-laid-laid)입니다. 전치사 on의 기본 의미는 '접한 면은 ~' 입니다.

- She lives a luxurious life.
  - 이해 : 그녀 살다 (뭘?) 호화로운 삶
  - 해설 : 동사 live에 자동사만 있는 것은 아닙니다. 예문에서 live 다음에 명사 a luxurious life가 나왔기 때문에 위 문장에서 live는 타동사입니다. 자동사로 알고 있었던 동사가 타동사로 판별되면 타동사스럽게 이해해야 합니다.

- I walked the two blocks to where I had parked my car.
  - 이해 : 나 걸었다 (뭘?) 두 구역 → 어디냐면 나 (이전에) 주차한 (뭘?) 내 차
  - 해설 : 어순상 walked, had parked는 동사이고, 뒤에 명사(the two blocks, my car)가 나왔기 때문에 타동사입니다. 예문을 통해 walk가 자동사로만 사용되지 않는다는 것을 알 수 있습니다. 그에 따라 학습자는 walk를 타동사처럼 이해해야 합니다.

- I negotiated the stairs down staggering.
  - 이해 : 나 지나갔다 (뭘?) 계단 아래로, 비틀거리면서
  - 해설 : 동사 negotiate의 일반적 의미는 자동사로서 '협상하다' 라는 의미가 있지만, 예문에서는 뒤에 명사 the stairs가 나왔기 때문에 타동사입니다. 상대방과 협상하듯 힘겹게 계단을 내려가는 모습을 묘사하는 문장입니다. 학습자는 전후 문맥에 따라 negotiate의 의미를 유추해야 하며, 사전(辭典)의 도움이 필요한 경우 negotiate의 타동사 부분을 참조[negotiate 타동사 사전 정의 : (도로 등의 힘든 부분을 성공적으로) 넘다/지나다]하면 됩니다. staggering은 접속사 편에서 배울 동시 행위를 표현하는 분사구문(~하면서)입니다.

- I ran my fingers over the braille type.
  - 이해 : 나 움직이게 했다 (뭘?) 내 손가락들 위에서 덮고 있고, 그 아래 있는 것은 점자
  - 해설 : 동사 run에는 자동사만 있는 것이 아닙니다. 예문에서는 ran 다음에 바로 명사 my fingers가 나왔기 때문에, 위 문장에서 ran은 타동사입니다. run 의 타동사 의미를 모르더라도 'run하다 (뭘?) 내 손가락들'과 같이 타동사스럽게 이해해야 합니다. 전치사 over의 기본 의미는 '~ 위에서 덮고 있고, 그 아래 있는 것은 ~'입니다.

일반동사를 이해하는 데 있어서 행위 동사라면, 문장의 어순대로 주어로부터 확장되어 나아가는 장면을 머릿속으로 그려 보는 것도 학습의 좋은 방법입니다. 물리적 실체가 없는 사고(思考) 동사(think, know 등)나 감정 동사(like, want 등)라면 (뭘?)을 통해서 심리적 순

| 어순 - 일반동사 |

서상 동사가 영향을 미치는 대상인 목적어를 인식합니다. 사고 동사나 감정 동사라도 그 시작은 주어로부터 기인되는 것이며, 그 다음에 그런 정신 작용이 추구하는 대상 즉, 목적어가 의미 있는 것이기 때문입니다.

또한, 어순대로 이해할 때 특정 동사를 타동사스럽게 이해하는 것이 어색한 경우가 있습니다. 그런 경우 동사 뒤에 (뭘?)을 붙여 이해하면 훨씬 수월합니다. (뭘?)을 사용하면 타동사의 어순에 따른 이해의 흐름을 자연스럽게 해주기 때문입니다.

1-3 어순

4. 어순 예외
(명사 부가설명)

영어는 영어 어순 원리에 따라 '주어 → 주어의 마음 상태(조동사) → 주어의 행위(동사) → 주어의 행위가 영향을 미치는 대상(목적어)'입니다. 하지만 몇 가지 중요한 예외가 있습니다. 이번에는 그 예외의 경우에 대해 알아보도록 하겠습니다.

Key-Point —— ○ 아래 세 가지는 영어 기본 어순에서 예외적인 경우입니다.

1. 부정문
2. 의문문
3. 명사 부가설명

첫째, 영어는 부정(否定, 아니다)을 표현할 때, 부정을 상징하는 단어인 not을 먼저 씁니다. 문장에서 not을 만나면 '아! 이 문장은 부정(否定)적 문장이구나' 하고 먼저 인지를 한 후에 어순대로 진행해야 합니다. 그럼 no는 뭘까요? no는 부정(否定) 즉, '아니다' 를 의미하는 단어가 아닙니다. no의 기본 의미는 '無'입니다. 말 그대로 '존재하지 않는다'는 겁니다. 'be동사 + not'인 것입니다! 따라서, 'no money' 는 '돈이 아니라는 것' 이 아니라 '돈이 없다'는 것입니다.

---

not, no 어순 이해 Tip —— ○ • not : 문장이 부정(否定)적임을 인지하고 어순대로 진행한다.
• no : '無' (존재하지 않는 것은 ~)

자! 이제 예문을 통해 어순에 따른 이해를 해보도록 하겠습니다.

- This is not your fault.
  - 이해 : 이것 아니다 너의 잘못
- No problem.
  - 이해 : 無 문제
  - 해설 : 문제가 아니라는 부정(否定)의 의미가 아니라, 문제가 없다는 존재 유무의 의미입니다.

- No pain, no gain.
  - 이해 : 無 고통, 無 이득
  - 해설 : 노력 없이는 얻는 것도 없다는 의미입니다.
- I don't think he did it.
  - 이해 : 나 생각하지 않는다 <u>그 했다 그것</u>
  - 해설 : **일반동사의 부정은 부정과 일반동사를 묶어서(don't think : 생각하지 않는다) 이해 합니다. 문장 앞부분에 부정 표현이 나오면, 이후에 나오는 내용 전체를 부정**하는 것으로 인식하고 어순대로 이해해야 합니다.

둘째, 영어에서 의문문은 주어와 be동사의 위치를 바꾸거나, 일반동사를 대신하는 대동사 를 문장 앞에 배치하는 방식으로 어순에 변화가 생깁니다.

셋째, 예외적인 어순에 대해 마지막으로 공부할 내용은 '명사 부가설명'입니다. 명사 부가 설명은 이 책을 관통하는 핵심 내용 중 하나입니다. 지금부터 하나하나 단계적으로 살펴 보도록 하겠습니다.

영어는 주어로부터 확장되어 나가다가 앞에 나온 명사에 대해 보충 설명이 필요한 경우 그 명사에 대한 부가적 설명을 완료하고, 다시 주어로부터 확장됩니다. 이는 아래 그림과 같이 나무 줄기가 주어로부터 뻗어 나가다가, 보충 설명이 필요한 명사가 있으면 가지를 치고 다시 줄기로 되 돌아와 문장의 주성분들이 몸통을 이루면서 주어로부터 뻗어 나아가는 것과 같습니다.

이런 식으로 영어의 기본 어순과 명사 부가설명이 융합되면 한 그루의 풍성한 나무처럼 영어 표현이 더욱 세련되고 풍부해집니다.

'명사 부가설명' 이란 앞에 나온 명사를 보충 설명해 주는 것을 말합니다. 영어는 주어가 먼저 인식(認識)한 사물(事物=명사)을 먼저 언급하고, 그에 대한 구체적인 설명을 뒤에 덧붙이는 속성을 가지고 있는데, 이러한 특성이 명사 부가설명으로 나타나는 것입니다.

그럼, 명사 부가설명은 왜 사용하는 것일까요? 명사 부가설명을 사용하는 이유는 언어가 의사소통의 수단이기 때문입니다. 서로의 생각이나 뜻이 일방적으로 상대방에게 전달되는 것이 아니라 서로 통해야 하기 때문입니다. 명사 부가설명은 진주어, 본동사, 목적어, 보어 같은 문장의 주성분은 아니지만 사용하면 상대방의 이해를 돕는 데 도움이 되기 때문에 사용하는 것입니다.

영어의 기본 어순은 우리가 배운 어순 원리에 따라 다음과 같습니다.

S + (조동사) + V + O

기본 어순만 보면 영어라는 언어가 굉장히 단순하고 쉬워야 될 거 같은데, 왜 실상은 전혀 그렇지가 않을까요? 단언하건대, '명사 부가설명' 의 역할이 큽니다. 우리는 앞에서 목적어가 될 수 있는 품사는 명사라고 배웠습니다. 주어도 마찬가지입니다. 주어가 될 수 있는 품사도 명사입니다. 이렇듯 주어와 목적어 자리에 명사가 오고, 그 명사에 대해 부가설명이 붙을 수 있기 때문에 영어 문장이 길어지고 복잡해지는 것입니다.

S(명사) + (명사 부가설명) + (조동사) + V + **O(명사) + (명사 부가설명)**

위와 같은 형태로 앞에 나온 명사에 대해 부가설명이 붙을 때 특히, 주어 자리의 경우, 어순에 따른 영어 이해의 핵심은 문장의 보조 성분인 부가설명에 현혹되지 않고 앞으로 나올 문장의 주성분인 본동사의 출현에 대비하고 있어야 한다는 점입니다.

명사 부가설명은 말 그대로 문장의 보조 성분입니다. 주(主)가 되는 내용이 아니라, 말하는 이가 듣는 이의 이해를 돕고자 자신이 앞서 언급한 명사가 구체적으로 무엇인지 설명해 주는 역할을 합니다. 따라서, 우리가 집중해야 하는 부분은 문장의 주성분이 되어야 합니다. 그렇지 않으면, 문장을 이해하는 데 많은 어려움을 겪을 수 있습니다.

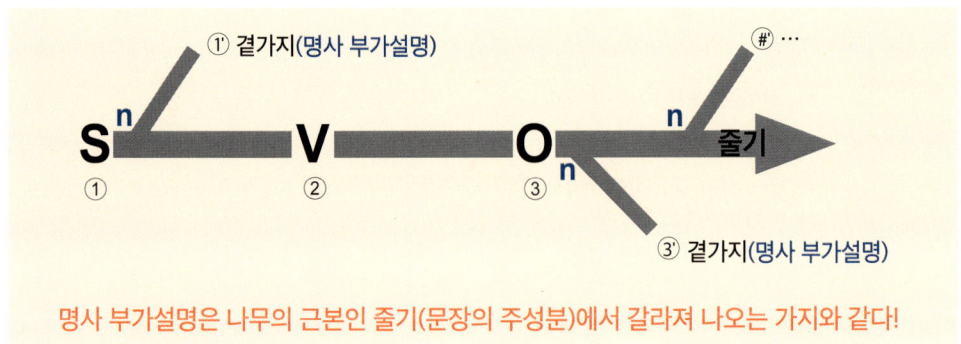

위 그림과 같이 명사(n) 바로 다음에 현재분사(v~ing)나 과거분사(v~pp) 혹은 형용사(a), 심지어는 's + v' 의 형태가 문장 중간에 뜬금없이 등장합니다. 명사 부가설명에 대한 이해가 없으면 상당히 당혹스럽고 황당한 경우가 생기는 것입니다.(앞으로 문장 주성분으로서의 진(眞)주어와 본(本)동사는 대문자 S, V 로, 보조 성분으로서의 주어와 동사는 소문자 s, v 로 표기하도록 하겠습니다.)

자! 그럼 명사 부가설명이 문장에서 어떠한 형태로 모습을 드러내는지 알아보도록 하겠습니다.

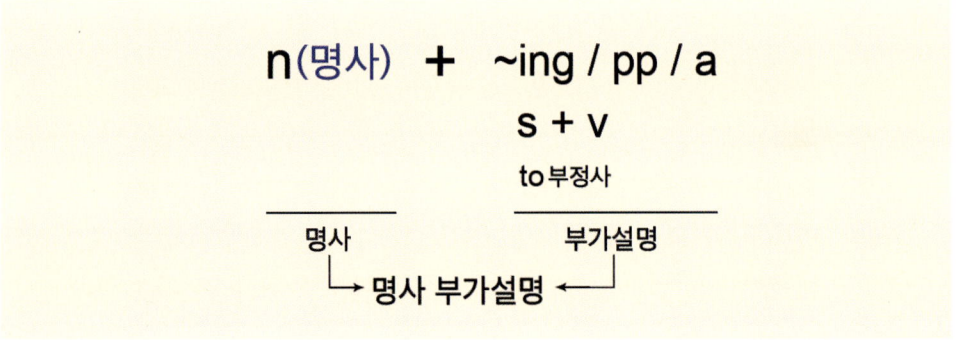

명사 부가설명에 대해 더 심도 있게 알아보기에 앞서, 위 그림에서 ~ing, pp로 표시되는 분사란 무엇인가에 대해 알아보도록 하겠습니다. 분사에는 현재분사와 과거분사가 있습니다. 현재분사는 동사원형에 ~ing를 붙인 것이고, 과거분사는 동사의 과거분사형입니다. 분사의 기본 의미는 아래와 같습니다.

Key-Point ───○ 현재분사, 과거분사의 기본 의미

　　1. 현재분사 : 과거, 현재, 미래 등 시제에 상관없이 특정 시점에 행위가 진행되고 있음을 표현
　　　　　　　　 (행위의 생동감과 현장감을 강조하고 싶을 때 사용)
　　2. 과거분사 : 수동태 의미

예문을 통해 명사 부가설명이 분사 형태일 때 어순에 따른 이해를 해봅시다.

- a dog barking
   - 이해 : 한 개 짖고 있는
   - 해설 : 명사(a dog) + 현재분사(barking). 어느 시제인지는 중요하지 않습니다. 특정 시점에 한 마리 개가 **짖고 있다**는 사실이 중요합니다.(진행의 의미)
- the book written
   - 이해 : 그 책 쓰여진
   - 해설 : 명사(the book) + 과거분사(written)의 경우 수동태처럼 이해해야 하기 때문에 책이 쓰는 것이 아니라 **쓰여진** 것으로 이해해야 합니다.(수동태 의미)

위와 같이 어순대로 앞에 있는 명사를 s처럼, 뒤에 있는 분사 형태 부가설명을 v처럼 이해하면 됩니다. 단, 현재분사는 능동의 의미이고, 과거분사는 수동의 의미입니다.(앞에서 이미 언급한 대로 명사 부가설명은 문장의 보조 성분이기 때문에 소문자 s, v로 표시했습니다.)

"능동(能動) : 앞에 나오는 주어나 명사가 스스로 혹은 자발적으로 움직이는 동사의 성질"
"수동(受動) : 앞에 나오는 주어나 명사가 타인이나 주변 환경에 의해 영향을 받는 동사의 성질"

위 과거분사 예문에서 책이 스스로 책을 쓸 수는 없는 것입니다. 책은 사람이 쓰는 것이기 때문에 책 쓰는 것과 관련해 사람이 주어라면 동사는 능동 형태를, 사물인 책이 주어라면 수동 형태를 사용해야 합니다. 주어에 따라 동사의 형태가 달라지는 것입니다.

자! 이제 본격적으로 명사 부가설명이 포함된 문장에 대해 알아보도록 하겠습니다.

명사 부가설명은 아래와 같이 문장에서 모습을 드러냅니다.

$$S(명사) + \text{~ing / pp / a} \quad + (조동사) + V + O$$
$$s + v$$
$$\text{to부정사}$$

위와 같이 진(眞)주어 명사를 명사 부가설명이 보충 설명해 주고, 그 이후에 문장의 주성분이 등장하는 형태로 문장이 전개됩니다. 명사 부가설명은 보충 설명일 뿐, 문장에서 주(主)가 되는 내용이 아니기 때문에 우리는 항상 문장의 주성분에 집중해야 합니다.

Key-Point ──○

명사 부가설명

1. 앞에 나온 명사를 보충 설명해 주는 것이다.
2. n + ~ing (현재분사), pp (과거분사), a (형용사), s + v, to부정사 형태로 등장한다.
3. 모든 명사에는 명사 부가설명이 붙을 수 있다. 따라서 문장의 무한 확장이 가능하다.

$$S(명사) + \text{~ing / pp / a} \quad + (조동사) + V + O(명사) + \text{~ing / pp / a}$$
$$s + v \qquad\qquad\qquad\qquad\qquad\qquad s + v$$
$$\text{to부정사} \qquad\qquad\qquad\qquad\qquad\quad \text{to부정사}$$

위와 같이 목적어가 될 수 있는 품사도 명사이기 때문에 목적어에도 필요에 따라 명사 부가설명이 붙을 수 있습니다. 또한, 모든 명사 뒤에는 명사 부가설명이 붙을 수 있기 때문에 영어 문장의 무한 확장이 가능해집니다.(이론적으로 무한 확장이 가능하다는 것이지, 불필요하게 명사 부가설명을 갖다 붙이는 것이 좋은 문장이라는 뜻은 아닙니다.)

명사 부가설명을 제대로 이해하고 있으면, 문장에서 뜬금없이 ~ing나 pp 혹은 s+v가 나타나더라도 당황하지 않고 자신 있게 어순대로 이해할 수 있습니다.

'명사 부가설명' 어순 이해 Tip

명사 부가설명의 형태에 따라 각각 아래와 같이 어순대로 이해하고, 그 이후에 나오는 주성분(특히, 본동사)의 출현에 대비한다.

- 명사 + ~ing : s+v 처럼 이해한다. (명사를 s, 현재분사를 v처럼 이해)
  - ≫ 명사 ~하고 있는 (진행형의 의미가 어색할 때는 일반 사실의 v처럼 이해)
  - ≫ ex) the baby sleeping : 그 아기 자고 있는
- 명사 + pp : s+v 처럼 이해한다. (명사를 s, 과거분사를 v처럼 이해)
  - ≫ 명사 ~되어진 (수동태 의미)
  - ≫ ex) a car towed : 한 차 견인된
- 명사 + a : s = sc 처럼 이해한다. (명사를 s, 형용사를 sc처럼 이해)
  - ≫ 명사(상태) = 형용사
  - ≫ ex) something new : 어떤 것 새로운
- 명사 + (s + v) : 일반적으로 앞에 있는 명사는 부가설명 영역 v의 목적어입니다.
  - ≫ 앞에 나온 명사에 대해 절(s+v)의 형태로 그 명사가 구체적으로 무엇을 의미하는지 설명해 주는 것입니다.
  - ≫ 단어나 구(句)로는 명사에 대한 보충 설명이 충분하지 않기 때문에 절(s+v)의 형태를 사용하는 것입니다. 이런 형태는 익숙하지 않은 사람에게는 매우 생소하기 때문에 잘 이해하고 있어야 합니다. 특히, 부가설명 영역의 v를 본동사로 착각해서는 안 됩니다.
  - ≫ ex_ 사람인 경우) the boy I met yesterday : 그 소년 (누구냐면) 내가 만난 어제
  - ≫ ex_ 사물인 경우) the watch you bought : 그 시계 (뭐냐면) 네가 구입한
- 명사 + to부정사 : 앞에 있는 명사를 to부정사가 꾸며 주는 역할을 합니다.
  - ≫ to부정사는 기본적으로 '미래 의미' 를 내포하고 있습니다.
  - ≫ ex) something to do : 어떤 것 앞으로 할

| 어순 - 어순 예외(명사 부가설명) |

자! 이제 예문을 통해 어순에 따른 이해를 해보도록 하겠습니다.

- The police investigating the crime are looking for the man.
  - 이해 : 경찰 조사하고 있는 (뭘?) 그 범죄 "본동사 대기" 찾고 있다 목표는 그 남자
  - 해설 : n+현재분사(The police + investigating, 주어 부가설명). investigating 은 앞에 나온 명사 The police를 부가적으로 설명하는 명사 부가설명입니다. 본동사는 뒤에 나오는 are looking 입니다. 위 예문과 같이 문장의 앞부분 특히, 주어 자리에 명사 부가설명이 나오면 "본동사 대기" 상태에 있어야 합니다. 현재분사라도 그 근본은 동사원형이기 때문에 그 동사가 타동사라면 자기 자신의 목적어 [investigating(타동사)+the crime(목적어)]를 갖습니다.

- Immigrants coming to Korea have brought many interesting things with them.
  - 이해 : 이민자들 오는 → 한국 "본동사 대기" 가져왔다 (뭘?) 많은 흥미로운 것들 함께 하는 것은 그들
  - 해설 : n+현재분사(Immigrants + coming, 주어 부가설명). 진주어 Immigrants 가 복수이기 때문에 본동사도 복수동사 have brought를 사용했습니다. 진행형의 의미(오고 있는)가 어색하므로 일반 사실의 v처럼 이해합니다. 전치사 with의 기본 의미는 '함께하는 것은 ~' 입니다.

- The boy running after a dog is my son.
  - 이해 : 저 소년 달리고 있는 뒤에서, 앞에 있는 것은 한 개 "본동사 대기" = 나의 아들
  - 해설 : n+현재분사(The boy + running, 주어 부가설명). The boy가 진주어, is가 본동사이기 때문에 'The boy = my son'이 됩니다. 전치사 after의 물리적 위치상 기본 의미는 '~ 뒤에, 앞에 있는 것은 ~' 입니다.

- The road connecting the two towns is very narrow.
  - 이해 : 그 길 연결하고 있는 (뭘?) 그 두 마을 "본동사 대기" 존재하는데 (상태가) 매우 좁은
  - 해설 : n+현재분사(The road + connecting, 주어 부가설명). 현재분사라도 그 근본은 동사원형이기 때문에 그 동사가 타동사라면 자기 자신의 목적어 [connecting(타동사) + the two towns(목적어)]를 갖습니다. 진주어 The road가 단수이기 때문에 본동사도 단수동사 is를 사용했습니다.

• Who were those people waiting outside?

  - 이해 : 누구였냐? 그 사람들 기다리고 있던 밖에서

  - 해설 : n+현재분사(those people + waiting, 주어 부가설명)

• There are many students watching the soccer game.

  - 이해 : 존재하는 것은 많은 학생들 보고 있는 (뭘?) 그 축구 경기

  - 해설 : n+현재분사(many students + watching, 주어 부가설명). 'There is/are ~'의 기본 의미는 '존재하는 것은 ~' 입니다.

• Do you know the woman talking to Sam?

  - 이해 : 너 아냐? 저 여자 말하고 있는 → Sam

  - 해설 : n+현재분사(the woman + talking, 목적어 부가설명)

• She took the midnight train going anywhere.

  - 이해 : 그녀 탔다 그 야간 열차 가는 어디든

  - 해설 : n+현재분사(the midnight train + going, 목적어 부가설명). 진행형의 의미 (가고 있는)가 어색하므로 일반 사실의 v처럼 이해합니다.

• I have a photo taken with you.

  - 이해 : 나 가지고 있다 한 사진 찍혀진 함께하는 것은 너

  - 해설 : n+과거분사(a photo + taken, 목적어 부가설명). 사진은 사람에 의해 찍히는 수동의 대상이기 때문에 명사 부가설명에 과거분사 형태를 사용했습니다.

• Tom showed me some pictures painted by his mother.

  - 이해 : Tom 보여줬다 나에게 몇몇 그림들 그려진 영향력의 원천은 그의 엄마

  - 해설 : n+과거분사(some pictures + painted, 목적어 부가설명). 전치사 by의 기본 의미는 '영향력의 원천은 ~' 입니다.

• The boy injured in the accident was taken to the hospital.

  - 이해 : 그 소년 부상당한 (in) 그 사고 "본동사 대기" 옮겨졌다 → 그 병원

  - 해설 : n+과거분사(The boy + injured, 주어 부가설명). 위 문장에서 injured는 본동사의 과거형이 아니라, 과거분사로서 앞에 있는 명사 The boy를 부가 설명해 주는 수동태 의미의 명사 부가설명입니다. 본동사는 뒤에 나오는 was taken입니다. 많은 동사의 과거형과 과거분사형이 동일해 혼동이 올 수 있는데, 특히, 'n + 과거분사' 형태의 명사 부가설명이 주어 자리에 오는 경우가 그렇습니다.

| 어순 - 어순 예외(명사 부가설명) |

- They ate their meal cold.
  - 이해 : 그들 먹었다 그들의 식사=차가운
  - 해설 : n+형용사(their meal + cold, 목적어 부가설명). 형용사 형태의 명사 부가설명은 명사와 부가설명의 관계가 마치 주어와 주격보어의 관계와 같습니다.(n = 형용사)

- I am going to show you something amazing.
  - 이해 : 나 보여줄 것이다 너에게 어떤 것=놀라운
  - 해설 : n+형용사(something + amazing, 목적어 부가설명). something의 의미가 '뭔가/어떤 것'으로 단어 자체가 애매모호한 명사이기 때문에, 형용사 혹은 to부정사 형태의 명사 부가설명과 자주 사용됩니다. 'be going to + 동사원형'은 예정된 미래를 표현합니다.

- The horse pulled a cart full of carrots.
  - 이해 : 그 말 끌었다 한 수레=가득한 (그 가득한 것과) 관련 있는 것은 당근
  - 해설 : n+형용사(a cart + full, 목적어 부가설명). 전치사 of의 기본 의미는 '관련 있는 것은 ~' 입니다.

- Did you meet anyone interesting at the party?
  - 이해 : 너 만났냐 (뭘?) 누군가=흥미로운 접점은 그 파티
  - 해설 : n+형용사(anyone + interesting, 목적어 부가설명). 전치사 at의 기본 의미는 '접점은 ~' 입니다.

- There is a girl dead for no reason, and the man responsible for her death.
  - 이해 : 존재하는 것은 한 소녀=죽은 목표는 無 이유, 그리고 그 남자=책임 있는 목표는 그녀의 죽음
  - 해설 : n+형용사(a girl + dead / the man + responsible, 주어 부가설명)

- I have something to tell.
  - 이해 : 나 가지고 있다 뭔가 앞으로 말할
  - 해설 : n+to부정사(something + to tell, 목적어 부가설명). 'n+to부정사' 형태의 명사 부가설명은 to부정사가 앞에 나온 명사를 꾸며 주는 역할을 합니다.(예문에서 something은 부가설명 영역 타동사 to tell의 목적어입니다.) to부정사는 미래 의미를 내포하고 있습니다.

- I am going to get something to eat.
  - 이해 : 나 (예정 미래) 얻다 (뭘?) 어떤 것 앞으로 먹을
  - 해설 : n+to부정사(something + to eat, 목적어 부가설명). 예문에서 something은 부가설명 영역 타동사 to eat의 목적어입니다.

- In this game, the first player to get ten points wins.
  - 이해 : 이 게임에서, 첫 번째 선수 앞으로 획득하는 10점 승리한다
  - 해설 : n+to부정사(the first player + to get ten points, 주어 부가설명). 예문에서 본동사는 wins입니다.

- These are books to read after "Basic grammar".
  - 이해 : 이것들 = 책들 앞으로 읽을 이후에, 이전에 있었던 일은 "기초 문법"
  - 해설 : n+to부정사(books + to read, 주격보어 부가설명). 보어가 될 수 있는 품사는 명사나 형용사이기 때문에 주격보어가 위 예문과 같이 명사라면 필요에 따라 명사 부가설명이 붙을 수 있습니다. 전치사 after의 시간 순서상 기본 의미는 '~ 후에, 이전에 있었던 일은 ~' 입니다.

- Words you speak create your being.
  - 이해 : 단어들 (뭐냐면) 네가 말하는 "본동사 대기" 만든다 (뭘?) 너라는 존재
  - 해설 : n+(s+vt) (주어 부가설명). 명사(Words) 다음에 바로 s + v (you speak)가 나왔기 때문에 speak는 본동사가 아닙니다. 이런 경우 '아! 이건 앞에 나온 명사를 절의 형태로 보충 설명해 주는 명사 부가설명이구나' 라고 인식하고, 이후에 나오는 본동사(create)의 출현에 대비하고 있어야 합니다. 어순대로 이해할 때 타동사스런 이해를 위해서 (뭘?)을 사용하듯이, 절(s+v) 형태의 명사 부가설명에서 (뭐냐면)을 사용하면 어순에 따라 영어를 자연스럽게 이해할 수 있습니다.[명사가 사람인 경우에는 (누구냐면)을 사용합니다.] 진주어 Words는 부가설명 영역 타동사 speak의 목적어입니다.

- Every decision you make is based on money.
  - 이해 : 모든 결정 (뭐냐면) 네가 하는 "본동사 대기" 기반을 둔다 접면은 돈
  - 해설 : n+(s+vt) (주어 부가설명). 명사(decision) 다음에 바로 s+v(you make)가 나왔기 때문에 make는 본동사가 아닙니다. 진주어 Every decision은 부가설명 영역 타동사 make의 목적어입니다.

- The images they gave us aren't clear.
  - 이해 : 그 이미지들 (뭐냐면) 그들이 준 우리에게 "본동사 대기" (부정) 선명한
  - 해설 : 'n+(s+vt)' 형태의 명사 부가설명(The images + they gave, 주어 부가설명). 진주어 The images는 부가설명 영역 타동사 gave의 목적어입니다.

- Many tasty foods we enjoy have been brought to Korea by immigrants.
  - 이해 : 많은 맛있는 음식들 (뭐냐면) 우리가 즐기는 "본동사 대기" 전해져 왔다 → 한국 영향력의 원천은 이민자들
  - 해설 : 'n+(s+vt)' 형태의 명사 부가설명(Many tasty foods + we enjoy, 주어 부가설명). 진주어 Many tasty foods는 부가설명 영역 타동사 enjoy의 목적어입니다.

- I appreciate everything you have done.
  - 이해 : 나 감사한다 모든 것 (뭐냐면) 당신이 여태껏 행한
  - 해설 : 'n+(s+vt)' 형태의 명사 부가설명(everything + you have done, 목적어 부가설명). 목적어 everything은 부가설명 영역 타동사 have done의 목적어입니다.

- She secretly refunded the bag I had presented for her birthday.
  - 이해 : 그녀 몰래 환불했다 그 가방 (뭐냐면) 내가 전에 선물한 목표는 그녀의 생일
  - 해설 : 'n+(s+vt)' 형태의 명사 부가설명(the bag + I had presented, 목적어 부가설명). 목적어 the bag은 부가설명 영역 타동사 had presented의 목적어입니다. 선물한 시기는 환불한 시기보다 이전의 일이므로 과거완료(had presented)를 사용했습니다.

- I found myself remembering the pretty dress she had worn to the party.
  - 이해 : 나 발견했다 내 자신 기억하고 있는 (뭘?) 그 예쁜 드레스 (뭐냐면) 그녀가 전에 입었던 → 그 파티
  - 해설 : 'n+(s+vt)' 형태의 명사 부가설명(the pretty dress + she had worn, 목적격 보어 remembering의 목적어(the pretty dress)에 대한 부가설명). the pretty dress는 부가설명 영역 타동사 had worn의 목적어입니다.

지금까지 다섯 가지 형태의 명사 부가설명에 대해 알아보았습니다. 명사 부가설명은 명사와 부가설명만으로 간결하고 명확하게 핵심 내용을 전달할 수 있기 때문에 주로 신문, 잡지의 기사 제목이나 각종 광고, 전단지, 웹 페이지 등에 많이 사용되고 있습니다. 이는 우

리가 배운 바와 같이 명사와 부가설명이 마치 주어, 동사처럼 이해되어 최소의 단위로도 내용을 전달할 수 있기 때문입니다.

특히, 과거분사 형태의 명사 부가설명(n + pp)이 신문 기사 제목 등에 많이 사용되는데, 여기서 한 가지 주의할 점은 과거분사 형태의 명사 부가설명과 본동사의 과거형을 구분해야 한다는 점입니다. 왜냐하면 많은 동사의 과거형과 과거분사형이 같기 때문에 주어 자리에 과거분사 형태의 명사 부가설명이 나오면 본동사와 혼동될 수 있기 때문입니다. 하지만, 동사의 과거형은 본동사로서 주어가 능동적으로 행위를 실행하는 것이고, 과거분사 형태의 명사 부가설명은 보조 성분으로서 수동태 의미로 이해된다는 차이가 있습니다. 이럴 때는 앞뒤 문맥(내용과 시제 등)과 어순에 따른 이해로 둘의 차이를 구분해야 합니다.

- • Three policemen arrested for receiving bribes.
  위 문장은 경찰관이 누군가를 체포하는 능동태 문장이 아닙니다. 즉, arrested가 본동사의 과거형이 아니라는 말입니다. 주로 타동사로 사용되는 arrest 동사 다음에 그 행위가 영향을 미치는 대상인 목적어(명사)가 없을 뿐만 아니라, 이전 문맥이 과거시제가 아닌데 뜬금없이 과거형처럼 보이는 단어가 등장하는 경우, 어순대로 이해하면서 과거분사 형태의 명사 부가설명임을 간파해야 합니다. 위 문장을 어순대로 이해하면 아래와 같습니다.

  - 이해 : 세 경찰관 체포**되었다** 이유는 받다 (뭘?) 뇌물
  위 문장의 핵심은 명사 Three policemen이고 나머지는 그 Three policemen이 누구인지 보충 설명해 주는 명사 부가설명에 불과합니다. 영어는 이렇게 진주어와 본동사가 포함되는 완전한 문장이 아니더라도 명사와 명사 부가설명만으로 내용을 표현할 수 있습니다.

  위 문장이 진주어와 본동사를 포함하는 완전한 문장이 되려면 아래와 같이 일반동사 다음에 그 동사의 행위가 영향을 미치는 대상인 목적어(명사)가 나와야 합니다.

| 어순 - 어순 예외(명사 부가설명) |

- Three policemen arrested politicians for receiving bribes.
  - 이해 : 세 경찰관 체포했다 (뭘?) 정치가들 이유는 받다 (뭘?) 뇌물
  - 해설 : 위 문장에서 arrested는 본동사의 과거형입니다.

전단지를 보면 Something coming! Something fantastic! 같은 문구를 볼 수 있습니다. 이 문구가 진주어와 본동사를 포함하는 Something is coming. Something is fantastic 같은 완전한 문장이 아닌 명사 부가설명으로 기술되는 이유도 명사 부가설명만으로도 온전한 내용을 표현하는 것이 가능하기 때문입니다. 그런 연유로 짧게 강렬한 인상을 남겨야 하는 광고 문구, 기사 제목 등에 명사 부가설명이 많이 사용됩니다.

오늘부터라도 각종 매체의 제목이나 문구 등에 관심을 갖고 명사 부가설명을 접한다면 여러분의 영어 실력이 향상될 뿐만 아니라 영어를 좀 더 깊이 이해하는 데 많은 도움이 될 것입니다.

43

1-3 어순

5. to는 화살표다

to는 화살표입니다!

to의 이미지는 → 라는 것입니다. 화살표라고 하면 직관적으로 어떤 의미가 떠오르나요? 화살표는 **'방향성과 나아감'** 의 의미를 담고 있습니다. **'A to B' 라는 것은 'A → B'** 라는 것입니다. 어순대로 이해하면 **'A가 나아가서 도달하는 대상은 B'** 라는 말입니다. 따라서, 앞으로 우리는 to를 아래의 이미지로 인식하고 사용할 것입니다.

to : ⟶

'I go to market' 은 '나 가다 → 시장' 입니다.

'Sort by : Price High to Low' 는 '정렬 : 가격 최고가 → 최저가' 라는 의미로써 정렬을 최고가에서 최저가 순으로 하겠다는 말입니다.

이런 to와 관련해 한 가지 고려해야 할 사항이 있습니다. to가 전치사가 될 수도 있지만, to부정사가 될 수도 있기 때문입니다. to가 전치사냐, to부정사냐의 구분은 아래와 같습니다.

Key-Point ──○

to 구분

1. to + 명사 : 전치사
2. to + 동사원형 : to부정사

to가 전치사라면, to 바로 다음에 전치사의 목적어가 나와야 하기 때문에 to 다음에 명사가 나오면 to는 전치사입니다.

(전치사 + 전치사의 목적어, 목적어가 될 수 있는 품사는 명사)

to부정사는 '미래 의미' 를 내포하고 있는데, 이 또한 to의 '→' 이미지와 관련 지어 유추(類推)할 수 있습니다.

아래 그림과 같이,

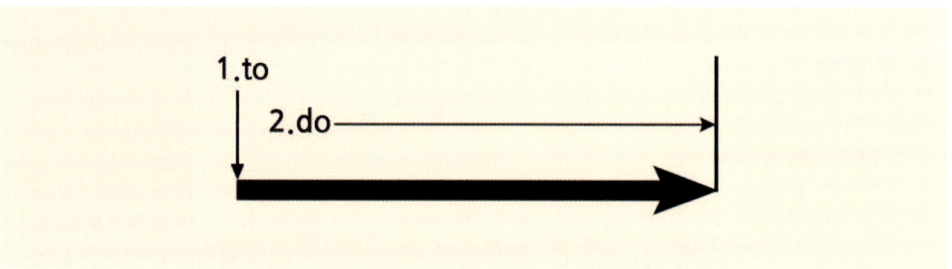

 to부정사 to do를 예로 들면, to를 인지(認知)하는 순간 화살표가 시작되는 지점(1)이고, 동사원형 do는 화살표의 남은 부분(2) 만큼 앞으로 나아가야 하기 때문에 to부정사는 미래 의미를 내포하게 되는 것입니다. 따라서, to부정사는 기본적으로 '미래 의미를 내포' 하고 있습니다. 이는 문장이 과거이든, 현재이든 시제에 상관없이 특정 시점에 '앞으로 어떻게 하겠다'라는 것을 의미합니다. 이러한 to부정사의 역할은 이전 챕터에서 배운, 시제에 상관없이 특정 시점에 행위가 진행되고 있음을 표현하는 '현재분사'의 역할과 비교될 수 있습니다.

to 어순 이해 Tip
- 전치사 to : →
- to부정사 : 앞으로 하다(= to do)

어순에 따른 문장 이해에 있어서, 문장을 어순에 따라 이해하다가 to를 만나면 → 이미지를 떠올립니다. 그리고 to 다음에 명사가 나오면 → 이미지 그대로 이해하면 되고, 동사원형이 나오면 '앞으로 동사원형 하겠다'라는 미래의 의미로 이해합니다. want, hope 같은 동사가 to부정사와 잘 어울리는 이유도 want, hope이 앞으로에 대한 바람이나 소망을 의미하기 때문입니다.

자! 이제 예문을 통해 어순에 따른 이해를 해보도록 하겠습니다.
- To the world best
  - 이해 : → 세계 최고
  - 해설 : to + 명사(to + the world best, 전치사). 세계 최고를 향해 나아가겠다는 의미를 전치사 to를 사용해 표현했습니다.

• You talk to him.

- 이해 : 너 말하다 → 그

- 해설 : to + 명사(to + him, 전치사). him은 목적격 대명사로서, 대명사는 명사에 포
  함되기 때문에 예문의 to는 전치사입니다.

• A message to you

- 이해 : 한 메시지 → 너

- 해설 : 메시지가 앞으로 나아가서 도달하는 대상이 너라는 것입니다.

• He turned to me.

- 이해 : 그 (몸을) 돌렸다 → 나

- 해설 : to + 명사(to + me, 전치사). turn과 같은 행위 동사가 전치사 to의 → 이미지
  와 결합해 동작을 강조하고, 좀 더 구체적인 행위 묘사를 할 수 있습니다. 우
  리는 이를 '물리적 힘의 방향과 연속성에 따른 동사와 전치사의 조합'이라
  고 부릅니다.

• I have a key to the safe.

- 이해 : 나 가지고 있다 한 열쇠 → 그 금고

- 해설 : to + 명사(to + the safe, 전치사). key와 전치사 to는 서로 잘 어울리는 조합
  입니다. key와 to(→), safe로 이어지는 장면의 연속성을 머릿속에 그려 보
  시기 바랍니다.

• Two hours and thirteen minutes to go

- 이해 : 2시간 13분 앞으로 가야 할

- 해설 : 앞으로 2시간 13분이 남았다는 표현입니다.

• This bridge is connected to an island.

- 이해 : 이 다리 연결되어 있다 → 한 섬

- 해설 : to + 명사(to + an island, 전치사)

• I will take it to my grave.

- 이해 : 나 (의지 미래) 취하다 그것 → 내 무덤

- 해설 : to + 명사(to + my grave, 전치사). 중요한 뭔가를 발설하지 않겠다는 의지
  (will)를 표현하는 문장입니다.

- He put it next to the lamp.
  - 이해 : 그 놓았다 그것 옆에 → 그 램프
  - 해설 : to + 명사(to + the lamp, 전치사). 문장을 기존 방식대로 거꾸로 이해하면 안됩니다. 어순대로 이해하면서 주어로부터 단어가 순차적으로 확장되어 나가는 장면을 머릿속으로 떠올려야 합니다.
- To be continued
  - 이해 : 앞으로 계속 되다
  - 해설 : to + 동사원형(to + be, to부정사). '다음 번에 계속'이라는 것을, 미래 의미를 내포하는 to부정사와 수동태를 사용하여 표현하였습니다.
- He rises to leave.
  - 이해 : 그 일어나다 앞으로 떠나려고
  - 해설 : to + 동사원형(to + leave, to부정사)
- He pauses to check his shoes.
  - 이해 : 그 멈추다 앞으로 확인하려고 (뭘?) 그의 신발
  - 해설 : to + 동사원형(to + check, to부정사)
- I want you to stay here with me.
  - 이해 : 나 원한다 너 앞으로 머물길 여기 함께하는 것은 나
  - 해설 : to + 동사원형(to + stay, to부정사)
- I want you to listen to me.
  - 이해 : 나 원한다 너 앞으로 귀 기울이다 → 나
  - 해설 : to + 동사원형(to + listen, to부정사). 자동사 listen의 기본 의미는 '귀를 기울이다' 입니다. 자동사이기 때문에 listen 뒤에 바로 목적어를 쓸 수 없고, 전치사 다음에 목적어를 사용합니다. 주로 전치사 to와 같이 사용해 '귀를 기울이는' 방향성을 표현할 수 있습니다.
- Am I to follow?
  - 이해 : 나 따라가야 하냐?
  - 해설 : 'be동사 + to부정사'가 미래 의미를 지니게 된 것도 to부정사가 기본적으로 미래 의미를 내포하고 있기 때문입니다. 상대방이 대화 도중 불현듯 어딘가로 향하자 자기도 따라가야 하는지 물어보는 문장입니다.

• He promised to write a letter to her at least once a week.
- 이해 : 그 약속했다 앞으로 쓰겠다고 (뭘?) 한 편지 → 그녀 적어도 한번 한 주에
- 해설 : 먼저 나온 to는 뒤에 동사원형 write가 왔기 때문에 '미래 의미를 내포'하는
to부정사이고, 뒤에 나오는 to는 뒤에 명사 her가 나왔기 때문에 '→' 를 의미
하는 전치사입니다.

• I went into the office to ask directions to Elm Street.
- 이해 : 나 갔다 밖에서 안으로 그 사무실 앞으로 물어보려고 (뭘?) 방향 → Elm 거리
- 해설 : 'to + ask' 는 to부정사, 'to + Elm Street' 는 전치사. 전치사 into의 기본 의미
는 '밖에서 안으로 ~' 입니다.

• The suffix –ness can be added to an adjective to construct a noun form.
- 이해 : 접미사 '-ness' 추가될 수 있다 → 한 형용사 앞으로 구성하려고 (뭘?) 한 명
사 형태
- 해설 : 먼저 나온 to는 뒤에 명사 an adjective가 나왔기 때문에 '→' 의미 그대로 이
해하면 되고, 뒤에 나오는 to는 뒤에 동사원형 construct가 나왔기 때문에 '미
래 의미'로 이해하면 됩니다.

길게 정리하지 않겠습니다. 'to'는 '→' 입니다. 앞으로 문장에서 to를 만나면 바로 화살표
이미지를 떠올리세요!

1-4 명사와 문장 확장
1. 명사 상당 어구

영어 어순 원리는 우리가 이미 알고 있는 바와 같이, 주어로부터의 순차적 확장입니다.
'주어 → 주어의 마음 상태(조동사) → 주어의 행위(동사) → 주어의 행위가 영향을 미치는 대상(목적어)'

$$\underset{n}{\underline{S}} + (조동사) + V + \underset{n}{\underline{O}}$$

이번 챕터에서는 위와 같이 사뭇 단순해 보이는 영어의 문장 구조가 어떤 식으로 길어지고 복잡다단해지는지에 대해 하나하나 살펴보도록 하겠습니다.

우선 명사에 대해 살펴보면, **명사는 우리가 이름을 부여해 다른 것과 구분할 수 있는 사람**(John, man), 사물(Hyundai, car), 장소(Seoul, city) 혹은 아이디어(philosophy, warmth, love) 등을 말하며 주어, 목적어, 보어 자리에 사용될 수 있습니다. 그런데 문제는 그 자리에 명사 단어만 나오지는 않는다는 점입니다. 주어, 목적어, 보어 자리에는 명사 단어뿐만 아니라 명사구나 명사절도 올 수 있는데, 우리는 이 세 가지를 합쳐 '명사 상당 어구'라고 부릅니다.

> **Key-Point**
>
> '명사 상당 어구'는 명사 단어, 명사구, 명사절의 형태로 문장에서 주어, 목적어 혹은 보어 역할을 한다.
> 1. 명사 단어 : 관사(a or the)+명사, 복수 명사
> 2. 명사구 : 두 개 이상의 단어로 이루어졌으나 절 형태(s + v)는 아니면서 문장에서 주어, 목적어, 보어 역할을 하는 의미 있는 단어들의 묶음
> 3. 명사절 : 's + v' 절의 형태로 문장에서 주어, 목적어, 보어 역할을 하는 것

위와 같이 주어, 목적어, 보어 자리에 명사 단어뿐만이 아니라 의미 있는 단어들의 묶음인 명사구, 심지어는 's+v' 형태의 명사절이 올 수 있기 때문에 문장이 길어지는 것입니다. 명사구에서 '의미 있는 단어들의 묶음'이란 to부정사구, 동명사구, '명사+전치사+명사'처럼 두 개 이상의 단어가 합쳐져 하나의 묶음 의미를 만드는 것을 말합니다.

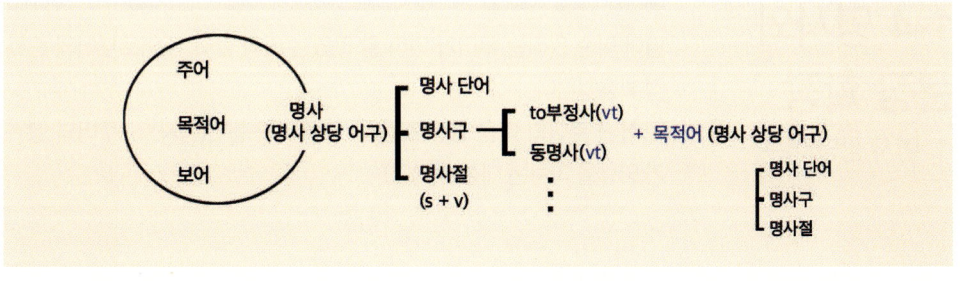

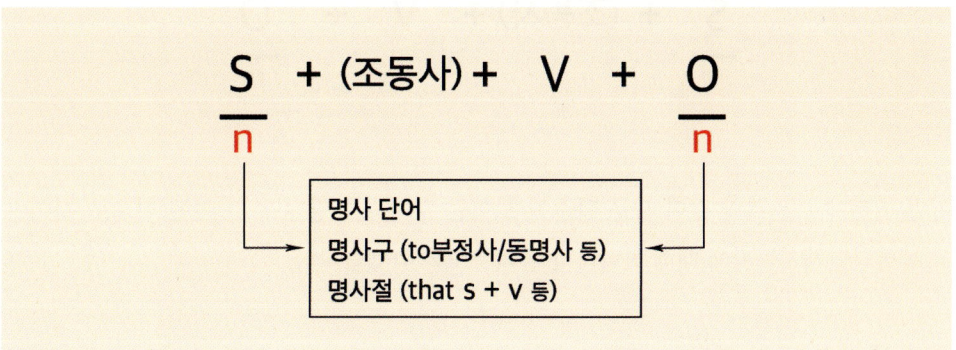

예문을 통해 명사 상당 어구가 문장에서 어떻게 모습을 드러내는지 알아보도록 하겠습니다.

- I like dogs.
  - 이해 : 나 좋아한다 개
  - 해설 : 명사 단어 dogs가 목적어로 사용되었습니다.
- The powder will absorb some of the moisture.
  - 이해 : 그 분말 흡수할 것이다 (뭘?) 약간의 것 (그 약간의 것과) 관련 있는 것은 수분
  - 해설 : some of the moisture가 '명사 + 전치사 + 명사'의 명사구 형태로 목적어로 사용되었습니다. 위 문장에서 some은 형용사가 아니라 목적어로 사용된 대명사[some이 대명사로 사용되면 대명사처럼 이해(약간의 **것**)해야 합니다.]입니다.
- To see is to believe.
  - 이해 : 보는 것 = 믿는 것
  - 해설 : to부정사 to see, to believe가 명사구 형태로써 주어, 주격보어로 사용되었습니다. to부정사가 명사 역할을 하면 명사처럼 이해(앞으로 ~하는 **것**)합니다.

| 명사와 문장 확장 - 명사 상당 어구 |

• Raising a child is not easy.

- 이해 : 키우는 것 (뭘?) 한 아이 (부정) 쉬운

- 해설 : 동명사구 Raising a child가 명사구 형태로써 주어로 사용되었습니다. 동명사
는 형태는 동사이지만, 명사이기 때문에 명사처럼 이해(~하는 것, ~하기)합니
다. 동명사라도 그 근본은 동사원형이기 때문에 그 동사가 타동사라면 자기
자신의 목적어[Raising(타동사) + a child(목적어)]를 갖습니다.

• My hope is that you will enjoy it.

- 이해 : 나의 희망 = 너 (의지 미래) 즐기다 그것

- 해설 : that you will enjoy it이 명사절(that s + v) 형태로써 주격보어로 사용되었습
니다.

• Thunder indicates that a storm is near.

- 이해 : 천둥 나타낸다 (뭘?) 한 폭풍 존재한다 가까이

- 해설 : that a storm is near가 명사절(that s + v) 형태로써 목적어로 사용되었습니다.

• In front of him is a panel of dials and levers.

- 이해 : 앞에 있는 것 관련 있는 것은 그 = 한 panel (그 panel 과) 관련 있는 것은 다
이얼들 그리고 레버들

- 해설 : In front of him, a panel of dials and levers가 명사구 형태로써 주어, 주격
보어로 사용되었습니다.

• Part of bamboo's phenomenal success is that it is so tough that few animals can
tackle it.

- 이해 : 일부 (그 일부와) 관련 있는 것은 대나무의 경이적인 번성 = 대나무가 굉장히
강해서 어떤 동물도 캘 수 없다 (뭘?) 대나무

- 해설 : Part of bamboo's phenomenal success가 '명사 + 전치사 + 명사'의 명사
구 형태로써 주어로 사용되었고, that it's so tough that few animals can
tackle it이 명사절 형태로써 주격보어로 사용되었습니다. 위 예문의 진주어는
Part입니다. 전치사 of를 통해 그 일부(Part)가 무엇과 관련 있는지 알려 주고
있지만, 주격보어와 궁극적으로 매칭(=)되는 진주어는 Part입니다. 진주어를
포함한 나머지 주어 영역(Part of bamboo's phenomenal success)을 **주어부**
라고 부릅니다.

51

Part of bamboo's phenomenal success is that it is so tough that few animals can tackle it.	
진주어	
주어부	주격보어

위 예문들과 같이 주어, 목적어, 보어 자리에 명사 단어뿐만 아니라 명사구, 명사절이 올 수 있기 때문에 문장이 길어지고 복잡해지는 것입니다.

자! 그럼 이번에는 명사절 중에서도 색다른 형태의 명사절에 대해 알아보도록 하겠습니다.

우리가 앞서 배운 명사절은 가장 일반적인 형태의 'that 절'입니다. 'that s+v'가 문장에서 주어, 목적어, 보어 역할을 하는 것입니다. 여기서 that은 아무런 의미가 없습니다. 문장의 주성분인 진주어(S), 본동사(V)와 that 절의 s, v를 구분해 주기 위한 일종의 문법 표시일 뿐입니다. 따라서, 생략되는 경우도 있습니다. 다음과 같이 말입니다.

- She mouthed I love you.
  - 이해 : 그녀 입 모양으로 말했다 (뭘?) 나 사랑한다 너
  - 해설 : (that) I love you가 명사절 형태로써 목적어로 사용되었습니다.

하지만 'what 명사절'은 다릅니다. what은 의미를 내포하고 있기 때문입니다. what은 'the thing(s) that'입니다. what은 앞에 나오는 명사가 the thing(s)로 고정되어 있는 명사 부가설명인 것입니다.

"thing : (사물을 가리키는) 것, (추상적으로 막연한) 것/일"

위와 같이 thing의 대표적인 사전 정의 중 하나가 추상적이고 막연한 어떤 것을 지칭하는 것을 말합니다. 이제 우리는 압니다. 이런 추상적이고 막연한 명사가 뒤에 자연스럽게 무엇을 필요로 하는지, 그렇습니다! 명사 부가설명이죠! 우리는 앞서 영어는 주어 혹은 화자가 먼저 인식한 사물(명사)을 우선 언급하고, 그에 대한 구체적인 설명을 뒤에 덧붙이는 속성이 있다고 배웠습니다. 이러한 영어의 속성이 명사 부가설명으로 나타나는 것이고,

| 명사와 문장 확장 - 명사 상당 어구 |

그중 마치 패키지처럼 명사 부가설명이 'the thing(s) that s + v' 형태로 고정되어 있는 것이 'what 명사절'입니다.

Key-Point ———○ **what 명사절**
1. what = the thing(s) that
2. 형태 : **what s + v**
3. the thing(s) 은 부가설명 영역 타동사 v의 목적어

what 명사절 ———○ '그것 (뭐냐면) ~' → 's + v한 것'
어순 이해 Tip
• 원론적 이해는 명사 부가설명에서처럼 '그것 (뭐냐면) s + v'이지만 부가 설명하는 대상이
the thing(s)으로 고정되어 있기 때문에 's + v한 것' 으로 이해하는 것이 편합니다.

자! 이제 예문을 통해 어순에 따른 이해를 해보도록 하겠습니다.

• I know what you did last night.
 - 이해 : 나 안다 (뭘?) 그것 (뭐냐면) 네가 행한 지난 밤
 - 해설 : I know the thing(s) that you did last night. 명사절 what you did가 목적어로 사용되었습니다.

• He likes what you found.
 - 이해 : 그 좋아한다 (뭘?) 그것 (뭐냐면) 네가 발견한
 - 해설 : He likes the thing(s) that you found. 명사절 what you found가 목적어로 사용되었습니다.

• What I needed was sleep.
 - 이해 : 내가 필요했던 것 = 수면
 - 해설 : what 명사절의 원론적 이해를 알았으니 지금부터는 what 명사절을 's + v한 것' 으로 이해합니다. 명사절 What I needed가 주어로 사용되었습니다.

• That is what you need.
 - 이해 : 그것 = 네가 필요로 하는 것
 - 해설 : 명사절 what you need가 주격보어로 사용되었습니다.

• Do you understand what I am saying?
- 이해 : 너 이해하나? (뭘?) 내가 말하고 있는 것
- 해설 : 명사절 what I am saying이 목적어로 사용되었습니다.

• I will keep what I know to myself.
- 이해 : 나 유지할 것이다 (뭘?) 내가 아는 것 → 내 자신
- 해설 : 명사절 what I know가 목적어로 사용되었습니다. 알고 있는 사실을 비밀로
하겠다는 의지(will)를 표현하는 문장입니다.

|명사와 문장 확장 - 문장 확장|

1-4 명사와 문장 확장

2. 문장 확장

이번에는 영어의 기본 어순인 '주어 + (조동사) + 동사 + 목적어'가 어떤 원리에 의해 연장되고 또 확장이 되는지, 그리고 그 형태에는 어떤 것들이 있는지에 대해 알아보도록 하겠습니다.

영어 문장이 연장(延長) 및 확장(擴張)되는 형태는 아래와 같이 크게 다섯 가지로 나눠 볼 수 있습니다.

Key-Point

문장 연장 및 확장 형태
1. 명사 부가설명
2. 꼬리에 꼬리를 무는 타동사의 목적어
3. 전치사 + 전치사의 목적어
4. 문장과 문장을 연결하는 접속사
5. 목적격보어

첫째, 명사 부가설명

우리가 이미 배운 바와 같이, 모든 명사에는 그 명사를 보충 설명해 주는 '명사 부가설명' 이 붙을 수 있습니다.

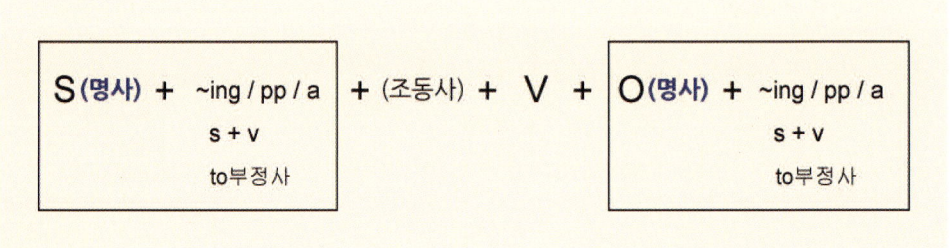

명사가 올 수 있는 주어, 목적어, 보어 자리에 명사 부가설명이 붙게 되면 문장이 길어지고 복잡해집니다. 다시 한번 강조하지만, 주어 자리의 명사에 부가설명이 붙는 경우에는 부가설명에 현혹되지 말고 문장의 주성분인 본동사의 출현에 대비하고 있어야 합니다. 왜냐하면, 명사 부가설명은 단지 앞에 나온 명사에 종속되어 그 명사가 구체적으로 무엇인지 보충 설명해 주는 의사소통의 보조 수단에 불과하기 때문입니다.

둘째, 꼬리에 꼬리를 무는 타동사의 목적어

일반동사 편에서 우리는 타동사란 주어의 행위인 동사가 영향을 미치는 대상 즉, 목적어

55

가 존재하는 동사라고 배웠습니다. 타동사 뒤에는 반드시 동사의 행위에 영향을 받는 목적어가 존재해야 합니다. 그렇기 때문에 어순이 'S + V + O'가 되었습니다. 우리가 익히 알고 있는 동사 like, want 뒤에 나오는 to부정사 또한 타동사 like, want의 목적어입니다. 'to + 동사원형'으로 두 개 이상의 단어가 절 형태(s + v)는 아니면서 목적어 역할을 하기 때문에 명사구 형태의 목적어인 것입니다.

여기서 문제는 본동사뿐만 아니라 본동사 이외의 동사가 타동사라면 그들도 자기 자신의 목적어를 가져야 한다는 점입니다. 본동사 이외의 동사란 to부정사, 동명사, 현재분사 등을 말합니다. to부정사는 'to + 동사원형' 형태로 미래 의미를 내포하고 있다고 배웠습니다. 동명사는 '동사원형 + ~ing' 형태로 동사의 성질을 일부 지닌 명사입니다. 따라서, 동명사는 명사처럼 이해(~하는 것, ~하기)합니다. to부정사, 동명사는 형태는 다르지만 둘 다 '동사원형'이 기반이고, 그로 인해 동사의 성질도 함께 가지고 있다는 점에서 공통점이 있습니다. 따라서 to부정사, 동명사의 근본 즉, 동사원형이 타동사라면 본동사가 아니더라도 자기 자신의 목적어를 취해야 합니다.

이렇듯 본동사든, 동사의 성질을 일부 지니고 있는 동사든 타동사라면 목적어가 존재해야 하고, 목적어가 될 수 있는 품사는 명사 즉, '명사 상당 어구' 이기 때문에 문장이 계속 중첩되고 연장될 수 있는 것입니다.

자! 이제 예문을 통해 어순에 따른 이해를 해보도록 하겠습니다.

- I want to know why she did that to me.
  - 이해 : 나 원한다 (뭘?) 앞으로 아는 것을 (뭘?) <u>왜 그녀 했는지 그것 → 나</u>

- 해설 : 본동사인 타동사 want의 목적어로 to부정사인 to know가 사용되었고, to부정사인 to know에서 know가 타동사이기 때문에 목적어로 명사절인 why she did that to me가 사용되었습니다.

• They need their parents to keep them safe, warm and fed.
  - 이해 : 그들 필요로 한다 (뭘?) 그들의 부모가 앞으로 유지하는 것 (뭘?) 그들=안전한, 따뜻한 그리고 먹여지는
  - 해설 : 5형식 문장(They need their parents to keep)에서 목적격보어인 타동사 to keep이 다시 5형식 형태(keep them safe, warm and fed)를 중첩시킨 문장 (본동사가 아니더라도 타동사면 자기 자신의 목적어를 취하듯, 본동사가 아니더라도 5형식 형태로 주로 사용되는 동사라면 5형식 패턴을 사용할 수 있습니다.)입니다. 어순에 따라 to keep하는 주체는 진주어 They가 아니라 바로 앞에 나오는 their parents입니다.

They need their parents to keep them safe, warm and fed.
S   VT   O   OC   o   oc
                      (vt)

• ~ 현재 문맥 ~ That would make him regret taking my money.
  - 이해 : 그것 (추측하건대) 만들다 그 후회하게 (뭘?) 받았던 것을 (뭘?) 내 돈
  - 해설 : 5형식 사역동사 문장(That would make him regret)에서 목적격보어 regret이 타동사이기 때문에 목적어로 동명사구인 taking my money가 사용되었고, 다시 동명사 taking이 타동사이기 때문에 목적어로 명사 단어인 my money가 사용되었습니다. 이처럼 본동사든 본동사 이외의 동사든, 타동사이면 목적어가 필요하기 때문에 문장이 계속 연장되는 것입니다. 동사 regret의 목적어로 동명사가 오면 과거에 한 일을 후회한다는 것이고, to부정사가 오면 앞으로 할 일을 유감스럽게 생각한다는 것입니다. (forget, remember도 동명사, to부정사의 의미가 유사하게 적용됩니다.)

• I want you to teach me to understand what I read.
  - 이해 : 나 원한다 너 앞으로 가르치다 나에게 이해하는 것 (뭘?) 내가 읽는 것
  - 해설 : 5형식 문장(I want you to teach)에서 목적격보어 to teach가 타동사이기 때

문에 목적어로 me를 사용했습니다. to부정사인 to understand가 타동사이기 때문에 목적어로 명사절 what I read를 사용했습니다.

• A mortgage enables many people to enjoy owning a house.
- 이해 : 대출은 가능하게 한다 많은 사람들이 앞으로 즐기는 것 (뭘?) 소유하는 것 (뭘?) 한 집
- 해설 : 5형식 문장(A mortgage enables many people to enjoy)에서 목적격보어 to enjoy가 타동사이기 때문에 목적어로 동명사인 owning이 사용되었고, 다시 동명사 owning이 타동사이기 때문에 자기 자신의 목적어로 명사 단어인 a house를 사용했습니다.

셋째, 전치사 + 전치사의 목적어

전치사 다음에는 목적어가 나오는데, 우리는 이것을 '전치사의 목적어'라고 부릅니다.

전치사 + 전치사의 목적어

우리가 이미 알고 있는 바와 같이 목적어가 될 수 있는 품사는 명사이기 때문에, 전치사의 목적어에도 명사 단어, 명사구, 명사절 같은 '명사 상당 어구'가 사용됩니다. 단, 명사구 중 to부정사는 전치사의 목적어로 사용될 수 없습니다.

위 그림과 같이 전치사 뒤에는 전치사의 목적어가 붙고, 그 목적어가 타동사인 경우 다시 목적어가 꼬리에 꼬리를 물 수 있기 때문에 문장이 연장될 수 있는 것입니다. 또한 전치사의 목적어든, 꼬리에 꼬리를 무는 타동사의 목적어든 그 뒤에는 '명사 부가설명'이 붙을 수 있습니다. 왜냐하면, 모든 명사 뒤에는 '명사 부가설명'이 붙을 수 있기 때문입니다.

| 명사와 문장 확장 - 문장 확장 |

자! 이제 예문을 통해 어순에 따른 이해를 해보도록 하겠습니다.

- I will meet you at the airport.
  - 이해 : 나 (의지 미래) 만나다 너 접점은 공항
  - 해설 : 전치사 + 명사 단어(at + the airport)
- It is like I abandoned you alone.
  - 이해 : 그것 = 나 내팽개쳤다 너 홀로
  - 해설 : 전치사 + 명사절[like + (that) I abandoned you alone]. '전치사+명사절'이 주격보어로 사용되었습니다.
- The boy was looking at what he had done.
  - 이해 : 그 소년 시선을 두고 있었다 접점은 그가 전에 저지른 일
  - 해설 : 전치사 + 명사절(at + what he had done). 전치사의 목적어로 명사절을 사용했습니다. 자동사 look의 기본 의미는 '시선을 두다' 입니다.
- The worst part of holding a cool gun all day is that you are just dying to actually use it.
  - 이해 : 최악의 부분 (그 부분과) 관련 있는 것은 들고 있는 것 (뭘?) 한 멋진 총 하루 종일 = 너 하고 싶어 안달이 난다 실제로 앞으로 사용하다 그것
  - 해설 : 전치사 + 명사구(of + holding a cool gun). 전치사의 목적어로 동명사구를 사용했습니다. 동명사 holding이 타동사이기 때문에 자기 자신의 목적어로 명사 단어 a cool gun을 사용했습니다. 전치사 of를 통해 그 최악의 부분이 무엇과 관련 있는지 알려 주고 있지만, 주격보어인 that you are just dying to actually use it과 궁극적으로 매칭(=)되는 진주어는 The worst part입니다. 진주어를 포함한 나머지 주어 영역(The worst part of holding a cool gun all day)을 주어부라고 합니다.
- He made his way to what he thought was the safe.
  - 이해 : 그 만들었다 그의 길 → 그가 생각하는 것 = 금고
  - 해설 : 전치사 + 명사절(to + what he thought was the safe). 자기가 판단하기에 금고가 있을 것이라고 생각되는 곳으로 이동하는 장면을 묘사하는 문장입니다.

59

- I loved all of them, and myself for being with them.
  - 이해 : 나 사랑했다 모두 (그 모두와) 관련 있는 것은 그들, 그리고 나 자신 이유는 존재해서 함께하는 것은 그들
  - 해설 : 전치사 + 명사 단어(of + them, for + being). 전치사 for의 목적어로 동명사 being을 사용했습니다.

넷째, 문장과 문장을 연결하는 접속사

하나의 문장이 접속사를 통해 확장될 수 있습니다.

문장이란 절 즉, 'S + V'를 포함하면서 하나의 완결된 내용을 표현하는 최소의 단위입니다. 접속사는 하나의 문장을 다른 문장과 유의미하게 연결해 확장시키는 역할(문장 + 접속사 + 문장)을 합니다.

We all like our boss.

Our boss genuinely cares about his employees.

위와 같이 서로 독립되어 있지만 유의미한 관계가 있는 두 문장을 '이유'를 설명하는 because라는 접속사로 연결해 확장시킬 수 있습니다.

We all like our boss because he genuinely cares about his employees.

- 이해 : 우리 모두 좋아한다 우리의 상사 <u>이유는</u> 그 진정으로 배려한다 그의 직원들

접속사는 어순에 따른 이해에 있어 매우 중요한 부분이므로, 접속사 편에서 자세히 다루도록 하겠습니다.

다섯째, 목적격보어

우리는 be동사 편에서 주격보어(補語)란 주어가 어떤 존재라는 것을 수식해 주는 역할을 한다고 배웠습니다. 이번에 배울 목적격보어(補語)는 영어의 기본 어순인 '주어 + (조동사) + 동사 + 목적어'에서 목적어 뒤에 위치해 어순대로 목적어의 상태, 행위 등을 표현해 주는 역할을 합니다. '주어 + (조동사) + 동사 + 목적어 + 목적격보어'를 5형식 문장이라고 하고, 목적격보어는 OC라고 표시합니다.

| 명사와 문장 확장 - 문장 확장|

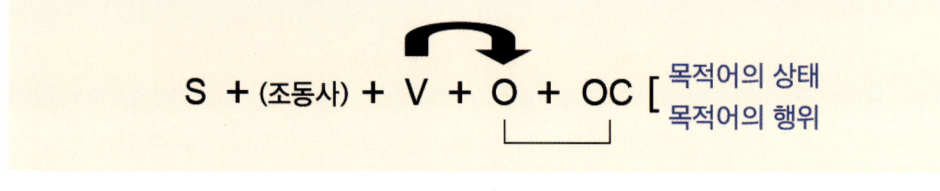

5형식 문장을 어순에 따라 이해하는 데 있어 중요한 점은 동사, 목적어, 목적격보어가 의미상 서로 유기적으로 연결되어 있다는 점입니다. 목적격보어의 상태나 행위는 목적어와 관련된 것이지만, 그러한 모든 것을 초래한 시발점은 본동사이기 때문입니다. 어순대로 동사가 목적어에 영향을 미치고, 목적어가 목적격보어와 연관되는 구조(동사→목적어=목적격보어, 여기서 → 는 to를 상징하는 기호가 아니라 동사가 영향을 미치는 대상이 목적어라는 의미로 사용하는 기호입니다.)입니다. 여기서 중요한 점은, 어순대로 이해해야 자연스럽게 이해가 된다는 점입니다.

Key-Point ── ○ 5형식 문장에서 주어의 행위 즉, 동사가 영향을 미치는 대상은 목적어이고, 목적어의 상태 혹은 행위는 목적격보어로 표현된다.

아래와 같이 목적격보어의 형태에 따라 목적어의 상태나 행위 그리고 역할을 다양하게 표현할 수 있습니다. 형용사나 과거분사(pp)는 목적어의 상태를 표현할 때, 동사원형과 현재분사(~ing) 그리고 to부정사는 목적어의 행위를 묘사할 때, 명사 단어는 목적어의 역할을 나타내고 싶을 때 사용합니다.

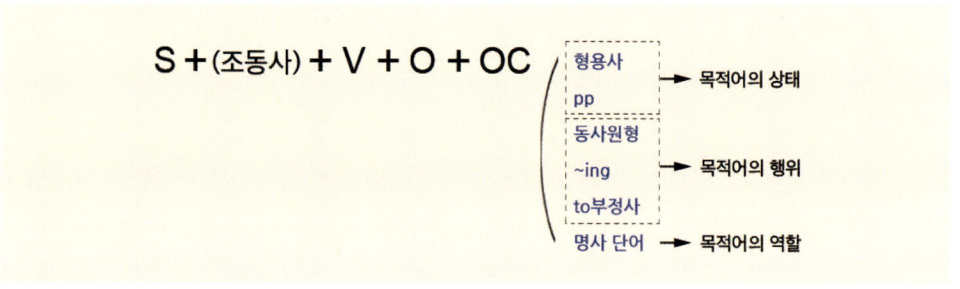

목적격보어 어순 이해
Tip

- 목적어 + 목적격보어(형용사 or pp) : 목적어의 상태를 표현
  ≫ '목적어 + 형용사'의 경우 '목적어 = 형용사'
  ≫ '목적어 + pp'의 경우 수동태 의미(목적어 pp되어진)
- 목적어 + 목적격보어(동사원형 or ~ing or to부정사) : 목적어의 행위를 표현
  ≫ '목적어 + 동사원형'의 경우 일반적 사실로써의 행위(목적어 ~하다)
  ≫ '목적어 + ~ing'의 경우 동작의 생동감/현장감 강조(목적어 ~하고 있는)
  ≫ '목적어 + to부정사'의 경우 미래 의미를 내포(목적어 앞으로 ~하다)
- 목적어 + 목적격보어(명사 단어) : 목적어의 역할을 표현(목적어 = 명사)

여기서 한 가지 짚고 넘어가야 하는 문제가 있습니다. 위의 '**목적격보어 어순 이해**'는 '**명사 부가설명 어순 이해**'와 근본적으로 다르다는 점입니다. 둘은 형태의 유사성이 있지만, 명사 부가설명은 오직 앞에 나온 명사와 관련이 있으며, 본동사로부터 직접적인 영향을 받지 않습니다. 하지만, 목적격보어는 근본적으로 본동사로부터 직접적 영향을 받는 엄연한 문장의 주성분입니다. 이러한 점은 to부정사 부분에서 극명하게 차이가 납니다. 명사 부가설명에서의 to부정사는 앞에 나온 명사를 꾸며 주는 형용사 역할을 하지만, 목적격보어에서의 to부정사는 문장의 주성분으로서 본동사로부터 영향을 받아 목적어의 행위를 표현하는 데 사용되기 때문입니다.

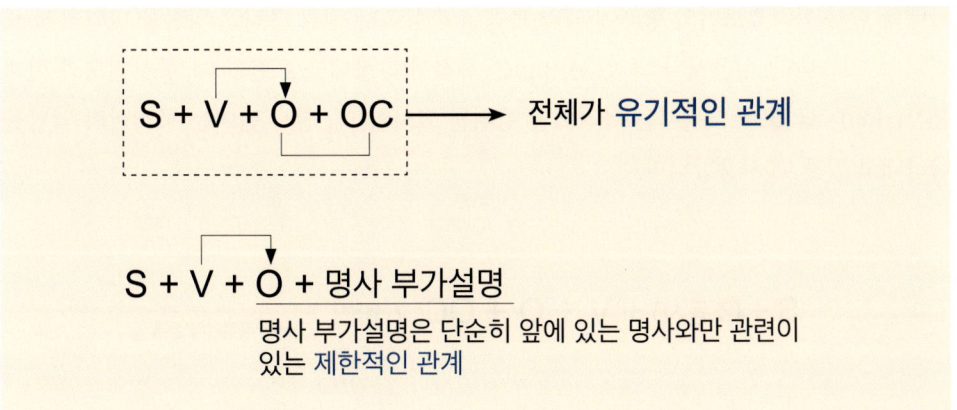

1. I met a girl having a scar on the right cheek.
   - 이해 : 나 만났다 한 소녀 가지고 있는 한 흉터 접면은 오른쪽 뺨

2. I watched the ponytail girl sitting on the swing.
- 이해 : 나 보았다 그 말총머리 소녀 앉아있는 접면은 그네

1번 예문에서 having a scar는 본동사 met과 직접적인 관련이 없습니다. 단지, 앞에 나온 명사 a girl에 대해 그 소녀가 구체적으로 누구인지 보충 설명해 주는 명사 부가설명에 불과합니다. 1번 예문은 having 이하 문장이 없어도, 'I met a girl : S + V + O'로 하나의 완결된 내용을 표현하는 온전한 문장입니다. having 이하 문장은 그저 듣는 이의 이해를 돕고자 사용하는 의사소통의 보조 수단일 뿐입니다. 하지만 2번 예문의 sitting은 본동사 watched의 직접적인 영향을 받는 문장의 주성분으로서, 목적어 the ponytail girl의 행위를 묘사하는 목적격보어(watched → the ponytail girl = sitting)입니다. 2번 예문의 주어인 I가 본(watch) 것은 단지 목적어인 the ponytail girl뿐만 아니라, 그 말총머리 소녀가 앉아 있는 장면을 본 것이기 때문입니다. 위의 두 예문을 어순대로 이해하면 문장을 이해하는 데는 별 문제가 없지만, 굳이 구분하는 이유는 문장의 주성분(목적격보어)과 보조 성분(명사 부가설명)의 역할은 엄연히 다르기 때문입니다.

I met a girl having a scar on the right cheek.
S VT   O(n)

명사 부가설명 (n + ~ing 형태)

I watched the ponytail girl sitting on the swing.
S   VT   O   OC

5형식 문장에 자주 사용되는 동사들과 그 동사들이 만들어 내는 문장 패턴을 알고 있으면, 문장 구조가 머릿속에 그려지기 때문에 문장을 어순대로 빠르고 효과적으로 이해하는 데 많은 도움이 됩니다. 5형식 동사들과 그 패턴에 대해서는 일반동사 심화 편에서 자세히 다루도록 하겠습니다.

자! 이제 예문을 통해 어순에 따른 이해를 해보도록 하겠습니다.

- I will make her happy.
  - 이해 : 나 (의지 미래) 만들다 그녀 행복한
  - 해설 : 목적격보어로 형용사 happy를 사용해 목적어의 상태(make → her = happy)를 표현했습니다.

- They decided to call the baby Sue.
  - 이해 : 그들 결정했다 앞으로 부르기로 그 아기 Sue
  - 해설 : 목적격보어로 명사 Sue를 사용해 목적어의 역할(call → the baby = Sue)을 표현했습니다.

- My secretary has kept me updated on the schedule.
  - 이해 : 내 비서 계속 유지시켰다 나 최신 정보로 업데이트 되게 접면은 일정
  - 해설 : 목적격보어로 과거분사 updated를 사용해 목적어의 상태(has kept → me = updated)를 표현했습니다. 목적격보어가 과거분사이기 때문에 목적어와 목적격보어를 수동태 의미로 이해해야 합니다.(내가 뭔가를 업데이트시키는게 아니라, 비서에 의해 업데이트**되는** 것입니다.)

- I saw you dancing at the party last night.
  - 이해 : 나 보았다 너 춤추고 있는 접점은 그 파티 지난 밤
  - 해설 : 목적격보어로 현재분사 dancing을 사용해 목적어의 행위를 묘사하였습니다. [목적격보어 자리에 동사원형 dance를 쓰면 사실 자체(춤춘 사실)에 초점을 두는 것이고, 현재분사(~ing)를 사용하면 특정 시점(과거든, 현재든)에서 동작의 생동감/현장감을 강조하는 것입니다.]

- My wife asked me to help her do the housework.
  - 이해 : 나의 아내 부탁했다 나에게 앞으로 돕다 그녀 하다 집안일
  - 해설 : 목적격보어로 to부정사 to help를 사용해 목적어 me의 행위를 표현(asked → me = to help)했습니다. 목적격보어가 to부정사이기 때문에 미래 의미로 이해해야 합니다.
    5형식 문장(My wife asked me to help)에서 목적격보어인 타동사 to help가 다시 5형식 형태를 중첩시킨 문장(to help → her = do)입니다. 어순대로 아

내가 요청해서 내가(me) 돕게 되는 것이고(to help), 돕는 대상은 그녀(her)
이며, 그녀가 하는(do) 겁니다 (뭘?) 집안일.

My wife asked me to help her do the housework.
  S   VT   O   OC
            (vt) o oc
                  (vt)   o

- You can consider changing the price to make your goods more competitive.
  - 이해 : 너 고려할 수 있다 (뭘?) 바꾸는 것 (뭘?) 가격 앞으로 만들려고 너의 상품 더 경
    쟁력 있게
  - 해설 : to부정사인 타동사 to make가 5형식 형태(to make your goods more
    competitive)를 사용하였습니다. 목적격보어로 형용사 competitive를 사
    용해 목적어 your goods의 상태를 표현(make → your goods = more
    competitive)했습니다.

- It makes me feel a little less guilty about keeping this a secret.
  - 이해 : 그것 만든다 나 느끼게 약간 덜 죄책감들도록 내용은 유지하는 것 (뭘?) 이것
    = 한 비밀
  - 해설 : 목적격보어로 동사원형 feel을 사용해 목적어 me의 행위를 표현(makes → me
    = feel)하였습니다. '전치사 + 전치사의 목적어(about + keeping this a secret)'
    에도 전치사의 목적어로 동명사 keeping을 사용해 5형식 형태의 동명사구
    (keep → this = a secret)를 만들었습니다.

1-5 전치사

1. 전치사란 무엇인가?

이번에는 사용 빈도나 중요성에 비해 그동안 철저히 평가절하되고, 외우기식 영어의 최대 피해자인 전치사에 대해 제대로 알아보는 시간을 가져 보도록 하겠습니다.

전치사를 제대로 이해하면 어순에 따른 이해를 통해 영어 읽기, 듣기 능력이 크게 향상될 뿐만 아니라 쓰기, 말하기에도 직관적 응용이 가능하게 되어 영어 활용에 있어 시너지 효과가 크게 발생합니다. 또한 전치사의 기본 의미와 기본 의미로부터의 유추를 통해 문장의 의미를 추론(推論)할 수 있으며, 엄청난 분량으로 인해 영어 학습자로 하여금 시간과 노력 소모는 물론, 정신적으로 좌절시키는 묻지마 숙어 암기로부터도 해방될 수 있습니다. 전치사의 기본 의미와 어순대로 이해하는 법을 알고 관용구를 대하는 것과 모르고 대하는 것에는 엄청난 차이가 존재합니다.

"추론(推論) : 미루어 생각해 판단을 이끌어 냄"

전치사는 관련 있는 단어와 단어를 연결하는 연결 고리 역할(단어 + 전치사 + 단어)을 합니다. 여기서 중요한 점은 단어, 전치사, 단어가 유기적 연관성을 갖고 어순대로 배열된다는 점입니다. 전치사 뒤에 나오는 단어는 우리가 이미 배운 바와 같이 전치사의 목적어입니다. I am with him과 같이 전치사 with 다음에 대명사 he가 아니라 목적격 him이 오는 이유도, 전치사 다음에는 전치사의 목적어가 나와야 하기 때문입니다.

전치사는 철자가 같은 부사로도 사용되는데, 이 둘은 기본 의미는 유사하나 부사 뒤에는 목적어가 오지 않는다는 점에서 차이가 납니다. 따라서, 뒤에 목적어가 존재하냐, 존재하지 않느냐로 전치사와 부사를 구분할 수 있습니다.

1. take it off : 취하다 (뭘?) 그것 떼어 내다
2. take it off the table : 취하다 그것 떼어졌는데, 떼어져 나온 대상은 탁자

1번 문장은 off 뒤에 목적어 즉, 명사가 없으므로 부사이고, 2번 문장은 off 뒤에 목적어인

명사 the table이 존재하므로 전치사입니다. 이와 같은 목적어 유/무 여부는 마치 타동사가 영향을 미치는 대상인 목적어가 존재해야 하는 것과 마찬가지로, 전치사와 전치사의 목적어 사이에 서로 밀접한 관계가 있다는 것을 알려 줍니다. 1번 문장에서 it은 떼어져 나온 것으로 끝이 나지만, 2번 문장에서 it은 떼어져 나온 사실과 함께 전치사의 목적어를 통해 어디서 떼어져 나왔는지 그 출처를 알려 주고 있습니다. 이런 것이 전치사와 전치사 목적어 사이의 유기적 연관성입니다.

기본 의미가 같기 때문에 어순대로 이해하면 전치사와 부사를 구분하는 것이 무의미할 수도 있습니다. 하지만, 둘의 의미가 전혀 다른 경우도 있습니다. 그렇기 때문에 만약, 부사인데 기본 의미가 어색하다면 문맥을 통해 다른 의미를 유추해 보고, 정 안되면 사전에서 부사 부분을 참조해 기본 의미와는 다른 부사만의 의미를 찾아봐야 합니다.

1. They walked around the lake : 그들 걸었다 빙 도는 것은 그 호수
2. He arrived around five o'clock : 그 도착했다 약 5시경

1번 문장은 '빙 도는 것은 ~' 이라는 전치사 around의 기본 의미가 사용되었고, 2번 문장은 '약, 대략'이라는 의미를 지닌 부사로 사용된 around입니다.(five o'clock은 명사가 아니라 부사입니다.)

- 단어 + 전치사 + 단어
　　　　　　전치사의 목적어
　　　　　　　　(= 명사)

- 부사 + 목적어

1-5 전치사

2. 전치사 어순 원리

우리가 이미 배운 바 있는 전치사 to의 이미지는 화살표(→)입니다. 전치사의 이미지나 기본 의미를 알고 있으면, 나머지는 어순대로 이해하기만 하면 됩니다.

I go to school.
이해 : 나 간다 → 학교

물론 go to school 즉, '단어 + 전치사 + 단어'에는 유기적 연관성(가다 + → + 장소)이 있습니다. 전치사 to의 화살표 이미지가 갖고 있는 '방향성과 진행'의 의미가 전치사의 목적어로 사용된 목표 즉, 장소와 유기적으로 자연스럽게 연결된다는 것입니다.

"유기적(有機的) : 생물체처럼 전체를 구성하고 있는 각 부분이 서로 밀접하게 관련이 있는 것"

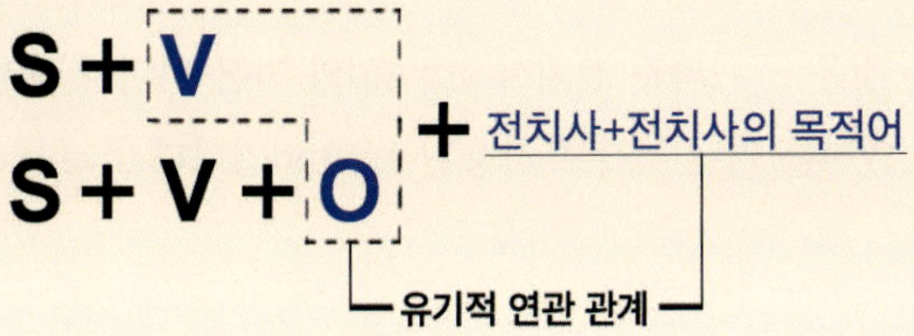

위 그림과 같이 영어 어순 원리에 따라 영어의 기본 문장을 완성하고, 마치 레고 블럭을 갖다 붙이듯이 유기적 연관성을 지닌 '~ + 전치사 + 전치사의 목적어'를 연결해 나아가는 것입니다. 지금부터 전치사가 어떤 원리에 의해 영어 기본 어순으로부터 순차적으로 확장되는지 살펴보도록 하겠습니다.
아래는 전치사 어순 원리입니다.

- 주어로부터 물리적/논리적으로 가까운 순으로
- 오감으로 먼저 인식한 순으로
- 머리 속에서 먼저 떠오르는 순으로

→ 단어+전치사+단어

| 전치사 – 전치사 어순 원리|

위 세 가지 원리에 의해 '단어 + 전치사'가 결정되고, 그 다음에 전치사와 연관되는 전치사의 목적어 순으로 단어가 전개됩니다. 그럼, 세 가지 원리를 하나하나 살펴보도록 하겠습니다.

첫째, 주어로부터 물리적/논리적으로 가까운 순서대로 단어가 배열됩니다.
영어 어순이 주어로부터 심리적·물리적으로 가까운 순서대로 단어가 배열되듯이 '단어 + 전치사 + 단어'도 이 원리에 따라 전개됩니다.

I am behind the door.
이해 : 나 존재한다 뒤에, 앞에 있는 것은 문

I am behind\the door.

나 존재한다 뒤에,\앞에 있는 것은 문

▶ A behind B : A가 뒤에 있고, 앞에 있는 것은 B
위 문장에서 be동사 뒤에 in front of나 before가 아니라, behind를 사용하는 이유는 주어의 물리적 위치가 '뒤'이기 때문입니다. 주어의 존재 자체가 뒤에 있기 때문에 주어로부터 물리적으로 가까운 전치사 behind가 먼저 나오고, the door가 나중에 나오는 것입니다.

▶ A of B : A와 관련 있는 것은 B
It is the sleeve of her coat.
이해 : 그것 = 소매 (그 소매와) 관련 있는 것은 그녀의 외투

'주어 = 주격보어 (It = the sleeve)'에서 그 소매와 관련 있는 것이 그녀의 외투라는 것입니다. 주어로부터 문장이 확장되면서 주격보어(the sleeve)와 관련 있는 내용을 논리적으로 전치사 of를 통해 연결시켜 준 것입니다. 아래 예문들도 마찬가지입니다.

69

I met a son of my friend.

이해 : 나 만났다 한 아들 (그 아들과) 관련 있는 것은 내 친구

주어의 행위가 영향을 미치는 대상 즉, 만난 사람은 한 아들입니다. 여기에 전치사구(전치사+전치사의 목적어)를 통해 주어가 만난 한 청년(a son)과 관련 있는 사람이 자기 친구라는 것을 알려주고 있습니다. 이처럼 영어는 영어 어순 원리에 따라 단어가 배열되면서 연관되는 내용을 전치사를 통해 논리적으로 확장시킵니다.

I took a photograph of the bride.

이해 : 나 취했다 한 사진 (그 사진과) 관련 있는 것은 그 신부

내가 취한 것 즉, 찍은 것은 한 장의 사진인데, 그 사진의 내용이 신부라는 것입니다. 이렇듯 주어로부터 문장이 전개되어 기본 문장을 완성하고, 관련 있는 내용을 전치사를 통해 연결시켜 주는 것입니다.

둘째, 오감(五感)으로 먼저 인식한 순서대로 단어가 배열됩니다.

오감(五感)이란 시각, 청각, 후각, 미각, 촉각의 다섯 가지 감각을 말합니다. 영어는 오감을 통해 먼저 인식한 순서대로 단어가 배열됩니다.

a bag of groceries

이해 : 한 봉지 관련 있는 것은 식료품

위의 '단어+전치사+단어(a bag + of + groceries)' 어순은 사람이 시각을 통해 사물을 인식하는 순서와 같습니다.

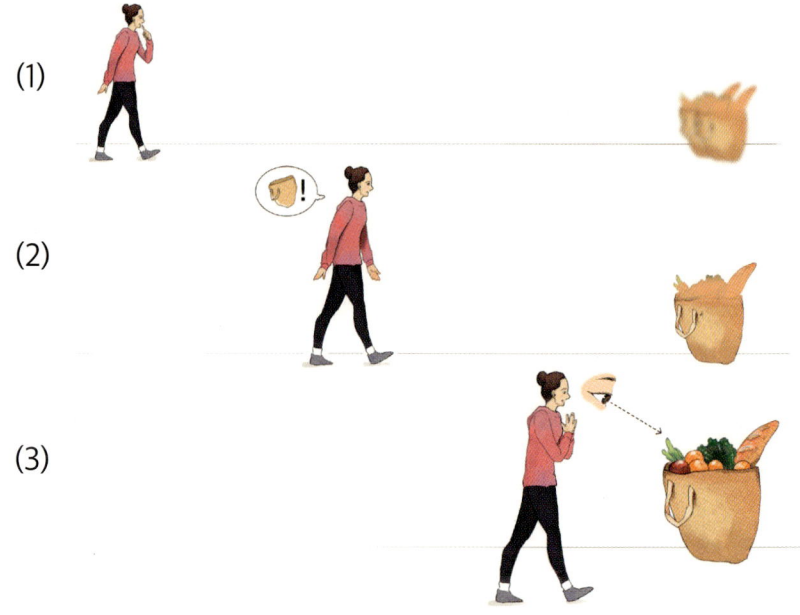

위의 그림처럼, 사람이 멀리 있는 대상을 향해 접근할 때 제일 먼저 인식되는 것은 대상의 개수가 많고 적음(1)입니다. 그리고 가까이 갈수록 그 대상의 외관이 식별(2)되고, 최종적으로 아주 가까이 가서야 내용물이 확인(3)됩니다. 위 예문에서 제일 먼저 시각적으로 식별되는 것은 대상의 개수이기 때문에 단수를 나타내는 부정관사 a가 사용되었고, 더 가까이 가 보니, 봉지(bag)인데 아직 내용물은 알 수 없습니다. 그 봉지에 과자가 들어 있을 수도 있고, 폭탄이 들어 있을 수도 있는 것입니다. 그 봉지와 관련된(of) 내용물(groceries)은 아주 가까이 가서야 비로소 확인됩니다. 이처럼 사람이 오감을 통해 사물을 인식하는 순서와 같이 a bag of groceries라는 어순이 완성됩니다.

scent of death, footprint of tiger도 마찬가지입니다. 냄새가 나서 맡았는데, 알고 보니 죽음의 냄새였다는 것입니다. 또 시각이 발자국을 먼저 포착하고, 자세히 확인해 보니 호랑이 발자국이었다는 것입니다. 이렇듯 영어는 오감으로 먼저 인식한 순서대로 단어가 배열됩니다.

셋째, 머릿속에서 먼저 떠오르는 순서대로 단어가 배열됩니다.

영어는 주어 혹은 화자의 머릿속에서 먼저 떠오르는 것을 우선 언급하고, 관련된 내용이나 구체적인 내용은 나중에 말하려는 경향이 있습니다. 먼저 떠오른다는 것은 어떤 사람이나 사물을 생각할 때 자연스럽게 가장 먼저 떠오르는 **이미지(image) 또는 추상적 개념을** 말합니다.

Black is the king of color.
이해 : 검은색 = 왕 관련 있는 것은 색상

어떤 사람이 검은색을 정말 좋아하고 대단하다고 생각할 때, 그 사람이 검은색하면 가장 먼저 떠오르는 이미지는 최고의 권력이나 권위를 상징하는 king이라는 단어일 수 있습니다. 이때 그 사람 즉, 화자는 black의 이미지인 king을 먼저 언급하고, 그 다음에 관련된 내용(color)을 말하는 것입니다.

the city of Prague, the set of all genes, this type of book,
an increase of 10 percent, a height of 15 feet, a series of incidents,
the plays of Shakespeare, all of us, standard of living,
table of contents, information of her condition

위와 같은 경우에는 일반적 범주나 추상적인 개념이 먼저 나오고, of 다음에 관련된 내용이나 구체적인 내용을 후술(後述)했습니다.

먼저 떠오르는 것을 언급한다는 영어의 속성은 아직 영어가 능숙하지 않은 학습자에게도 유용한 측면을 제공합니다. 학습자가 우선 간단하게라도 기본 문장을 완성하는 데 집중할 수 있는 여유를 줄 수 있다는 측면에서 말입니다. 학습자는 우선 먼저 인식하거나 머릿속에 떠오르는 것을 언급하고, 관련 있는 내용을 후술함으로써 문장을 완성해 가는 과정에 있어서 여유 내지는 한 템포 쉬어 갈 수 있는 쉼표를 제공받을 수 있는 것입니다. 이런 측면은 명사를 먼저 언급하고, 그 명사에 대한 구체적인 설명을 부가해 주는 명사 부가설명에서도 마찬가지입니다. 이런 영어의 속성을 어려워하거나 익숙하지 않다고 불편해 하기보다는 배우는 입장에서 역(逆)으로 잘 활용할 줄 아는 지혜가 필요합니다.

지금까지 기본 어순 이후에 전개되는 전치사 어순 원리에 대해 알아봤습니다. 다소 지엽적이고 세부적인 내용이라 부담스러울 수도 있지만, 걱정할 필요는 없습니다! 다음 챕터부터 본격적으로 소개되는 각 전치사들의 이미지나 기본 의미, 어순에 따른 이해 방법을 알면 굳이 원론적인 내용을 모르더라도 영어를 이해하고 구사하는데는 별다른 문제가 없기 때문입니다.

하지만, 매번 필자가 반복하는 얘기지만 '영어는 주어로부터 심리적·물리적으로 가까운 순서대로 단어를 배열한다' 라는 영어 어순 대전제와 그것이 구체화된 '주어 → 주어의 마음 상태(조동사) → 주어의 행위(동사) → 주어의 행위가 영향을 미치는 대상(목적어)'의 기본 어순 구조는 영어를 사용할 때 항상 머릿속에 담아 두고 뼛속 깊이 새겨 두어야 한다는 사실을 잊지 말아야 합니다.

우리는 앞으로 전치사 앞부분(명사 단어, 동사 혹은 앞부분 전체)을 A로, 전치사 뒷부분(전치사의 목적어)을 B로 표기하도록 하겠습니다. A to B, A with B처럼 말입니다. 물론, 이해는 어순대로 A to B는 'A → B'로, A with B는 'A와 함께하는 것은 B'와 같이 영어 어순대로 이해할 것입니다.

1-5 전치사

3. 이미지 연상을 통한 전치사의 기본 의미 이해

이번에는 이미지 연상을 통해 전치사의 기본 의미를 익혀 보도록 하겠습니다. 영어를 어순대로 이해할 때 읽으면서 의미가 바로 매칭되는 것도 좋지만, 가장 바람직한 이해는 영어를 읽으면서 관련된 이미지가 머릿속에 바로 그려지는 것입니다. to가 나오면 바로 화살표(→) 이미지를 떠올리는 것처럼 말입니다.

중요도나 사용 빈도를 고려했을 때 영어에서 가장 중요한 전치사는 두말할 필요 없이 **of, in, to**입니다.

앞으로 각각의 전치사 앞부분에는 아래와 같은 그림이 제시될 것입니다. 그림 왼쪽은 해당 전치사의 이미지이고, 오른쪽은 그 전치사의 기본 의미와 관련된 내용입니다.

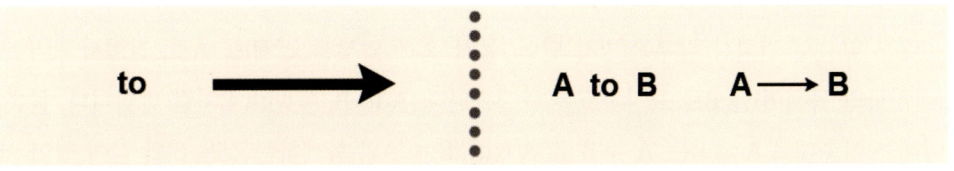

가장 먼저 전치사 to에 대해 살펴보면, to는 우리가 공부한 바와 같이 화살표(→) 이미지를 갖고 있습니다.

▶ **A to B : A→B (A가 나아가서 도달하는 대상은 B)**

전치사 to에 대해서는 'to는 화살표다' 챕터에서 이미 다루었기 때문에 아래 그림으로 정리하도록 하겠습니다.

74

| 전치사 - 이미지 연상을 통한 전치사의 기본 의미 이해 |

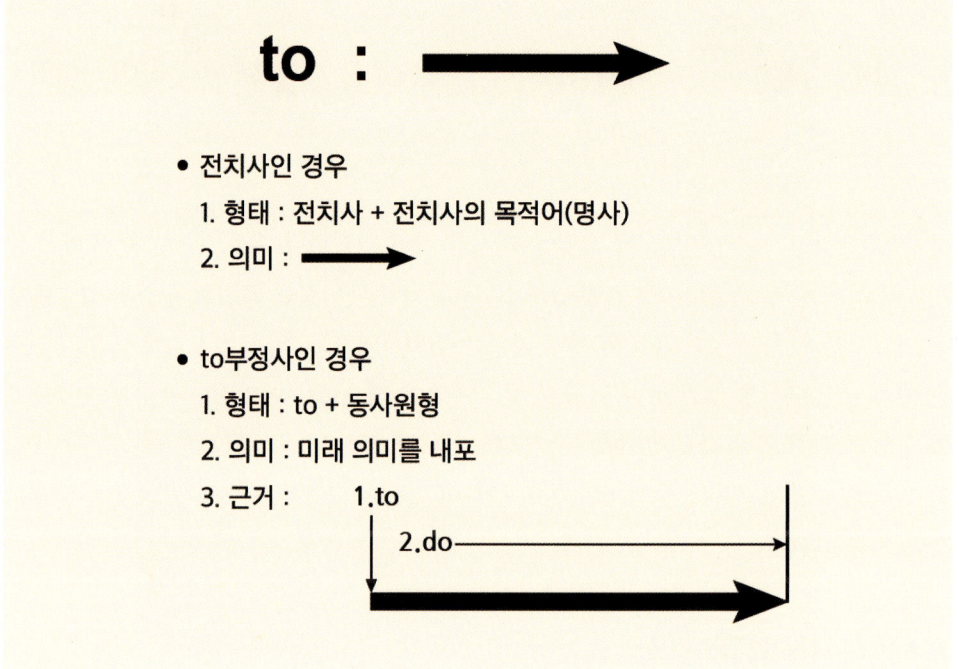

- She pointed to Room 350.

  - 이해 : 그녀 (손가락으로) 가리켰다 → 방 350호

- Many thanks to you.

  - 이해 : 많은 감사 → 너

  - 해설 : 많은 감사의 대상이 화살표가 도달하는 곳 즉, 당신이라는 의미입니다.

- The refugee camp is to the west.

  - 이해 : 그 난민 캠프 존재한다 → 서쪽

  - 해설 : '존재하는 곳이 → 서쪽'이므로 서쪽으로 가면 있다는 것입니다.

- He pulled the boy to him.

  - 이해 : 그 잡아 당겼다 그 소년 → 그

  - 해설 : 전치사 to로 인해 잡아당기는 방향이 주어 쪽임을 알려 주고 있습니다.

- It is only twenty to twelve.

  - 이해 : 시간 = 20분 → 12시

  - 해설 : 20분이 앞으로 나아가서 도달하는 대상이 12시이므로 현재 시간이 11시 40분
    이라는 것입니다.

75

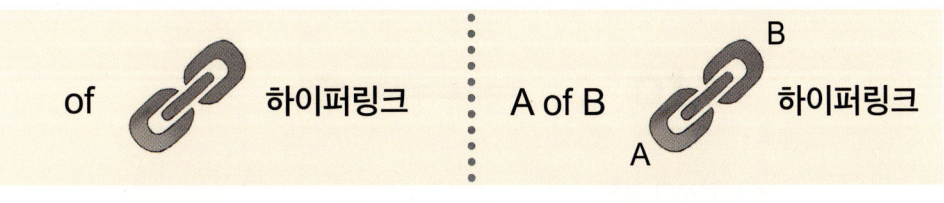

of는 웹 페이지의 하이퍼링크와 같은 이미지를 갖고 있습니다. 우리가 웹 페이지에서 하이퍼링크 된 단어를 클릭하면 관련 있는 좀 더 상세한 페이지로 연결되는 것과 같습니다. of는 전치사 어순 원리를 가장 충실히 따르는 전치사이기도 합니다. 오감으로 먼저 인식하거나, 어떤 대상을 생각할 때 가장 먼저 머릿속에 떠오르는 이미지나 추상적 개념이 A에 나오고, 관련 있는 내용이 B에 나오기 때문입니다.

꼭 기억해야 할 점은 of는 A와 B가 어떤 관련이 있는지 알려주는 연결 고리 같은 역할을 한다는 점입니다!

▶ A of B : A와 관련 있는 것은 B

- I drink a cup of coffee.
  - 이해 : 나 마신다 한 잔 (그 한 잔과) 관련 있는 것은 커피
  - 해설 : 한 잔과 관련 있는 것 즉, 잔 속의 내용물이 커피라는 것입니다.
- There was no sign of him.
  - 이해 : 존재했던 것은 無 흔적 관련 있는 것은 그
  - 해설 : 그와 관련된 흔적이 없었다는 의미입니다.
- We visited the house of the Korean war veteran in the Philippines.
  - 이해 : 우리 방문했다 그 집 관련 있는 것은 한국전 참전용사 in 필리핀
  - 해설 : of 이후에 그 집에 대한 구체적인 내용이 나옵니다.
- This is the last picture taken of her.
  - 이해 : 이것 = 마지막 사진 찍혀진 관련 있는 것은 그녀
  - 해설 : 찍혀진 것과 관련 있는 것이 그녀라는 것은 그녀를 찍은 것이라는 겁니다. 명사 the last picture 다음에 바로 과거분사 taken이 나왔기 때문에 과거분사 형태의 명사 부가설명입니다. n+과거분사(the last picture + taken, 주격보어 부가설명)

| 전치사 - 이미지 연상을 통한 전치사의 기본 의미 이해 |

- Next to him was a row of six other infected soldiers.
  - 이해 : 다음에 있는 것 → 그 = 한 줄 관련 있는 것은 여섯 다른 감염된 병사들
  - 해설 : of 이후에 그 한 줄(a row)과 관련된 것이 무엇인지가 제시됩니다. 그 사람 옆에 환자들이 한 줄로 누워 있는 장면을 묘사하는 문장입니다.

- Relax, I have no intention of hurting your feelings.
  - 이해 : 진정해라, 나 가지고 있다 無 의도 (그 의도와) 관련 있는 것은 상처 주는 것 (뭘?) 너의 감정
  - 해설 : of 이후에 어떤 의도인지를 동명사구를 통해 구체적으로 설명해 주고 있습니다. '명사 상당 어구'에서 배운 바와 같이 목적어 자리(위 예문의 경우 전치사의 목적어)에 동명사구 같은 명사구를 사용하면 명사 단어를 사용할 때 보다 더욱 세련되고 구체적인 표현을 할 수 있습니다.

- I gave up any hope of seeing her again.
  - 이해 : 나 포기했다 모든 희망 (그 희망과) 관련 있는 것은 보는 것 (뭘?) 그녀 다시
  - 해설 : of 이후에 어떤 희망인지를 동명사구(seeing her)를 통해 구체적으로 설명해 주었습니다. 동명사(seeing)가 타동사이기 때문에 자기 자신의 목적어(her)를 취했습니다.

전치사 of 어순 이해
Tip

> 'A 와 관련 있는 것은 B' → 'A 관련 B'
> - 원론적 이해에 익숙해지면 'A 관련 B'와 같이 간략하게 혹은 자기 나름의 방식을 활용해 어순대로 이해합니다. 중요한 것은 어순대로 앞에 있는 A가 뒤에 있는 B 와 관련 있다는 사실입니다.

of를 보통 거꾸로 이해하면서 소유의 의미로만 생각하는 사람들이 많습니다. 하지만, of는 '관련 있는 것은 ~' 라는 기본 의미를 통해, 소유의 의미를 포함한 훨씬 더 다양한 의미를 내포할 수 있게 되었습니다. of가 소유의 의미로만 사용된다는 생각은 지금 이 순간부터 머릿속에서 지우시기 바랍니다. 소유 의미 of는 of의 수많은 '관련 있는 것'들 중 하나에 불과합니다. (소유격이라는 형태가 왜 따로 존재하는지, 그 이유를 생각해 봐야 합니다.)

A in은 어순대로 'A가 안에 있다'는 말입니다. in의 이미지는 위의 오른쪽 그림과 같습니다. A in B는 'A가 안에 있고, 그 A를 밖에서 둘러싸고 있는 것은 B'라는 의미입니다. 영화 Men In Black의 제목이 Men In Black인 이유는, 영화 포스터를 보면 알 수 있습니다. 포스터에는 두 명의 특수요원이 검은색 정장을 폼나게 차려입고 있습니다. 마치 검은색 정장이 그들을 감싸고 있는 것처럼 말입니다.

▶ A in B : A가 안에 있고, 밖에서 둘러싸고 있는 것은 B

A in B

A가 안에 있고, 밖에서 둘러싸고 있는 것은 B

• He is in jail.
  - 이해 : 그 존재한다 안에, 밖에서 둘러싸고 있는 것은 감옥
  - 해설 : 아래 그림 참조

He is ⟶ He is in : He ⟶ He is in jail : He
그 존재한다

전치사 - 이미지 연상을 통한 전치사의 기본 의미 이해

- A key was there. I put it in the lock.
  - 이해 : 한 열쇠 존재했다 거기. 나 밀어 넣었다 그것 안에, 밖에서 둘러싸고 있는 것은 자물쇠

- They stand in line.
  - 이해 : 그들 서 있다 안에, 밖에서 둘러싸고 있는 것은 줄
  - 해설 : 사람들이 줄 안에 서 있으면서 줄 밖으로 벗어나지 않는다는 것은 사람들이 일렬로 줄 서 있는 장면을 묘사하는 것입니다.

- I am in charge of who comes in.
  - 이해 : 나 존재한다 안에, 밖에서 둘러싸고 있는 것은 권한 (그 권한과) 관련 있는 것은 누가 오는지 안으로
  - 해설 : A를 둘러쌀 수 있는 건 실체가 있는 사물뿐만 아니라 책임, 고통, 사랑 같은 추상적 개념 또한 마찬가지입니다. 'I am in love'는 내가 사랑에 둘러싸였다는 즉, 사랑에 빠졌다는 표현입니다. A가 권한에 둘러싸여 있다는 것은 A가 책임자라는 것이고, 전치사 of로 그 권한과 관련된 내용을 명사절의 형태로 상세히 설명해 주었습니다. 위 문장 중 comes in에서 in은 뒤에 명사 즉, 전치사의 목적어가 없으므로 '안으로' 라는 의미의 부사입니다.

우리가 흔히 사용하는 in the night가 '밤중에' 라는 관용구로 사용되는 이유도 밤이 뭔가 (A : 전치사 앞부분)를 둘러싸고 있기 때문입니다. in the night의 의미를 무조건 외우는 것과 전치사의 기본 의미를 알고 장면을 연상하며 이해하는 것은 천지 차이입니다.

앞으로 영어 어순 이해에서 A in B를 'A가 안에 있고, 밖에서 둘러싸고 있는 것은 B'라고 하지는 않겠습니다. 머릿속에서 이해되는 일련의 사고(思考) 과정을 학습서라는 책의 목적상 학습자들에게 개념을 이해시키기 위해 글로 풀어 쓰느라 길어졌기 때문입니다. 그냥 in 으로 표기하도록 하겠습니다. 하지만 여러분은 어순대로 이해되는 in의 기본 의미를 반드시 이해하고, 문장에서 in을 만나면 즉각적으로 in의 이미지를 떠올려야 합니다.

in의 기본 의미와 관련해 기본 의미에서 파생되는 의미가 있습니다. 이를 파생 의미라고 하는데, 'A의 상태는 B'라는 것입니다. 이 파생 의미 또한 in의 이미지를 연상하면 유추할 수 있는데, 아래 그림에서와 같이 A가 마치 B에 둘러싸여서 B의 상태에 처해 있다는 느낌을 주기 때문입니다.

이러한 이유로 상태나 모드(mode) 등을 표현할 때 in은 다음과 같은 형태로 많이 사용됩니다. 'in the ~ form/way/manner/fashion/method'

"파생(派生) : 사물이 어떤 근원으로부터 갈려 나와 생김"

위의 파생 의미는 전치사 in 뒤에 동명사구를 두어 A가 어떤 상황에 처해 있는지 혹은 어떤 점에서 그렇다는 것인지를 구체적으로 표현하는 데도 많이 사용됩니다. B가 A를 밖에서 둘러싸면서 A를 포괄하는 느낌을 주기 때문입니다. 이런 패턴은 우리나라 학습자에게 익숙하지 않고, 매우 중요한 고급 영어 표현이므로 꼭 기억해 두고 있어야 합니다.

in 어순 이해 Tip ──○ 우선 물리적 이미지가 연상되는 in의 기본 의미로 이해해 보고 어색하면 파생 의미로 이해한다.

- This item is used but still in a very good condition.
    - 이해 : 이 아이템 사용되어진 그러나 여전히 상태는 매우 좋은
    - 해설 : 전치사 in을 사용해 A(전치사 앞부분)의 상태를 표현했습니다.
- He was talking in a loud and monotonous tone.
    - 이해 : 그 말하고 있었다 상태는 시끄럽고 단조로운 말투
- I crossed her backyard in a running crouch.
    - 이해 : 나 가로질렀다 (뭘?) 그녀의 뒤뜰, 상태는 달리면서 쭈그린 자세
    - 해설 : 주어가 쭈그려 앉은 자세(상태)로 빠르게 건너는 장면을 묘사하고 있습니다.

| 전치사 - 이미지 연상을 통한 전치사의 기본 의미 이해|

- Traditionalists insist that you should distinguish between may and might in expressing possibility.
  - 이해 : 전통주의자들 주장한다 (뭘?) 너 구분해야 한다 may 와 might, **표현하는데 있어서 (뭘?) 가능성**
  - 해설 : 전치사 in 뒤에 동명사구(expressing possibility)를 사용해 A(전치사 앞부분) 즉, 구분하는 것이 어떤 점에서 그렇다는 것인지를 구체적으로 설명해 주고 있습니다. 예문에서 전통 문법학자들은 조동사 may, might는 추측의 강도가 다르기 때문에 구분해서 사용해야 한다고 주장하고 있습니다.(우리가 이미 조동사 기본 편에서 배운 바와 같습니다.)

- President has asked all of us to do our patriotic duty in supporting the war effort.
  - 이해 : 대통령 요청했다 모두에게 (그 모두와) 관련 있는 것은 우리 앞으로 하라고 (뭘?) 우리의 애국적 의무, **지지하는데 있어서** (뭘?) 전쟁에 기울이는 총력
  - 해설 : 5형식 문장(has asked → all of us = to do)입니다. 전치사 in 뒤에 동명사구 (supporting the war effort)를 사용해 A(전치사 앞부분) 즉, 애국적 임무를 수행하는 것이 어떤 것인지를 구체적으로 설명해 주고 있습니다.

- She is one of those women who believe that husbands should share in doing housework and taking care of the children.
  - 이해 : 그녀 = 한 사람 (그 한 사람과) 관련 있는 것은 그런 여성들 (누구냐면) 믿는 (뭘?) 남편들 분담해야 한다, **하는데 있어서** (뭘?) 집안일 그리고 **취하는데 있어서** (뭘?) 보살핌 (그 보살핌과) 관련 있는 것은 아이들
  - 해설 : 가사를 분담한다는 것이 어떤 것인지를 전치사 in 뒤에 동명사구(doing housework and taking care)를 사용해 알려 주고 있습니다. take care of가 왜 '돌보다/보살피다'를 의미하는 관용구로 사용되는지는 위의 이해 부분과 같이 어순대로 이해해 보면 알 수 있습니다.

at

A at B

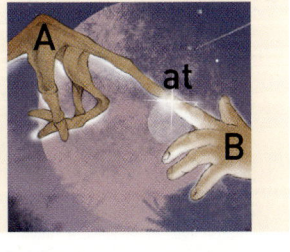

at은 점(點)과 점(點)이 만나는 이미지를 갖고 있습니다. 마치, 영화 E.T.에서처럼 두 주인공의 손가락 끝이 닿는 장면같이 말입니다. **접점(接點)**한다는 것은 **점과 점이 만난다는 것**입니다. 점과 점이 만나는 이미지 때문에 전치사 **at은 시간상 찰나, 절정의 바로 그 순간 혹은 심리적이나 물리적으로 '딱 바로 그것'이라는 느낌**을 줍니다. in 과 at을 배웠기 때문에 이제는 I met him at his house in Busan에서 왜 at과 in이 사용되는지 알 수 있어야 합니다.

▶ A at B : A 접점은 B

- They are at risk.
  - 이해 : 그들 존재한다 접점은 위험
  - 해설 : 전치사 at을 사용해 상황의 긴박함과 위험 노출성이 더 부각되었습니다.
- She looks up at me.
  - 이해 : 그녀 시선을 두다 위로 접점은 나
  - 해설 : 전치사 at으로 인해 마치 **딱** 나만 뚫어져라 쳐다보는 느낌을 줍니다.
- She threw nuts at him.
  - 이해 : 그녀 던졌다 (뭘?) 땅콩 접점은 그
  - 해설 : 땅콩을 조준해서 딱 그를 향해 던졌다는 것입니다.
- I just don't want you to point the gun at me.
  - 이해 : 나 단지 원하지 않는다 너 겨누다 그 총 접점은 나
  - 해설 : 전치사 at을 사용해 **딱** 나를 지목해서 정조준하는 느낌을 줍니다. 5형식 문장 (want → you = to point)입니다. 'you = to point'는 you가 point한다는 것입니다.
- Surviving number of endangered musk deer estimated at 867.
  - 이해 : 살아 남은 숫자, 관련 있는 것은 멸종 위기에 처한 사향 노루 추산되는 접점은 867

|전치사 – 이미지 연상을 통한 전치사의 기본 의미 이해|

- 해설 : 전치사 at을 사용해 멸종 위기에 처해 있는 동물의 <u>정확한</u> 개체 수와 상황
의 심각성을 더했습니다. 명사 Surviving number 다음에 바로 과거분사
estimated가 나왔기 때문에 과거분사 형태의 명사 부가설명입니다.

on은 면(面)과 면(面)이 만나는 이미지를 갖고 있습니다. 점과 점이 만나는 이미지의 at과
비교되는 부분입니다. **접면(接面)**한다는 것은 면과 면이 만난다는 의미입니다. on은 '위에
있다'는 의미가 아닙니다. 정적(靜的)인 의미의 '위에 있다'는 앞으로 배우겠지만 above
를 사용합니다. 방의 천장이든, 바닥이든, 벽이든, A와 B가 접면하고 있으면 on입니다. 따라서,
천장에 달려 있는 전등도 '전등 on 천장'이라고 표현합니다. 위의 그림은 the light on the
ceiling입니다. 만약 벽에 액자가 붙어 있다면 a frame on the wall, 방바닥에 접시가 놓여
있다면 a plate on the floor와 같이 표현합니다. 이렇듯 on은 '위에 있다'는 의미가 아니
라, 두 개의 사물이 면과 면으로 접하고 있다는 기본 의미를 가지고 있습니다.

▶ A on B : A 접면은 B

• Look at the world map on the wall.
  - 이해 : 시선을 두어라 **접점**은 그 세계지도 **접면은** 벽
  - 해설 : 지도의 면과 벽의 면이 만났기 때문에 전치사 on을 사용했습니다.
• I put my hands on his wound, applied pressure.
  - 이해 : 나 놓았다 내 양손 접면은 그의 상처, 적용했다 (뭘?) 압박
  - 해설 : 부상 부위(面)에 양손 바닥(面)을 대고 압박하는 장면을 묘사하고 있습니다.

83

- Drop the gun down. Lie down on your belly. Put your hands on the back of your head!
    - 이해 : 떨어뜨려라 그 총 아래로. 누워라 접면은 너의 배. 놓아라 너의 양손 접면은 뒷부분 (그 뒷부분과) 관련 있는 것은 너의 머리!
    - 해설 : 눕는데 접면하는 것이 배라는 것은 바닥에 등을 대고 하늘을 보고 눕는것이 아니라, 바닥에 배를 깔고 땅을 보고 눕는 것입니다. 배의 면(面)과 바닥의 면(面)이 접면하므로 전치사 on을 사용합니다. 마지막 문장도 마찬가지입니다. 손바닥 면과 뒤통수의 면이 접면하므로 전치사 on을 사용하였습니다.

- Look! That car is on fire.
    - 이해 : 시선을 두어라! 저 차 존재한다 접면은 불
    - 해설 : 자동차의 면과 불길의 면이 닿아서 자동차에 불이 붙은 장면을 묘사하고 있습니다.

- You have to trust me on this.
    - 이해 : 너 신뢰해야만 한다 (뭘?) 나 접면은 이것
    - 해설 : 밀착되고 폭넓은 접면의 이미지가 무언가를 다룬다는 전치사 about의 의미 (내용은 ~)로 발전되었습니다.

on에는 기본 의미에서 파생된 '지속성'의 의미가 있습니다. 이 파생 의미 또한 on의 이미지를 연상하면 유추할 수 있습니다. 이는 A와 B가 면과 면으로 폭넓고, 연장선상에 접하고 있어 아래 그림과 같이 **지속적이고 계속적인 상태의 느낌**을 주기 때문입니다. at과 비교하면 이해하기가 쉽습니다. 특히, on이 부사로 사용될 때 '지속성, 계속'의 의미가 강합니다.

- What is going on?
  - 이해 : 무엇이 벌어지고 있냐?
  - 해설 : on을 사용해 상황이 지속되고 있는 느낌을 줍니다.
- We stopped at grandparents' house on the way to Seoul.
  - 이해 : 우리 멈췄다 접점은 조부모님의 집 접면은 가는 길 → 서울
  - 해설 : on the way는 길을 따라 쭉 가고 있는 느낌을 줍니다.
- I was sure she was going to faint, but she held on.
  - 이해 : 나 확신했다 그녀 기절할거라고, 그러나 그녀 버텼다 **계속**
  - 해설 : on 뒤에 목적어[전치사의 목적어(명사)]가 없기 때문에 위 문장에서 on은 부
    사입니다.
- The TV is always on in their house.
  - 이해 : TV 존재하는데 상태가 항상 켜져 있는 in 그들의 집
  - 해설 : on의 기본 의미인 접면과 상태가 지속되는 느낌의 파생 의미는 전원 등이 연결(접촉)
    되어 있거나, 기계 등이 작동 혹은 사용 중임을 표현하는 데도 사용됩니다.

시간의 흐름 :   A before B = A 전에, 이후 B

↓ 파생

물리적 위치 :   A before B = A 앞, 뒤 B

우리가 익히 알고 있는 before의 의미는 시간 순서상 '전에' 입니다. 이 기본 의미를 영어 어순 그대로 적용하면, A before는 'A가 먼저 일어난 일'이라는 것입니다. 그럼, A before B에서 B는 어순상 '나중에 일어나는 일'로 자연스럽게 귀결됩니다. 또한, 직관적으로 이해되기 때문에 before의 파생 의미까지 유추해 보면, 시간상 '전에' 라는 의미는 물리적 위치상 '앞에' 라는 의미와 절묘하게 맞아 떨어집니다. 따라서, A before에는 'A가 앞에 위치한다'는 의미도 있습니다.

▶ A before B

1. 시간 순서상 : A가 전에, 이후에 일어나는 일은 B

A before / B

A가 전에, / 이후에 일어나는 일은 B

※ 어순대로 문맥이 구분되기 때문에, 읽을 때도 위처럼 끊어 읽습니다.

전치사 before 어순
이해 Tip

'A가 전에, 이후에 일어나는 일은 B' → 'A 전, 후 B',
'A가 앞에, 뒤에 있는 것은 B' → 'A 앞, 뒤 B'
• 원론적 이해에 익숙해지면 'A 전, 후 B', 'A 앞, 뒤 B'처럼 간략하게 혹은 자기 나름의 방식대로 이해합니다. 중요한 것은 어순대로 이해해야 한다는 점입니다.

2. 물리적 위치상 : A가 앞에, 뒤에 있는 것은(or 마주 보는 것은) B

• She was in real estate before the war.

- 이해 : 그녀 존재했다 in 부동산업 전에, 이후에 일어나는 일은 전쟁

- 해설 : 부동산업이 그녀라는 존재를 감싸고 있기 때문에 그녀가 부동산업에 종사했다는 의미가 됩니다. 그런 사실이 어순대로 전에(before) 있었던 일이고, 그 이후에(after) 발생한 것이 전쟁입니다. 절대로 기존 방식대로 왔다 갔다 하면서 이해하지 마시기 바랍니다. 우리가 이미 배운 바와 같이 영어 자체가 영어 어순 원리에 의해 구성되어 있기 때문에, 영어는 영어 어순대로 이해하는 것이 가장 자연스럽고 이해하기가 수월합니다.

• He woke before dawn.

- 이해 : 그 잠에서 깼다 전에, 이후에 일어나는 일은 새벽

| 전치사 - 이미지 연상을 통한 전치사의 기본 의미 이해 |

- 해설 : 시간 순서상 전/후 의미의 before. 새벽 전에 잠에서 깼다는 의미입니다.

• The man stood before her.

- 이해 : 그 남자 서 있었다 앞에, 마주 보는 것은 그녀

- 해설 : 물리적 위치상 의미의 before

• Huge white stone cliffs rose up before them.

- 이해 : 거대한 하얀 돌 절벽들 솟구쳤다 위로 앞에, 마주 보는 것은 그들

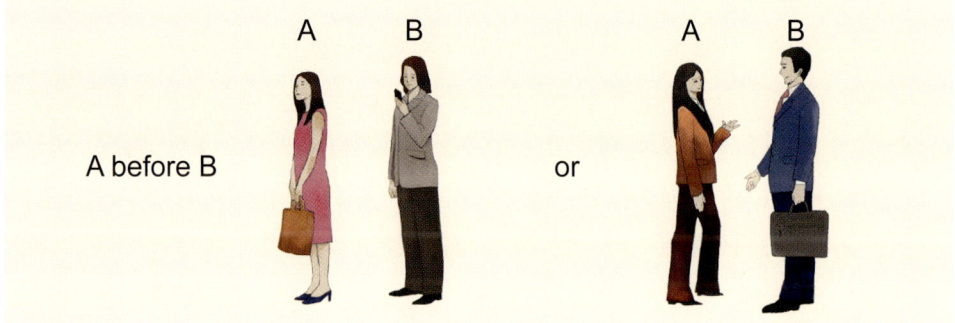

전치사 after는 before의 반대라고 생각하면 됩니다.

▶ A after B

1. 시간 순서상 : A가 후에, 이전에 있었던 일은 B

2. 물리적 위치상 : A가 뒤에, 앞에 있는 것은 B

전치사 after 어순 이해
Tip

'A가 후에, 이전에 있었던 일은 B' → 'A 후, 전 B',
'A가 뒤에, 앞에 있는 것은 B' → 'A 뒤, 앞 B'
• 원론적 이해에 익숙해지면 'A 후, 전 B', 'A 뒤, 앞 B' 처럼 간략하게 이해하거나, 자기 나름의 방식을 활용해 어순대로 이해합니다.

• the day after tomorrow

- 이해 : 그 날이 이후, 이전은 내일

- 해설 : 내일보다 이후인 날(day)이라는 것이므로 내일모레가 됩니다.

• I visited her after school.

- 이해 : 나 방문했다 그녀 후에, 이전에 있었던 일은 수업시간

87

- 해설 : 시간 순서상 전/후 의미의 after. 주어가 그녀를 방문한 때는 방과 후입니다.

• He died three days after the accident.
 - 이해 : 그 죽었다 삼일 후에, 이전에 있었던 일은 그 사고

• The police chase after a suspect.
 - 이해 : 경찰 추적한다 뒤에서, 앞에 있는 것은 한 용의자
 - 해설 : 물리적 위치상 의미의 after

• Probably named after her grandmother.
 - 이해 : 아마도 이름 붙여지다 후에, 이전에 있었던 일은 그녀의 할머니
 - 해설 : 다른 사람의 이름을 따서 이름을 지었다는 것은 시간 순서상 누군가의 이름이 이전에 있었고, 이후에 그 이름을 따서 지었다는 것을 의미합니다.

• Please, look after your dad when I am away.
 - 이해 : 제발, 시선을 두어라 뒤에, 앞에 있는 것은 너의 아빠 언제? 나 존재한다 떨어진 곳에
 - 해설 : 우리나라 말에 '누구의 뒤를 봐준다'는 말이 있습니다. 누군가를 도와주거나 보살필 때 사용하는 표현입니다. 영어에서도 마찬가지입니다. 주어가 시선을 누군가의 뒤에 둔다는 것은, 주어가 어떤 대상을 자기 관심하에 두고 돕는다는 말입니다. 이런 연유로, look after는 '돌보다/보살피다' 라는 의미를 지니게 되었습니다. 접속사 when의 기본 의미는 '언제? ~'입니다.

• We use 'own' after 'my'.
 - 이해 : 우리 사용한다 'own' 뒤에, 앞에 있는 것은 'my'
 - 해설 : 물리적 위치상 의미의 after. my own money에서처럼 my own의 어순으로 사용합니다. 영어는 이처럼 일단 기본 문장을 완성하고, 뒤에 나오는 전치사를 취사선택할 수 있습니다. 그래서 레고 블럭을 조립하듯 문장을 만들어 나갈 수 있다고 하는 것입니다. 만약, 화자가 We use 'my'라고 운을 떼었다면 전치사 before를 붙여서 문장을 이어 나갈 수 있는 것입니다. (We use 'my' before 'own'.)

| 전치사 – 이미지 연상을 통한 전치사의 기본 의미 이해 |

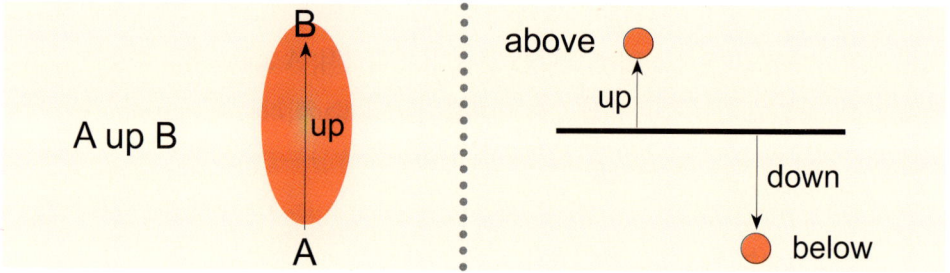

　A up B는 위 왼쪽 그림과 같이 'A가 위로 올라가는데, 올라가면서 접하는 대상이 B'라는 것입니다. 전치사 up은 위로 계속 올라가는 동적(動的)인 이미지와 함께 올라가면서 닿는 대상이 있다는 것이 특징입니다. 따라서 A up the hill은 A가 위로 올라가는데, 언덕을 타고 쭉 간다는 의미입니다.

위 그림을 보면 a house가 동적으로 계속 위로 올라가고 있고, 올라가면서 접하는 대상은 the sky입니다. 따라서, 이를 영어로 표현하면 a house goes up the sky가 됩니다. 더 정확히 표현하면 어순대로 a house with many balloons goes up the sky가 되겠지요! [with many balloons는 앞에 있는 명사 a house를 보충 설명해 주는 일종의 명사 부가설명입니다.(전치사구 형태의 명사 부가설명)] up 뒤에 명사 즉, 전치사의 목적어가 없으면 부사인데, 이때는 그냥 '위로(↑)'로 이해하면 됩니다. 이렇듯 전치사나 부사로 사용될 수 있는 단어가 부사로 사용될 때는 전치사의 목적어가 없기 때문에, 일반적으로 전치사의 핵심적인 기본 의미만 취하게 됩니다.

89

up에 동적인 이미지가 있다면, above에는 정적인 이미지가 있습니다. 정적(靜的)이라는 것은 움직이지 않고 정지 상태에 있다는 것입니다. 따라서, A above B는 어순대로 'A가 위에 있고, 그 밑에 있는 것은 B'와 같이 이해합니다. down과 below는 up, above와 반대라고 생각하면 됩니다.

▶ A up B : A가 위로 가면서 접하는 것은 B

• They go up the stairs.
 - 이해 : 그들 가다 위로 가면서 접하는 것은 계단

• All she received was a boot up the ass.
 - 이해 : 모든 것 (뭐냐면) 그녀가 받은 "본동사 대기" = 한 발차임 위로 가면서 접하는 것은 엉덩이
 - 해설 : 대명사(All) 다음에 바로 s+v(she received)가 나왔기 때문에 명사 부가설명입니다. 'n+(s+vt)' 형태의 명사 부가설명(주어 부가설명). 진주어 All은 부가설명 영역 타동사 received의 목적어입니다. 그녀의 엉덩이가 누군가에 의해 발로 걷어차였다는 표현입니다.

• He stood and pulled his trousers up.
 - 이해 : 그 일어섰다 그리고 잡아당겼다 그의 바지 위로
 - 해설 : up 뒤에 명사 즉, 전치사의 목적어가 없으므로, 위 문장에서 up은 '위로(↑)'라는 의미의 부사로 사용되었습니다.

• I know what you boys are up to.
 - 이해 : 나 안다 (뭘?) 그것 (뭐냐면) 너희 녀석들 존재한다 위로 →
 - 해설 : what 명사절 what you boys are up to가 목적어로 사용되었습니다.
  (I know the thing(s) that you boys are up to)

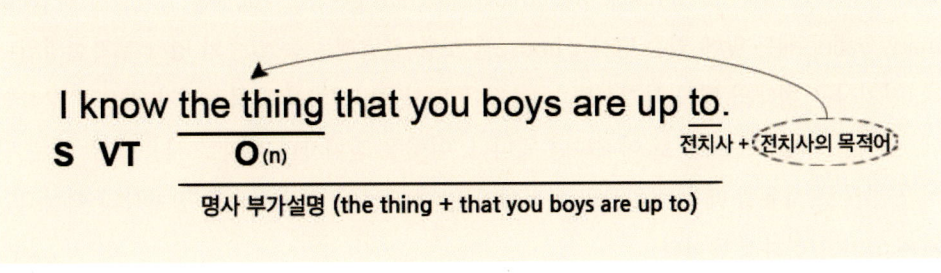

I know the thing that you boys are up to.
S VT   O(n)   전치사 + 전치사의 목적어
명사 부가설명 (the thing + that you boys are up to)

up에는 단어에서 풍기는 자연스런 뉘앙스 그대로 뭔가에 경각심을 갖거나 주의를 기울이는 등 alert한 상태를 표현하는 의미도 있습니다. '누군가 위로 →' 한다는 것은 누군가 경각심이나 관심 혹은 의도(up)를 갖고 뭔가(a thing)에 꽂혀(→) 있다는 의미입니다. 혹은, 부정적 의미로 '어떤 꿍꿍이나 속셈을 갖고 있다'는 것으로 이해되기도 합니다.

up의 지속적으로 상승하는 이미지 때문에 up에는 무언가를 완전히 소모 혹은 완료시킨다는 느낌의 파생 의미가 있습니다.

- They use up too much carbon dioxide.
  - 이해 : 그들 사용한다 완전히 너무 많은 이산화탄소
- Time is up. Stop writing and hand in your papers.
  - 이해 : 시간 = 종료. 멈춰라 쓰는 것 그리고 제출해라 너의 시험지

▶ A above B : A가 위에 있고, 그 밑에 있는 것은 B
- I looked up at the helicopter camera as it flew above me.
  - 이해 : 나 시선을 두었다 위로 접점은 그 헬리캠, 동시에 일어나는 일은 그것 비행했다 위에 있고, 그 밑에 있는 것은 나
  - 해설 : 접속사 as의 의미는 '동시에 일어나는 일은 ~' 입니다.
- There was a loud blast as he fired his rifle just above her head.
  - 이해 : 존재했던 것은 한 시끄러운 폭발, 동시에 일어나는 일은 그 발사했다 그의 총 바로 위, 그 밑에 있는 것은 그녀의 머리
  - 해설 : 그가 그녀의 머리 바로 위로 총을 쏘면서 굉음이 나는 장면을 묘사하는 문장입니다.
- He is above suspicion.
  - 이해 : 그 존재한다 위에, 그 밑에 있는 것은 의심
  - 해설 : 의심 위에 존재한다는 것은 의심의 여지가 없다는 뜻으로, 올바르고 정당하다는 긍정적 의미를 담고 있습니다.

▶ A down B : A가 아래로 가면서 접하는 것은 B

위 down의 기본 의미와 함께, down에는 지속적으로 하강하는 이미지 때문에 '지친, 처진, 몰락, 패배' 같은 부정적 느낌의 파생 의미가 있습니다.

- We started going down the street to where the taxis are.
  - 이해 : 우리 시작했다 (뭘?) 가는 것 아래로 가면서 접하는 것은 거리 → 어디냐면 택시들 존재하는
  - 해설 : going은 본동사 started의 목적어(동명사)입니다.
- There had been three scratch marks down his left cheek.
  - 이해 : 존재했던 것은 세 할퀸 자국들 아래로 가면서 접하는 것은 그의 왼쪽 뺨
- I bent down to tie my shoes.
  - 이해 : 나 숙였다 아래로 앞으로 묶으려고 나의 신발
  - 해설 : down 뒤에 명사 즉, 전치사의 목적어가 없으므로, 위 문장에서 down은 '아래로(↓)' 라는 의미의 부사로 사용되었습니다.

▶ A below B : A가 밑에 있고, 그 위에 있는 것은 B

below는 'be(존재) + low(낮은)'으로, 낮은 곳에 존재한다는 의미입니다.

- After Christmas the thermometer dropped to twenty below zero.
  - 이해 : "이후 내용 대기", 이전은 크리스마스, [이후 내용 ~] 그 온도계 떨어졌다 → 20 밑에 있고, 그 위에 있는 것은 0
  - 해설 : 위가 0인데, 그 밑으로 20이라는 것은 온도가 -20도라는 것입니다.

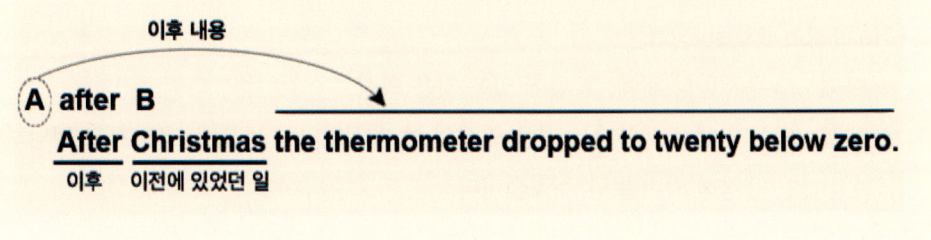

| 전치사 - 이미지 연상을 통한 전치사의 기본 의미 이해 |

- The figures below us are practically dead.
  - 이해 : 그 사람들 밑에 있고, 그 위에 있는 것은 우리 = 사실상 죽은
  - 해설 : 위 문장에서 진주어는 The figures입니다. The figures below us에서 below us는 앞에 나온 명사(The figures)가 구체적으로 무엇인지 보충 설명해 주는 전치사구(전치사+전치사의 목적어) 형태의 명사 부가설명입니다. 따라서, 'The figures = dead'입니다.

- Below the granite peaks, steep forested valleys shelter surprising inhabitants.
  - 이해 : "밑에 있는 것 대기", 그 위에 있는 것은 화강암 봉우리들, [밑에 있는 것은 ~] 가파른 숲으로 우거진 골짜기들 보호한다 (뭘?) 놀라운 서식 동물들
  - 해설 : 전치사 below 앞에 A(전치사 앞부분)가 없다는 것은, 그 A가 B(the granite peaks) 다음에 나온다(Below B, A)는 것입니다. 따라서, 전치사가 문장 맨 앞에 나오는 경우, 앞으로 나올 A(steep forested valleys)에 대비하고 있어야 합니다.

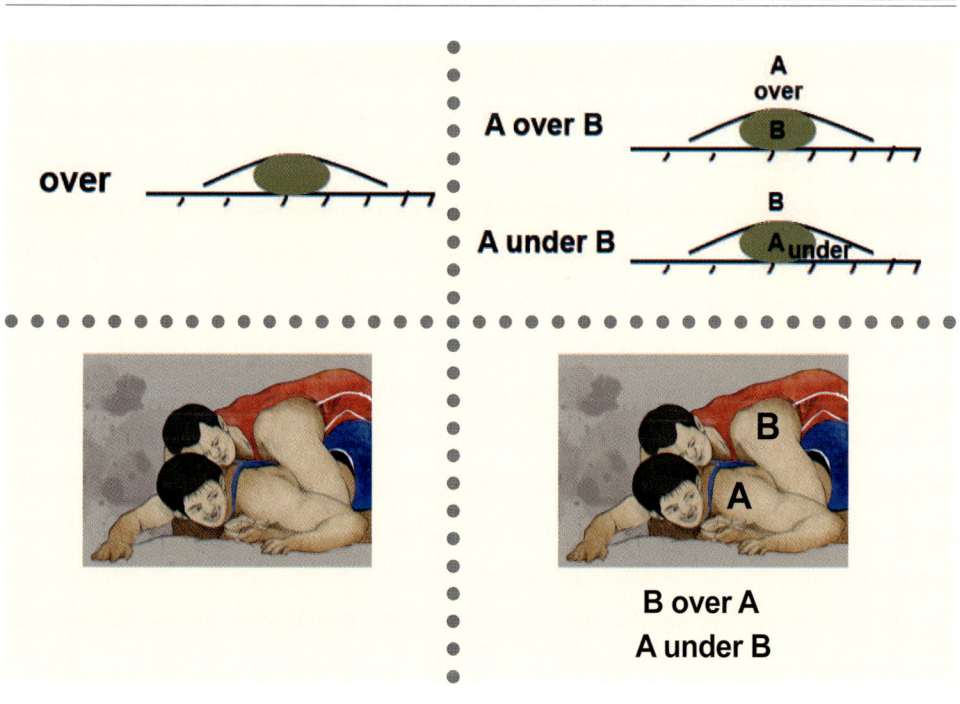

over는 위 왼쪽 그림과 같이 무언가 위에서 덮고 있는 이미지입니다. 따라서, A over B는 어순대로 'A가 위에서 덮고 있고, 그 아래 있는 것은 B'라는 의미입니다. under는 over의 반대로 A under B는 'A가 아래에 있고, 그 위를 덮고 있는 것은 B'입니다. over의 뭔가를

위에서 덮고 있는 이미지는 이상(以上), 완료, 승리, 쟁취, 정복 같은 파생 의미를 부여하며, A가 B보다 우월하다는 느낌을 줍니다. 반면, A under는 A가 아래에 깔려 있는 이미지 때문에 이하(以下), 종속적, 패배, 열등, 미달 등 부정적 느낌의 파생 의미가 있습니다. 전치사의 기본 의미가 잘 정립되어 있으면, 파생 의미와 같은 추상적 의미를 쉽게 유추해 낼 수 있습니다.

▶ A over B : A가 위에서 덮고 있고, 그 아래 있는 것은 B

- The truck ran over my sister.
  - 이해 : 그 트럭 달렸다 위에서 덮고, 그 아래 있는 것은 내 여동생
  - 해설 : 차량이 사람이나 동물을 치는 장면을 run over와 같이 표현합니다.

- The marathon runners crossed the bridge over the Han river.
  - 이해 : 그 마라톤 주자들 건넜다 그 다리 위에서 덮고 있고, 그 아래 있는 것은 한강
  - 해설 : 어순대로 주어가 가로지른 것은 다리이고, 그 다리는 한강을 위에서 덮듯이 걸쳐 있는 것입니다.

- He bent and lifted, getting her over his shoulder.
  - 이해 : 그 몸을 숙여 들어올렸다, 획득하면서 (뭘?) 그녀 위에서 덮고 있고, 그 아래 있는 것은 그의 어깨
  - 해설 : 남자가 여자를 어깨에 걸쳐 매는 장면을 묘사하는 문장입니다.

- He pulled his T-shirt over his head.
  - 이해 : 그 잡아 당겼다 그의 T-shirt 위에서 덮고 있고, 그 아래 있는 것은 그의 머리
  - 해설 : T-shirt를 머리를 통해 벗는 장면을 묘사하고 있습니다. 이때, 주어가 T-shirt를 벗으려고 잡아당기면 T-shirt는 머리 위에 위치해 마치, 머리를 위에서 덮고 있는 듯 보입니다.

- I can't believe he picked you over me.
  - 이해 : 나 믿을 수 없다 (뭘?) 그 선택했다 너 위에서 덮고 있고, 그 아래 있는 것은 나
  - 해설 : over의 파생 의미를 사용해 A가 B보다 우위/우월하거나 선호됨을 표현했습니다.

▶ A under B : A가 아래 있고, 그 위를 덮고 있는 것은 B

- I found these wild ginsengs under a pine tree.
  - 이해 : 나 발견했다 이 산삼들 아래 있고, 그 위를 덮고 있는 것은 한 소나무

- 전치사 - 이미지 연상을 통한 전치사의 기본 의미 이해|

- I could feel it under my feet.
  - 이해 : 나 느낄 수 있었다 그것 아래 있고, 그 위를 덮고 있는 것은 내 발
  - 해설 : 발밑에서 뭔가를 느꼈다는 표현입니다.
- I went to bed, changing into pajamas before crawling under the covers of my bed.
  - 이해 : 나 갔다 → 침대, 갈아 입으면서 밖에서 안으로 잠옷 전에, 이후 기어가다 아래,
    그 위를 덮고 있는 것은 이불들 (그 이불들과) 관련 있는 것은 내 침대
  - 해설 : changing은 접속사 편에서 배우게 될, 동시 행위를 표현하는 분사구문(~하
    면서)입니다.
- The boy stumbled over a root under that tree.
  - 이해 : 그 소년 발이 걸렸다 위에서, 그 아래 있는 것은 한 뿌리 아래 있고, 그 위를
    덮고 있는 것은 저 나무
  - 해설 : 뭔가에 발이 걸리거나 발을 헛디디는 장면을 stumble over와 같이 표현합니다.
- We are under attack.
  - 이해 : 우리 존재한다 아래, 그 위를 덮고 있는 것은 공격
  - 해설 : 전치사 under는 어떤 상황하(下)에 치해 있다는 것을 표현할 때도 많이 사용
    됩니다. 이 또한 under의 이미지와 밀접한 관련이 있습니다. (Everything is
    under control.)

- 종시점 -

behind

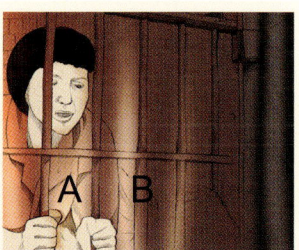

A behind B
A : 사람
B : 쇠창살

- 횡시점 -

behind

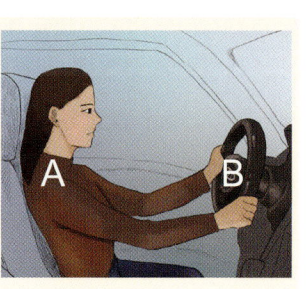

A behind B

95

behind는 '뒤에 있다'는 의미를 지니고 있습니다. 따라서, A behind B를 어순대로 이해하면 'A가 뒤에 있고, 앞에 있는 것은 B'와 같습니다. behind가 전치사 after 와 다른 점은 after에는 순서와 계속의 의미가 포함되어 있지만, behind에는 순서의 뉘앙스가 없이 정지되어 있는 대상의 '뒤에 있다'는 것입니다. 위의 그림은 사람이 뒤에 있기 때문에 만약 화자가 a man으로 문장을 시작하면 a man behind가 되며, 앞에 있는 것이 쇠창살이기 때문에 a man behind bars라고 표현할 수 있습니다.

▶ **A behind B : A가 뒤에, 앞에 있는 것은 B**

behind는 'be(존재) + hind(뒤의)'로, 뒤에 존재한다는 의미입니다.

• She was right behind me.
  - 이해 : 그녀 존재했다 바로 뒤에, 앞에 있는 것은 나

• Put your hands behind your head and kneel.
  - 이해 : 놓아라 너의 양손 뒤에, 앞에 있는 것은 너의 머리 그리고 무릎 꿇어라
  - 해설 : 미국 경찰이 용의자 검거 후 자주 사용하는 표현입니다.

• The train for Seoul station is now approaching. Please wait behind the yellow line.
  - 이해 : 열차 목표는 서울역 지금 다가오고 있다. 기다려주세요 뒤에, 앞에 있는 것은 노란 선
  - 해설 : 지하철역에서 들을 수 있는 영어 안내 방송입니다. 열차가 들어오고 있으니, 안전을 위해 노란선 뒤로 물러서 있으라는 것입니다.

• I will expose the truth to the public when I discover who is behind this conspiracy.
  - 이해 : 나 폭로할 것이다 (뭘?) 진실 → 대중, 언제? 나 발견하다 (뭘?) <u>누가 존재하는지 뒤에, 앞에 있는 것은 이 음모</u>
  - 해설 : 음모 뒤에 존재한다는 것은 그 음모를 꾸미고 뒤에서 은밀하게 총괄하는 배후라는 것입니다. 접속사 when의 기본 의미는 '언제? ~' 입니다.

• The window behind her shattered.
  - 이해 : 그 창문 뒤에, 앞에 있는 것은 그녀 산산조각 났다
  - 해설 : 위 문장에서 진주어는 The window입니다. The window behind her에서 behind her는 앞에 나온 명사(The window)가 구체적으로 무엇을 의미하는지 보충 설명해 주는 전치사구(전치사+전치사의 목적어) 형태의 명사 부가설명입니다. 따라서, 산산조각 난 대상은 진주어 The window입니다.

| 전치사 - 이미지 연상을 통한 전치사의 기본 의미 이해|

• Don't be left behind.
  - 이해 : 남겨지지 말아라 뒤에
  - 해설 : behind 뒤에 명사 즉, 전치사의 목적어가 없으므로 위 문장에서 behind는 '뒤
         에' 라는 의미의 부사로 사용되었습니다. 전치사의 목적어가 없기 때문에 앞에
         있는 것은 없습니다. 그냥 A만 달랑 '뒤에' 있는 것입니다. 위 예문은 뒤처지지 말
         라는 경고의 표현입니다.

　　　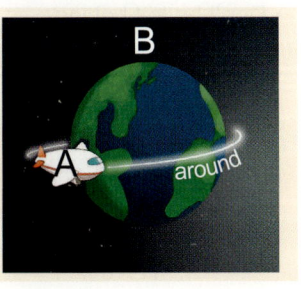

around　　　　　　　　　　　　　　A around B

위 그림을 보면 비행기가 지구를 빙 돌고 있습니다. A around는 A가 빙 도는 동적인 이미지를 가지고 있기 때문에, 위 그림은 an airplane flies around the globe라고 표현할 수 있습니다. 문장에서 around를 만나면, 화살표가 around 뒤에 나오는 전치사의 목적어를 빙 도는 이미지를 바로 떠올려야 합니다.

▶ A around B : A가 빙 도는 것은 B

　around는 'a(→) + round(↻)'으로 빙 돈다는 의미입니다.

- He walked around the desk to Jim.
  - 이해 : 그 걸어갔다 빙 도는 것은 그 책상 → Jim
  - 해설 : 책상을 돌아서 Jim 쪽으로 걸어가는 장면을 묘사하고 있습니다.
- She looked around the room.
  - 이해 : 그녀 시선을 두었다 빙 도는 것은 그 방
  - 해설 : 방을 한 바퀴 쭉 둘러보는 장면을 묘사하고 있습니다.
- They walked around the town looking for a place to eat.
  - 이해 : 그들 걸었다 빙 도는 것은 그 마을, 찾으면서 목표는 한 장소 앞으로 식사할
  - 해설 : looking은 동시 행위를 표현하는 분사구문(~하면서)입니다. a place to eat은 'n + to부정사' 형태의 명사 부가설명입니다. 이미 배운 바와 같이 'n + to부정사' 형태의 명사 부가설명은 to부정사가 앞에 있는 명사를 꾸며 주는 역할을 합니다.
- She put her arm around my neck.
  - 이해 : 그녀 놓았다 그녀의 팔 빙 도는(둘러싸는) 것은 내 목

전치사 - 이미지 연상을 통한 전치사의 기본 의미 이해

- Is someone around?
  - 이해 : 누가 빙 도냐?
  - 해설 : around 뒤에 명사 즉, 전치사의 목적어가 없으므로 위 문장에서 around는 부사로 사용되었습니다. 따라서, 둘러싸는 특정 대상은 없습니다. 누군가 빙 돈다는 것은 어떤 곳을 중심으로 주변을 이리저리 돌아다닌다는 것입니다. 즉, 위 문장은 주위에 아무도 없냐고 물어보는 것입니다.

전치사 in, on, around를 배웠다면, 이제는 In-ear earphone, On-ear headphone, Around-ear headphone이 어떻게 다른지 구분할 수 있어야 합니다.

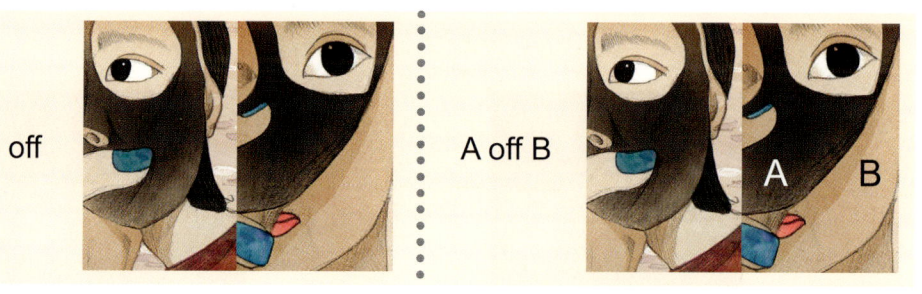

off는 떼어 내는 이미지를 갖고 있습니다. A off B는 어순대로 'A가 떼어졌는데, 떼어져 나온 대상은 B'라는 것입니다. 위 그림을 보면 mask sheet가 떼어졌는데, mask sheet가 떼어져 나온 대상은 얼굴입니다. 따라서, 위 그림은 mask sheet off the face라고 표현할 수 있습니다.

▶ A off B : A가 떼어졌는데, 그 대상은 B

- 30% off list price.
  - 이해 : 30%가 떼어졌는데, 그 대상은 표시 가격
  - 해설 : 정가에서 30% 깎아 준다는 의미입니다.
- Put your hands off me.
  - 이해 : 뒤라 너의 손 떼어졌는데, 그 대상은 나
  - 해설 : 내 몸에 손대지 말라는 경고의 표현입니다.

99

- The night staff cleaned pools of blood off the floor.
  - 이해 : 야간 조 청소했다 웅덩이들 관련 있는 것은 피 떼어졌는데, 그 대상은 바닥
- Rain was dripping off the brim of his hat.
  - 이해 : 비 뚝뚝 떨어지고 있었다 떼어졌는데, 그 대상은 챙 관련 있는 것은 그의 모자
  - 해설 : 비가 모자에 맞고 모자 가장자리 챙을 통해 뚝뚝 떨어지고 있는 장면을 묘사하고 있습니다.
- You can't buy me off with this money.
  - 이해 : 너 살 수 없다 (뭘?) 나 떼어내다 함께하는 것은 이 돈
  - 해설 : 돈으로 매수해서 매수자가 원치 않는 일에서 떼어 내려는 상황입니다. off 뒤에 명사 즉, 전치사의 목적어가 없으므로, 위 문장에서 off는 '떼어 내다' 라는 의미의 부사로 사용되었습니다.

through는 관통(貫通)하는 이미지를 갖고 있습니다. A through B는 'A가 관통하는데, 관통하는 대상은 B'라는 것입니다. 따라서, 위 그림은 a bullet through an apple이 됩니다. 관통한다는 것은 힘들고 어려운 일을 겪고, 헤쳐 나가는 느낌도 주기 때문에 B 즉, 관통하는 대상에 시련이나 고난 같은 추상적 개념이 나오기도 합니다.

▶ A through B : A가 관통하는 것은 B

- A rabbit dived through the rabbit hole.
  - 이해 : 한 토끼 뛰어들었다 관통하는 것은 토끼 굴
- I look out through a thick, transparent window.
  - 이해 : 나 시선을 두다 밖으로 관통하는 것은 한 두껍고, 투명한 창문

- 해설 : out 뒤에 명사 즉, 전치사의 목적어가 없으므로, 위 문장에서 out은 '밖으로'
　　　　라는 의미의 부사로 사용되었습니다.

- We all try to help each other through this difficult time.
　- 이해 : 우리 모두 노력한다 앞으로 도우려고 (뭘?) 서로서로 관통하는 것은 이 힘든
　　　시기
- In a research paper you investigate a topic through consulting various sources.
　- 이해 : in 한 연구 논문, 너 조사한다 한 주제 관통하는 것은 참고하기 (뭘?) 다양한
　　　자료들
　- 해설 : 전치사 through 다음에 전치사의 목적어로 명사구 즉, 동명사구를 사용해 어
　　　떤 과정을 겪는지를(관통하는지를) 구체적으로 설명해 주었습니다.

A against는 A가 물리적 혹은 심리적으로 무언가와 충돌 혹은 대립하는 이미지를 갖고 있
습니다. 위 그림에서 차가 부딪히는데, 그 대상은 나무입니다. 이를 영어로 표현하면 a car
against a tree가 됩니다.

▶ A against B : A가 부딪히는 것은 B

- He leaned back against the wall.
　- 이해 : 그 기대었다 뒤로 부딪히는 것은 벽
　- 해설 : 벽에 등을 기대는 장면을 묘사하고 있습니다.
- His head banged against the table falling to the ground.
　- 이해 : 그의 머리 쿵 하고 충돌했다 부딪히는 것은 그 탁자, 떨어지면서 → 땅바닥
　- 해설 : falling은 주어의 동시 행위를 표현하는 분사구문(~하면서)입니다.

101

- Objects move uphill against gravity in some part of Jeju Island.
  - 이해 : 사물 움직인다 오르막길로 반(反)하는 대상은 중력 in 일부 지역 (그 일부 지역과) 관련 있는 것은 제주도
  - 해설 : 오르막길에서는 중력에 의해 사물이 아래로 움직이지만, against gravity하면 중력을 거스른다는 것입니다.
- She was rescued against her wishes.
  - 이해 : 그녀 구조되었다 부딪히는 것은 그녀의 바램
  - 해설 : 자기 의지에 반(反)해 원치 않게 구조되었다는 의미입니다.

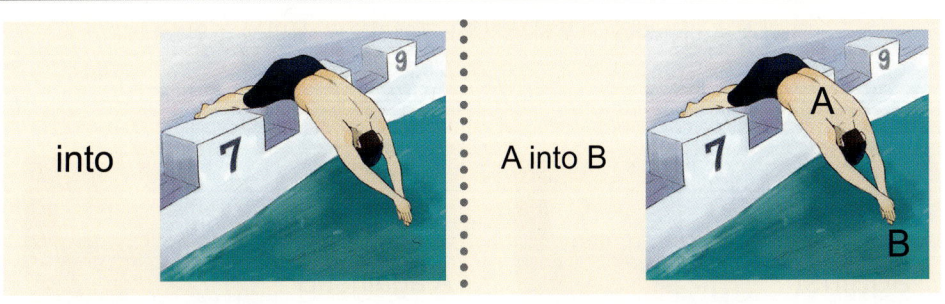

into는 위 왼쪽 그림과 같이 '밖에서 안으로' 라는 이미지(⌐↓)를 갖고 있습니다. 따라서, A into B는 오른쪽 그림과 같이 '밖에 있는 A가 B 안으로 들어가는 것'을 의미합니다. 이는 마치 전치사 in과 전치사 to를 합쳐 놓은 것과 같습니다. 위치를 나타내는 정적인 이미지의 전치사 in이 동적인 화살표 이미지인 to와 결합하면서 밖에서 안으로 들어가는 동적 의미를 지니게 되었습니다.

▶ A into B : A 밖에서 안으로 B

into는 밖에서 안으로['in(안(安)) + to(→)'] 들어간다는 의미입니다. (⌐↓)

- I went into the bathroom.
  - 이해 : 나 갔다 밖에서 안으로 욕실
- He threw a stone into the river.
  - 이해 : 그 던졌다 한 돌멩이 밖에서 안으로 강물
- A bee flew into the kitchen through the window.
  - 이해 : 한 벌 날았다 밖에서 안으로 부엌 관통하는 것은 창문

| 전치사 - 이미지 연상을 통한 전치사의 기본 의미 이해 |

• Something had run into the earth so some of scientists looked into it.
- 이해 : 뭔가가 (이전에) 달렸다 밖에서 안으로 지면, 그래서 몇몇 사람 관련 있는 것
은 과학자들 시선을 두었다 밖에서 안으로 그것
- 해설 : run into '달리다 밖에서 안으로'는 '충돌하다/우연히 마주치다' 라는 의미가
있습니다. look into는 시선을 두는데, 그냥 겉만 대충 훑어보는 것이 아니라
안(內)까지 들여다본다는 것으로써 그만큼 뭔가에 관심을 갖고 자세히 본다
는 것입니다. 따라서, 자연스럽게 '조사한다/주의 깊게 살피다' 라는 관용구
의미가 유추될 수 있습니다.

• She is into him but he is only into surfing.
- 이해 : 그녀 존재한다 밖에서 안으로 그, 그러나 그 존재한다 오로지 밖에서 안으로
surfing
- 해설 : into의 '밖에서 안으로' 라는 기본 의미는 뭔가에 '빠져들다, 꽂히다, 푹 빠지다'
라는 파생 의미가 있습니다. 따라서, into someone(or something)에는 누군
가 혹은 뭔가에 관심과 애정을 쏟는다는 것입니다.

out의 기본 의미는 '밖으로' 즉, 어떤 장소에서 밖으로 나간다는 의미입니다. out은 전치사 of와
결합해 '밖으로 나왔는데, 그 빠져나온 곳과 관련 있는 것은 ~'이라는 의미를 지니게 되면
서, 어디서 나왔는지 그 출처를 알려 주게 되었습니다. 따라서, A out of B는 'A가 밖으로
나왔는데, 빠져나온 곳은 B'라는 의미입니다. 또한, out은 밖으로 뻗어 나가면서 멀어지는 이
미지 때문에 up, over와 같이 무언가를 완전히 소모 혹은 완료시키는 느낌의 파생 의미를 갖게
되었는데, 이러한 파생 의미 또한 of와 결합하게 되면서 출처 즉, 다 소진된 대상을 out of
뒤에 두게 되었습니다.

103

▶ A out of B : A가 밖이고, 빠져나온 곳은 B

- 1. He didn't come out.

  2. He didn't come out of the house.

  - 이해 1 : 그 나오지 않았다 밖으로

  - 이해 2 : 그 나오지 않았다 밖으로, 빠져나온 곳은 그 집

- I took my gun out of my coat pocket.

  - 이해 : 나 취했다 (뭘?) 나의 총 밖이고, 빠져나온 곳은 내 외투 주머니

- I will put you out of business.

  - 이해 : 나 (의지 미래) 놓다 (뭘?) 너 밖으로, 빠져나온 곳은 사업

  - 해설 : 사업에서 끌어내겠다는 뜻으로, 상대방이 사업을 못하도록 만들겠다는 의지
    (will)를 전달하는 내용입니다.

- It is out of reach.

  - 이해 : 그것 존재한다 밖에, 빠져나온 곳은 손이 닿는 범위

  - 해설 : 손이 닿는 범위 바깥에 존재한다는 것은 손이 닿지 않는 곳에 있다는 의미입
    니다.

- We are out of money.

  - 이해 : 우리 존재하는데 (상태가) 다 소진된 관련 있는 것은 돈

  - 해설 : out of의 파생 의미로, 돈이 다 소모되고 바닥났음을 의미합니다.

out of의 의미는 전치사 into와 대비(對比)되는데, 이를 그림으로 표현하면 아래와 같습
니다.

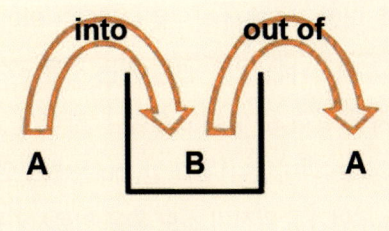

A into B : A 밖에서 안으로 B

A out of B : A 밖이고, 빠져나온 곳은 B

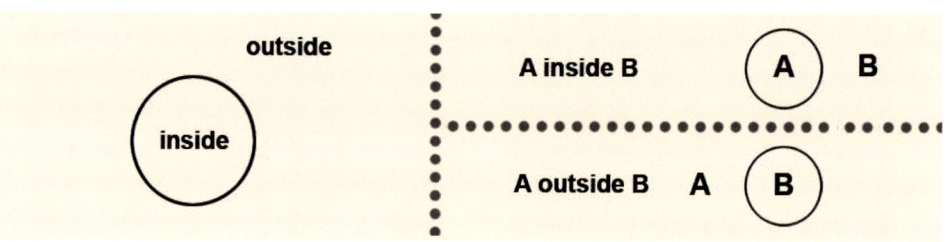

A inside는 어순대로 'A가 안쪽에 있다'는 것입니다. inside가 전치사 in과 다른 점은, in 은 안에 있는 A와 그 A를 밖에서 둘러싸고 있는 B의 유기적인 관계를 중시한다는 것입니다. 반면, inside는 위 오른쪽 그림과 같이 단순히 안과 그 밖을 구분하는 데 초점을 둡니다.(안쪽, 바깥쪽) 따라서, A inside B는 'A가 안쪽에 있고, 그 바깥쪽은 B'라는 의미입니다.

▶ A inside B : A가 안쪽, 그 바깥쪽은 B

inside는 'in(안(安)) + side(측면/쪽)'으로 안쪽에 있다는 의미입니다.

- The witch led him inside a cave.
  - 이해 : 그 마녀 이끌었다 그 안쪽, 그 바깥쪽은 한 동굴
- The owner left the animals inside.
  - 이해 : 그 주인 남겼다 (뭘?) 그 동물들 안쪽에
  - 해설 : inside 뒤에 명사 즉, 전치사의 목적어가 없으므로 위 문장에서 inside는 '안 쪽에' 라는 의미의 부사입니다.
- It is like fighting inside a glass of milk.
  - 이해 : 그것 = 싸움 안쪽, 그 바깥쪽은 한 잔 (그 한 잔과) 관련 있는 것은 우유
  - 해설 : "A storm in a teacup"이라는 속담처럼 별것도 아닌 일을 두고 벌이는 괜한 소동을 의미합니다.
- ~ 현재 문맥 ~ The tooth might be pushed up inside.
  - 이해 : 그 이빨 (강한 추측) 눌려진 위로 안쪽으로
  - 해설 : 넘어지는 바람에 윗니가 위로 눌려 잇몸에 박힌 상태를 묘사하는 문장입니다. 위 문장에서 up, inside는 둘 다 부사입니다.

outside의 의미는 inside와 반대입니다.

▶ A outside B : A가 바깥쪽, 그 안쪽은 B

　outside는 'out(밖) + side(측면/쪽)'으로 바깥쪽에 있다는 의미입니다.

• I got a cab outside the hotel.
　- 이해 : 나 탔다 한 택시 바깥쪽, 그 안쪽은 호텔
　- 해설 : 호텔 바로 밖에서 택시를 탔다는 의미입니다.
• The officer was pulling a lure mission outside the building.
　- 이해 : 그 장교 이끌고 있었다 (뭘?) 한 유인 임무 바깥쪽, 그 안쪽은 그 빌딩
• Then he led the slaves outside into the blazing heat.
　- 이해 : 그리고 나서 그 이끌었다 그 노예들 바깥쪽으로 밖에서 안으로 타는 듯한 열
　　　　기
　- 해설 : outside 뒤에 명사 즉, 전치사의 목적어가 없으므로 위 문장에서 outside는
　　　　부사로 사용되었습니다. 위 문장에서 outside into the blazing heat를 통해
　　　　노예들을 바깥쪽으로 내보내면서 땡볕 한가운데로 몰아넣는 장면을 묘사하
　　　　고 있습니다.

전치사 for의 이미지는 위 그림과 같습니다. A for B의 기본 의미는 어순대로 'A가 목표로
하는 것은 B'입니다. for의 기본 의미와 관련해 목표가 있다는 것은 그 목표를 실현하려는 의
지나 이유가 충분히 있다는 것과 같습니다. 따라서, 전치사 for는 'A 이유는 B'라는 파생 의미
또한 가지고 있습니다.

| 전치사 - 이미지 연상을 통한 전치사의 기본 의미 이해 |

▶ A for B : A 목표는 B

• These seats are reserved for the winners.

- 이해 : 이 좌석들 예약되었다 목표는 수상자들

• He has been working for this company for twenty years.

- 이해 : 그 일해오고 있다 목표는 이 회사 목표는 20년

- 해설 : B 자리 즉, 목표에 기간이 오면 해당 소요 시간이 B만큼이라는 것입니다.

• She has been arrested for having killed her husbands.

- 이해 : 그녀 체포되었다 이유는 (이전에) 살해한 것 (뭘?) 그녀의 남편들

- 해설 : 전치사 for에는 '이유는 ~'라는 파생 의미가 있습니다.

• I couldn't hear you for the surf.

- 이해 : 나 들을 수 없었다 (뭘?) 너 이유는 큰 파도

- 해설 : 파도 소리 때문에 상대방의 목소리를 들을 수 없었다는 표현입니다.

• I don't blame Mary for the mistake.

- 이해 : 나 비난하지 않는다 (뭘?) Mary 이유는 그 실수

• We come together for analyzing the cause of the accident.

- 이해 : 우리 모였다 목표는 분석하는 것 (뭘?) 원인 관련 있는 것은 그 사고

- 해설 : 전치사 for의 목적어로 명사 단어가 아닌 명사구 즉, 동명사구를 사용해 모이게 된 목표(이유)를 구체적으로 설명해 주었습니다.

from

A from B

A from B는 위 그림과 같이 'A의 출발점은 B'라는 의미입니다. 출발점은 무언가가 시작된 시점이나 장소를 연상시키기 때문에 이를 통해 'A의 출처는 B', 'A의 출신은(고향은) B'라는 의미가 자연스럽게 도출됩니다. 또한, 출발점이라는 의미는 무언가가 시작된 원인으

107

로까지 유추될 수 있기 때문에, 전치사 from은 'A의 원인은 B'라는 파생 의미 또한 갖고 있습니다.

▶ A from B : A 출발점은 B

- He rises from the table.
  - 이해 : 그 일어나다 출발점은 탁자
  - 해설 : 출발점이 탁자라는 것은 탁자에서 일어났다는 의미입니다.
- I drove straight from Seoul to Busan.
  - 이해 : 나 운전했다 내리 출발점은 서울 → 부산
- A detective unfastened the wiretap from under his shirt.
  - 이해 : 한 형사 풀었다 (뭘?) 그 도청 장치 출발점은 아래, 그 위를 덮고 있는 것은 그의 셔츠
  - 해설 : '출발점은 아래'라는 것은 도청 장치를 떼어 낸 위치를 말합니다.
- My eyes felt so sore and burny from not getting enough sleep.
  - 이해 : 나의 눈 느꼈다 매우 따가운 그리고 타는 듯한 원인은 (부정) 취하다 (뭘?) 충분한 수면
  - 해설 : 전치사 from 다음에 어떤 원인으로부터 기인(起因)된 것인지를 동명사구를 통해 구체적으로 설명해 주었습니다. '명사 상당 어구' 챕터에서 배운 바와 같이 목적어(위 예문의 경우 전치사의 목적어) 자리에 동명사구 같은 명사구 혹은 명사절을 사용하면 명사 단어를 사용할 때보다 더 풍부하고 구체적인 표현을 할 수 있습니다.
- From what I have found, someone is framing him for a series of missing accidents.
  - 이해 : 출발점은 내가 지금껏 발견한 것, 누군가 누명 씌우고 있다 (뭘?) 그 목표는 한 연쇄적인 것 (그 연쇄적인 것과) 관련 있는 것은 실종 사건들
  - 해설 : 전치사 from 다음에 출발점, 즉 어떤 근거에 기반을 둔 것인지를 명사절을 통해 제시해 주었습니다.
- You can't stop people from saying what they think.
  - 이해 : 너 막을 수 없다 (뭘?) 사람들 출발점은 말하는 것 (뭘?) 그들이 생각하는 것
  - 해설 : 'stop somebody/something from v~ing' 라는 구문을 무작정 외울 것이 아니라, 전치사의 기본 의미를 통해 '막는데 뭘 막는지 그 기원을 밝히는' 것과

| 전치사 - 이미지 연상을 통한 전치사의 기본 의미 이해|

같이 어순대로 이해하면서 관용구의 쓰임을 유추해 낼 수 있어야 합니다. 그 래야만 영어가 외우기만 하는 골치 아픈 시험 점수용 학문이 아닌, 상대방의 문화를 이해하고 의사소통을 하는 도구로써의 역할을 하게 됩니다.

전치사 toward는 to(→)와 ward(방향)의 결합입니다. toward가 전치사 to와 다른 점은 전 치사 to가 화살표 이미지 그대로 방향성과 진행의 의미를 갖고 어떤 대상을 향해 실제로 나아가는 동적인 이미지라면, toward는 단지 방향만을 가리키는 정적인 이미지가 강합니 다.(영국에서는 towards로 사용하는데, toward와 의미상의 차이는 전혀 없습니다.)

▶ A toward B : A 방향은 B

toward는 'to(→) + ward(방향)'으로 특정 방향으로 향함을 의미합니다.

• He glanced toward my car.
  - 이해 : 그 흘깃 보았다 방향은 내 차
• He started walking towards me.
  - 이해 : 그 시작했다 (뭘?) 걷는 것 방향은 나
• The murderer showed deep hostility toward women.
  - 이해 : 그 살인범 보여줬다 (뭘?) 강한 적대감 방향은 여성
  - 해설 : '적대감 방향은 여성'이라는 것은 여성을 향한 적대감을 말합니다.
• He went out to meditate in the field toward evening.
  - 이해 : 그 나갔다 밖으로 앞으로 명상하려고 in 들판 방향은 저녁
  - 해설 : toward에는 방향성만 있고 도달의 의미는 없기 때문에, toward evening이라 는 것은 '저녁 무렵, 저녁 즈음' 정도로 이해하면 됩니다.

109

 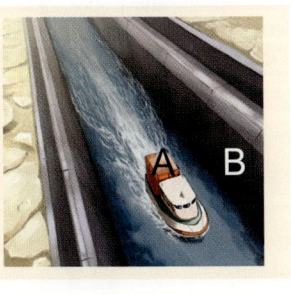

전치사 along의 이미지는 위 왼쪽 그림과 같습니다. 뭔가와 쭉 잇대어 있는 이미지입니다. along은 a(→)와 long(긴)의 결합으로, A along B는 'A가 쭉 잇대어 있는 대상은 B'라는 의미입니다. 위 그림에서 한 화물선이 운하를 따라 쭉 나아가고 있는데, 이를 영어로 표현하면 a cargo ship goes along the canal과 같습니다.

▶ A along B : A가 쭉 잇대어 있는 것은 B

　　along은 'a(→) + long(긴)'으로 뭔가와 길게 쭉 잇대어 있다는 의미입니다.

- They slowly walked along the road.
  - 이해 : 그들 천천히 걸어갔다 쭉 잇대어 있는 것은 도로
  - 해설 : 도로를 따라 쭉 걸어갔다는 것입니다.
- I looked along the shelves for the book I needed.
  - 이해 : 나 시선을 두었다 쭉 잇대어 있는 것은 책장들 목표는 그 책 (뭐냐면) 내가 필
　　　　요한
  - 해설 : 명사 the book 다음에 바로 s+v(I needed)가 나왔기 때문에 명사 부가설명
　　　　입니다. 'n+(s+vt)' 형태의 명사 부가설명
- Houses had been built along both sides of the river.
  - 이해 : 집들 지어졌다 쭉 잇대어 있는 것은 양 측면 (그 양 측면과) 관련 있는 것은 강
  - 해설 : 강의 양 측면을 따라 집들이 쭉 지어졌다는 것입니다.

전치사 - 이미지 연상을 통한 전치사의 기본 의미 이해

동사 cross는 '가로지르다' 라는 의미가 있습니다. across는 전치사로, A across B는 'A가 가로지르는데, 그 대상은 B'라는 의미입니다. 위 그림을 보면 다리가 바다를 가로지르고 있습니다. 따라서, 위 그림은 a bridge across the sea 라고 표현할 수 있습니다.

▶ A across B : A가 가로지르는 것은 B

  across는 'a(→) + cross(건너다)'로, 뭔가를 가로지른다는 의미입니다.

• He leans across the table.
  - 이해 : 그 (몸을) 숙인다 가로지르는 것은 탁자
  - 해설 : 탁자를 앞에 두고 몸을 숙이면, 마치 몸이 탁자를 가로지르는 듯한 장면이 연출됩니다.

• A rifle lay across his lap.
  - 이해 : 한 소총 놓여있었다 가로지르는 것은 그의 무릎
  - 해설 : 소총이 무릎 위에 가로로 놓여 있는 장면을 묘사하고 있습니다.

• I looked across at Tommy.
  - 이해 : 나 시선을 두었다 가로질러 접점은 Tommy
  - 해설 : across 뒤에 명사 즉, 전치사의 목적어가 없으므로, 위 문장에서 across는 '가로질러 혹은 건너서' 라는 의미의 부사로 사용되었습니다.

• A street cat walked across the porch into the shadows.
  - 이해 : 한 도둑 고양이 걸어갔다 가로지르는 것은 현관 밖에서 안으로 그늘
  - 해설 : 고양이가 현관을 가로질러 어둠 속으로 사라지는 장면을 묘사하고 있습니다.

• He said, pushing some candy across his desk at me.
  - 이해 : 그 말했다, 밀면서 (뭘?) 약간의 사탕 가로지르는 것은 그의 책상 접점은 나

111

- 해설 : 주어가 민 캔디가 책상을 가로질러 딱(at) 나를 향해 다가오는 장면을 묘사하고 있습니다. pushing은 주어의 동시 행위를 표현하는 분사구문(~하면서)입니다.

• She slapped him hard across the face.
  - 이해 : 그녀 손바닥으로 철썩 때렸다 (뭘?) 그 세게 가로지르는 것은 얼굴
  - 해설 : 전치사 across를 사용해 따귀 때리는 장면을 묘사했습니다.

A among은 A가 다수에 의해 둘러쌓인 이미지를 갖고 있습니다. 전치사 in과 비슷한 이미지지만, 둘러싸는 것이 다수(多數)라는 차이가 있습니다. 따라서, 둘러싸는 것들 즉, B에는 보통 복수가 옵니다. A among B는 'A가 가운데 있고, 그 주위를 둘러싸고 있는 것들은 B'라는 의미입니다. 위 그림을 보면 a green apple이 한가운데 있고, 많은 빨간 사과들이 a green apple 주위를 둘러싸고 있습니다. 따라서, 위 그림은 a green apple among a lot of red apples 라고 표현할 수 있습니다.

▶ A among B : A가 가운데 있고, 그 주위를 둘러싸고 있는 것은 B

• She planted that seed among the other trees.
  - 이해 : 그녀 심었다 그 씨앗 가운데 있고, 그 주위를 둘러싸고 있는 것은 다른 나무들
• There is the spy hiding among the waiting crowd.
  - 이해 : 존재하는 것은 그 첩자 숨어있는 가운데 있고, 그 주위를 둘러싸고 있는 것은 기다리고 있는 군중
  - 해설 : 명사 the spy 다음에 현재분사 hiding이 나왔기 때문에 현재분사 형태의 명사 부가설명입니다. 'n+~ing' 형태의 명사 부가설명(주어 부가설명). the

waiting crowd에서 waiting은 뒤에 나오는 명사 crowd를 꾸며 주는 현재분사 형태의 형용사입니다. 이처럼 명사 앞이냐, 뒤냐에 따라 현재분사나 과거분사가 명사 부가설명이 될 수도 있고 또 형용사가 될 수도 있습니다.(현재분사 형용사, 과거분사 형용사에 대해서는 기타 챕터에서 다루도록 하겠습니다.)

• It stands out among other things.
  - 이해 : 그것 서있다 밖으로 가운데 있고, 그 주위를 둘러싸고 있는 것은 다른 것들
  - 해설 : stand out '서 있다 밖으로 => 튀어나오다 => 눈에 띄다 => 두드러지다/뛰어나다'로 어순에 따른 이해와 전후 문맥을 고려하여 관용구의 의미를 유추할 수 있어야 합니다. 그러기 위해서는 전치사의 기본 의미나 이미지를 확실히 이해하고 있어야 합니다. show up도 마찬가지입니다. 여러분이 up의 이미지나 기본 의미를 제대로 익혔다면, show up이 어떤 의미이며 또 왜 그런 의미를 갖게 되었는지 알 수 있을 것입니다.

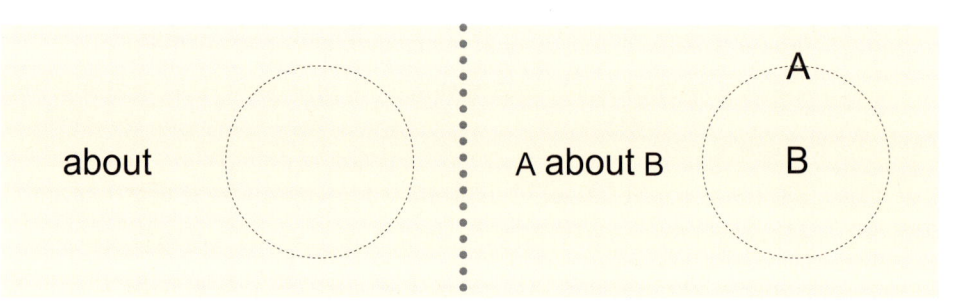

전치사 about에는 위 왼쪽 그림과 같이 주위를 둘러싸면서 포괄하는 이미지가 있습니다. 이런 about의 포괄적인 이미지 때문에 A about B에는 'A의 내용은 B'라는 기본 의미가 있습니다. 또한, about의 주위를 둘러싸는 이미지는 'A가 둘러싸는 것은 B'라는 파생 의미와 관련이 있습니다. about이 around와 다른 점은 마치 그림의 이어지지 않는 점선 원이 암시하는 바와 같이 around와 비교해 상대적으로 정적이고 드문드문 주위를 둘러싸는 즉, 다소 불완전한 이미지와 관련이 있습니다. 이런 불완전성은 about이 부사로 사용될 때 '대략, 약, 거의'와 같은 의미를 갖게 되는데도 영향을 미치게 됩니다.

▶ A about B : A 내용은 B

- a book about bugs.
  - 이해 : 한 책 내용은 곤충들
- Tom is very angry about what his friend said.
  - 이해 : Tom = 매우 화난 내용은 그것 (뭐냐면) 그의 친구가 말한
  - 해설 : 전치사 about의 목적어로 명사절 what his friend said가 왔습니다.
    (what his friend said = the thing that his friend said)
- We watched him walk efficiently about the room.
  - 이해 : 우리 봤다 그 걷는걸 효율적으로 둘러싸는 것은 그 방
  - 해설 : 어순대로 우리가 본 것은 그가 걷는 것입니다. 5형식 문장(watched → him = walk)입니다. 위 문장에서 about은 주위를 둘러싼다는 파생적 의미로 사용되었습니다. 방 안을 이리저리 걸어 다닌다는 의미입니다.
- The smell of perfume was still about her.
  - 이해 : 그 냄새 관련 있는 것은 향수 존재했다 여전히 둘러싸는 것은 그녀
  - 해설 : 그녀 주위에 향수 냄새가 난다는 것을 about의 파생 의미로 표현했습니다.
- Remember grandmother's story about the monster moving about the woods.
  - 이해 : 기억해라 (뭘?) 할머니의 이야기 내용은 그 괴물 돌아다니는 둘러싸는 것은 그 숲
  - 해설 : 명사 the monster 다음에 바로 현재분사 moving이 나왔기 때문에 현재분사 형태의 명사 부가설명입니다.('n + ~ing' 형태의 명사 부가설명)
    괴물이 주위를 배회하는 것을 about의 파생 의미로 표현했습니다.

by  : A by B

전치사 - 이미지 연상을 통한 전치사의 기본 의미 이해

수동태 문장은 주어가 능동적 즉, 주도적으로 어떤 행위(동사)를 하는 것이 아니라 주어가 외부로부터 영향을 받는 것입니다. 수동태 문장 뒤에는 보통 by가 나오는데, by를 통해 영향을 미친 대상을 알려 줍니다. 이처럼 by는 그 영향력이 누구로부터 나왔는지, 그 출처를 밝혀 주는 역할을 합니다. 따라서, A by B는 어순대로 'A가 영향을 받았는데, 그 영향력의 원천이 B'라는 것입니다.

▶ A by B : A가 영향을 받았는데, 그 영향력의 원천은 B

- This book is written by him.
  - 이해 : 이 책 쓰여졌다 영향력의 원천은 그
  - 해설 : 전형적인 수동태 문장으로 by를 통해 누가 책을 썼는지 알려 주고 있습니다.
- The pottery was presented by the family to the museum.
  - 이해 : 그 도자기 증정되었다 영향력의 원천은 그 가족 → 그 박물관
  - 해설 : 영향력의 원천이 그 가족이라는 것은 그 가족이 증정했다는 것입니다.
    (능동태: The family presented the pottery to the museum.)
- We met by chance at the airport.
  - 이해 : 우리 만났다 영향력의 원천은 우연 접점은 공항
  - 해설 : 영향력의 원천이 우연이라는 것은 우연하게 A(전치사 앞부분)가 영향을 받았다는 의미입니다. I did it by mistake는 어떻게 어순대로 이해해야 하는지 생각해 보시기 바랍니다.
- We will reach the Seoul city limits by ten-thirty.
  - 이해 : 우리 도달할 것이다 (뭘?) 서울 경계 영향력의 원천은 10시 30분
  - 해설 : 영향력의 원천이 시간이라는 것은 그 시간까지 시간 제한을 두겠다는 것입니다. reach 뒤에 명사가 나왔으므로 reach는 타동사이며, 이에 따라 타동사스럽게 문장을 이해해야 합니다.
- She grabbed him by his collar.
  - 이해 : 그녀 움켜잡았다 (뭘?) 그, 영향력의 원천은 그의 옷깃
  - 해설 : 영향력의 원천이 옷깃이라는 것은 옷깃을 통해(영향력으로) 사람을 와락 붙잡았다는 것입니다.

115

• You can enter the room by pulling the handle and sliding the door.
- 이해 : 너 들어갈 수 있다 (뭘?) 그 방 영향력의 원천은 당겨서 (뭘?) 그 손잡이 그리
고 밀어서 (뭘?) 그 문
- 해설 : A by B에서 B에 동명사구를 사용해 영향력의 원천 즉, A라는 문제를 해결하
는 방안 및 수단을 구체적으로 제시해 주었습니다.

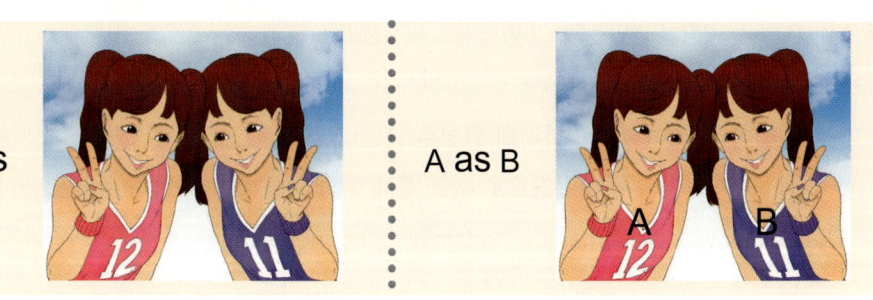

as는 접속사에서도 굉장히 중요한 역할을 하는데, 접속사든 전치사든 as의 이미지는 '='
입니다. A as B는 'A와 같은 것은 B'라는 의미입니다. like가 전치사로 사용되기도 하는데,
전치사 like의 기본 의미 또한 전치사 as와 같습니다. 따라서, as always와 like always의
의미는 같습니다.

▶ A as B : A = B

• The leader saw this as our advantage.
- 이해 : 그 지도자 보았다 이것 = 우리의 유리한 점
- 해설 : 동사 see에는 '보다' 라는 기본 의미에서 파생된 '간주하다/판단하다/이해하
다' 라는 의미도 있습니다.
• You used me as human-shield.
- 이해 : 너 이용했다 나 = 인간 방패
• I couldn't answer a question as well as he wanted.
- 이해 : 나 응대할 수 없었다 (뭘?) 한 질문 = 잘 = 그가 원하는
- 해설 : 주어가 대응할 수 없는 '정도가(얼마만큼이냐면) = 제대로(well)이고, 그리고
그 정도(well)는 = 그가 원하는 정도의 수준'이라는 것입니다. 주어가 상대방
이 원하는 수준만큼 질문에 제대로 부응하지 못했다는 표현입니다. as가 부사
로 사용되어도 as에 '='만 적용하면 어떤 문장이든 자연스럽게 어순대로 이해
할 수 있습니다.

| 전치사 - 이미지 연상을 통한 전치사의 기본 의미 이해 |

- as always, as usual, such as, as much as, as far as, much like, as follows, as long as
  - 이해 : = 항상, = 평상시, 그런 **것** =, = 많은 =, = 멀리 =, 많은 **것** =, = 다음에 나오는 것, = 오래 = (~하는 한)
  - 해설 : as를 '='로 이해하면, 우리가 평상시에 흔히 사용하는 관용구들이 왜 그런 의미를 갖게 되었는지 직관적으로 알 수 있습니다.('그런 것이 어떤 것과 같다는 건지 : such as 어떤 것', '많다는 게 얼마만큼 많다는 건지 : as much as 얼마', '멀다는 게 얼마만큼 멀다는 건지 : as far as 얼마', '많은데 얼마만큼: much like 얼마' 등)

- I don't care what you did as long as you love me.
  - 이해 : 나 상관하지 않는다 (뭘?) 네가 행한 일 = 오래 = 너 사랑한다 나
  - 해설 : A as(so) long as B는 'A하겠다 B가 오래 지속하는 한(= long =)'이라는 의미입니다. 상대방이 나를 사랑하는 한 상대방의 과거사를 상관하지 않겠다는 표현입니다.

- He behaved as if nothing had happened.
  - 이해 : 그 행동했다 마치 아무 일도 (전에) 일어나지 않은 듯이
  - 해설 : as if는 '= if' 즉, 같은데 가정하는 것과 같다는 것이기 때문에 '마치 ~인 것처럼/마치 ~인 듯'으로 이해됩니다. as though도 as if와 같은 의미로 사용됩니다.

- This place is very silent and clean as in a nursing home.
  - 이해 : 이 장소 존재하는데 (상태가) 매우 조용하고 깨끗한 = in 한 요양소
  - 해설 : '같은데(as) 안이고(in), 밖에서 둘러싸고 있는 것이 요양소'이기 때문에 어떤 장소가 요양소 안에 있는 것**만큼** 조용하고 깨끗하다는 의미입니다.

with

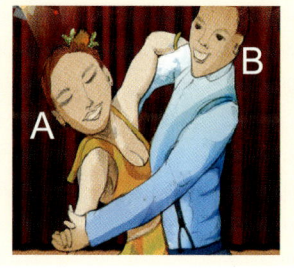

A with B

우리에게 무척이나 익숙한 전치사 with도 어순대로 이해하면 A with B는 'A와 함께하는 것은 B'와 같습니다. 따라서, 위 그림은 a woman dances with a guy라고 표현(한 여성 춤추다 함께하는 것은 한 남자)할 수 있습니다.

▶ A with B : A와 함께하는 것은 B

- He lives with his parents.
  - 이해 : 그 산다 함께하는 것은 그의 부모님들
- He was tall and very thin, with a mop of unruly hair.
  - 이해 : 그 존재했는데 (상태가) 크고 매우 마른, 함께하는 것은 한 대걸레 뭉치 (그 대걸레 뭉치와) 관련 있는 것은 제멋대로 흐트러진 머리카락
  - 해설 : 전치사 with로 신체의 일부분(함께하는 것은 ~)을 나타내었고, a mop of unruly hair라는 표현으로 대걸레 뭉치처럼 떡이 지고 산발된 머리를 재치 있게 묘사했습니다.
- You can swap the coffee with someone else for the flour.
  - 이해 : 너 바꿀 수 있다 (뭘?) 그 커피 함께하는 것은 다른 사람 목표는 밀가루
  - 해설 : 어순대로 이해하면 주어가 교환하려고 하는 것은 자기가 갖고 있는 커피이고, 바꾸고 싶은 대상(목표, for)은 다른 사람이 소유하고 있는 밀가루라는 것을 알 수 있습니다.
- This process is fast and innovative, but yields objects with limited material strength.
  - 이해 : 이 공법 = 빠르고 혁신적인, 그러나 생산한다 (뭘?) 물건 함께하는 것은 제한된 재료 강도
  - 해설 : 전치사 with(함께하는 것은 ~)를 사용해 마치 소유동사 have를 사용하는 듯한 표현을 할 수 있습니다. (objects having limited material strength, 명사 부가설명)

전치사 with를 이용한 동시 상황 연출은 심화 편 접속사 챕터에서 다루도록 하겠습니다.

118

전치사 - 이미지 연상을 통한 전치사의 기본 의미 이해

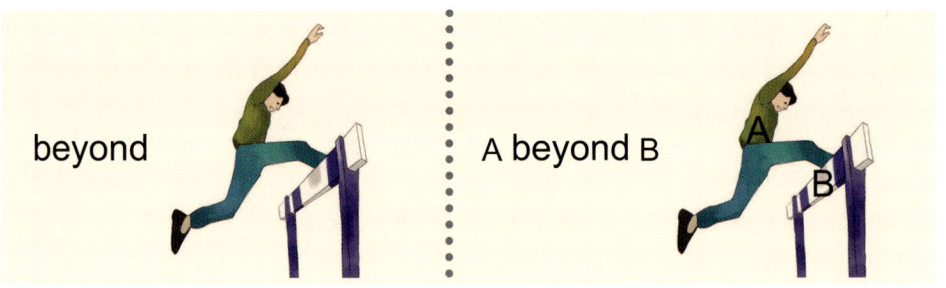

yond는 '저편에/지나서' 라는 의미를 지니고 있는 고어(古語)입니다. beyond는 'be(존재) + yond(저편에/저 너머에)'의 결합으로, 뭔가 저 멀리/한참 앞서 나가서 존재한다는 의미입니다. 따라서, A beyond B는 'A가 뛰어넘는데, 뛰어넘는 대상은 B'라는 것입니다. beyond의 뭔가를 훌쩍 뛰어넘는 이미지는 전치사 over처럼 A가 B보다 우월한 혹은 진보하다는 파생 의미를 부여합니다.

▶ A beyond B : A가 뛰어넘는 것은 B

• Beyond technology.
  - 이해 : 뛰어넘는 것은 과학기술
  - 해설 : 생략된 A가 과학기술을 뛰어넘는 그 이상의 무엇(A)이라는 의미입니다. (영어는 무조건 어순대로 이해합니다. A가 없으면 생략된 것입니다.)
• When he looked out at the darkness beyond the bridge there was something glowing.
  - 이해 : 언제? 그 시선을 두었다 밖으로 접점은 그 암흑 뛰어넘는 것은 그 다리, 존재하는 것은 어떤 것 은은히 빛나고 있는
  - 해설 : darkness beyond the bridge는 어순대로 어둠이 다리를 지나 저편에 존재한다는 것입니다. 명사 something 다음에 현재분사 glowing이 나왔기 때문에 현재분사 형태의 명사 부가설명입니다. 'n + ~ing' 형태의 명사 부가설명(주어 부가설명)
• The situation is beyond our control.
  - 이해 : 그 상황 존재한다 뛰어넘는 것은 우리의 통제
  - 해설 : 통제를 뛰어넘는다는 것은 통제할 수 없는 혹은 통제 불능의 상황이라는 것입니다.

119

• Our success was far beyond what we thought possible.
  - 이해 : 우리의 성공 = 훨씬 뛰어넘는데, 그 대상은 <u>우리가 생각했던 것 가능하리라고</u>
  - 해설 : 위 문장에서 far는 '훨씬/아주/대단히' 라는 의미의 부사입니다. 기대 이상으로 성과가 우수하다는 표현입니다.
• Thanks but I am beyond help. Please help other people.
  - 이해 : 감사하지만, 나 존재한다 뛰어넘는 것은 도움. 제발 도와라 다른 사람들
  - 해설 : 도움을 뛰어넘어 존재한다는 것은 주어가 도움이나 치료를 받기에는 이미 늦었다고 스스로 자각하고 있는 경우입니다. 자기는 이미 글렀으니 다른 사람이나 도우라는 표현입니다. This old car is beyond repair는 어떤 의미인지 생각해 보시기 바랍니다.

▶ A near B : A 근처에 있는 것은 B

  • She found it near the school.
    - 이해 : 그녀 발견했다 그것 근처에 있는 것은 학교
  • I have no one near me.
    - 이해 : 나 가지고 있다 (뭘?) 無 사람 근처에 있는 것은 나
    - 해설 : 주변에 아무도 없다(無)는 표현입니다.

▶ A beside B : A 옆에 있는 것은 B

beside는 'be(존재) + side(측면/옆)'로 바로 곁에 존재한다는 의미입니다. near와 비교하면 near는 어느 정도 거리가 허용되는 것이고, beside는 바로 옆에 있는 것을 말합니다. 반면, 철자가 비슷한 전치사 besides는 '~ 외에(in addition to)'라는 의미를 갖고 있습니다.

  • Your enemy is beside you.
    - 이해 : 너의 적 존재한다 옆에 있는 것은 너
    - 해설 : 적이 가까이 있으니 조심하라는 표현입니다.
  • He knelt beside his father.
    - 이해 : 그 무릎 꿇었다 옆에 있는 것은 그의 아버지

- He stood beside me, stroking my hair.
  - 이해 : 그 서 있었다 옆에 있는 것은 나, 쓰다듬으면서 (뭘?) 내 머리카락
  - 해설 : stroking은 동시 행위를 표현하는 분사구문(~하면서)입니다.

▶ A between B and C : A가 가운데 있고, 그 양쪽에 있는 것은 B와 C

- Q comes between P and R in the English alphabet.
  - 이해 : Q 나온다 가운데, 그 양쪽에 있는 것은 P와 R (in) 영어 알파벳

▶ A past B : A가 지나간 것은 B

- Someone just ran past your window.
  - 이해 : 누군가 방금 달려갔다 지나간 것은 너의 창문
- It is only twenty past five.
  - 이해 : 그것(시간) = 단지 20 지나간 것은 5
  - 해설 : 위 문장에서 It은 시간을 나타내는 비인칭 주어입니다. '20이 지나간 것이 5'라는 것은 5시를 지나서 20분 만큼 더 간 것이기 때문에 '5시 20분'이라는 것입니다.(twenty after five)

드디어 전치사를 끝마쳤습니다. 전치사에 많은 페이지를 할애한 이유는 그만큼 전치사가 중요하기 때문입니다. 전치사를 제대로 공부했다면 이제는 take over에 왜 '장악하다/차지하다/인수하다' 같은 정복의 뉘앙스가 있는지, "I'm one of those people who's been knocked down but not knocked out"이라는 문장에서 knocked down과 knocked out의 의미상 차이를 구분할 수 있을 것입니다.

우리 일상생활에는 광고 문구, 신문 또는 각종 콘텐츠(영화, 드라마, 책 등) 제목 등 전치사가 포함된 수많은 영어 문구가 있습니다. 평소 그런 문구들에 관심을 갖고 지금까지 배운 전치사 이미지와 기본 의미를 통해 어순대로 이해하는 훈련을 해 나간다면 그 과정이 상당히 흥미로울 뿐만 아니라, 차후 길고 복잡한 문장을 어순대로 이해하는 데도 많은 도움이 될 것입니다.

House of Cards라는 제목의 미국 드라마가 있습니다. 제목을 어순대로 이해하면 '집 관련 있는 것은 카드들'이 됩니다. of의 '관련 있는 것은 ~'이라는 기본 의미가 너무 일반적

121

이고 광범위하다고 생각할 수도 있지만, 그렇기 때문에 역으로 많은 것을 포괄할 수 있다는 측면에서 강력한 힘을 발휘할 수 있다는 것이기도 합니다. 앞으로 여러분이 해야 할 일은 of를 거꾸로 이해하면서 of에는 소유, 일부, 소속 등의 의미가 있다고 무작정 외우는 것이 아니라, 문맥을 통해 of의 '관련 있는 것은'이 전치사 앞, 뒤의 A, B와 관련해 어떤 관련성을 말하는 것인지 유추하고 연상하려는 노력이 필요합니다. 평소 다양하고 많은 영어 콘텐츠를 통해 경험과 자신만의 영어 감각을 키워 나가시기 바랍니다.

다시 House of Cards로 돌아와서, 집과 관련 있는 것이 카드라는 것은 그 집의 재료가 카드라는 것은 아닌가 하고 유추해 봐야 합니다. 물론, House of Cards가 실제 카드로 만든 어린이용 장난감일 수도 있습니다. House of Cards의 정확한 의미는 앞뒤의 문맥을 통해 명확해질 것입니다. 결론적으로 이 드라마의 제목은 권력이라는 것이 카드로 만든 집과 같아서 마치, 사상누각(沙上樓閣)처럼 불안정하고 헛되다는 것을 은유적으로 표현한 것입니다.

1-5 전치사

4. 전치사 요약

A to B   : A → B

A of B   : A와 관련 있는 것은 B

A in B   : A가 안에 있고, 밖에서 둘러싸고 있는 것은 B (파생 : A의 상태는 B)

A at B   : A 접점은 B

A on B   : A 접면은 B (파생 : 상태 지속의 의미)

A before B   : A가 전에, 이후에 일어나는 일은 B

                       A가 앞에, 뒤에 있는 것은 (or 마주 보는 것은) B

A after B   : A가 후에, 이전에 있었던 일은 B

                       A가 뒤에, 앞에 있는 것은 B

A up B   : A가 위로 가면서 접하는 것은 B (파생 : 완전히)

A above B   : A가 위에 있고, 그 밑에 있는 것은 B

A down B   : A가 아래로 가면서 접하는 것은 B

A below B   : A가 밑에 있고, 그 위에 있는 것은 B

A over B   : A가 위에서 덮고 있고, 그 아래 있는 것은 B (파생 : 완전히, 우월)

A under B   : A가 아래 있고, 그 위를 덮고 있는 것은 B (파생 : 열등)

A behind B   : A가 뒤에, 앞에 있는 것은 B

A around B   : A가 빙 도는 것은 B

A off B   : A가 떼어졌는데, 그 대상은 B

A through B   : A가 관통하는 것은 B

A against B   : A가 부딪히는 것은 B

A into B   : A 밖에서 안으로 B (⌐)

A out of B   : A가 밖이고, 빠져나온 곳은 B

A inside B   : A가 안쪽, 그 바깥쪽은 B

A outside B	: A가 바깥쪽, 그 안쪽은 B
A for B	: A 목표는 B (파생 : A 이유는 B)
A from B	: A 출발점은 B (파생 : A 원인은 B)
A toward(s) B	: A 방향은 B
A along B	: A가 쭉 잇대어 있는 것은 B
A across B	: A가 가로지르는 것은 B
A among B	: A가 가운데 있고, 그 주위를 둘러싸고 있는 것은 B
A about B	: A 내용은 B (파생 : A가 둘러싸는 것은 B)
A by B	: A가 영향을 받았는데, 그 영향력의 원천은 B
A as B	: A = B
A with B	: A와 함께하는 것은 B
A beyond B	: A가 뛰어넘는 것은 B (파생 : 우월)
A near B	: A 근처에 있는 것은 B
A beside B	: A 옆에 있는 것은 B
A between B and C	: A가 가운데 있고, 그 양쪽에 있는 것은 B와 C
A past B	: A가 지나간 것은 B

1-5 전치사

5. 전치사, 부사 이해 연습

예문을 어순대로 이해하면서 지금까지 배운 전치사 이미지와 기본 의미를 되새겨 보고, 기본 의미에서 파생되는 전치사의 파생 의미를 문맥을 통해 유추해 봅니다. 반드시 어순대로 이해하고, 잘 안 되면 문장의 처음부터 다시 시작합니다.

to : A → B

- To Seoul station, Transfer to Line 3, Road to success, Exit to the left
- back to the basics on English
- rise to the surface
- by matching them to their definitions
- A is related to B.
- I am allergic to dust.
- He lifts his dog to his lap.
- Sometimes we had to crawl in the stinking fluid up to our elbows.
- 21 days to the exam
- For push-ups, he could barely make it to ten.
- I walk to work.
- I was scared to death.
- A patient lost his cheekbone and right eye to cancer.
- The suspect was standing second to last in a line.

of : A와 관련 있는 것은 B

- words of similar meaning, words of opposite meaning
- lack of imagination
- scream of victory
- tale of a forest
- a lot of other countries
- describing the interaction of mind and body
- It is composed of 16 pictures of animals.

- It is really nice of you.

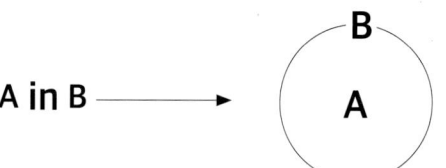

A in B

in : A가 안에 있고, 밖에서 둘러싸고 있는 것은 B

- 2 in 1
- fire in the hole
- In God We Trust
- You are in trouble.
- He is in love with her.
- She is in my hands.
- I am in fine shape.
- They never appear in that little shining side mirror.
- the field in front of you
- Write your name in English.
- He got shot in the head.
- They were able to see out in all directions.
- Do you want it cut in half?
- We will just laugh in their faces.

at : A 접점은 B

- at this moment of his death
- I met her at the hospital.
- The country is now at war.
- The train moves at top speed.
- Somebody threw flour at him.
- He pointed a finger at me like a gun and winked.

- Her book jumps eight spots to land at No.4 on the Most Sold Nonfiction list.
- He was just in the wrong place at the wrong time.
- Father was asleep with his head parallel to the tabletop, and there was some saliva at the corner of his mouth.
- The boy pulled at his father's sleeve.
- I held it at arm's length.
- I am the one who Mr. Sir is mad at.

on : A 접면은 B
- 'Made in Korea' printed on the side
- She refers to the scar on his cheek.
- He had a tattoo of a dragon on his right arm.
- Shame on you.
- Put your coat on.
- It looks good on you.
- Be quiet! I am on the phone.
- He dropped down and lay on his back.
- The boy crawled out of the crate on hands and knees.
- She dismounted, dropped her bike on its side in the driveway.
- He wiped his nose on his sleeve.
- You fall over with the poor bastard on top of you.
- They would be crawling on their bellies toward you.
- "It is on me. I will handle it."
- come on in(지속성/계속성 의미의 on)
- on and on and on and on
- I ran on.
- I am on my way home.
- They couldn't live on potatoes forever.
- a book on North Korea(on의 이미지를 통해 의미를 유추해 보세요!)

| 전치사 – 전치사, 부사 이해 연습 |

before : A가 전에, 이후에 일어나는 일은 B, A가 앞에, 뒤에 있는 것은(or 마주 보는 것은) B

- Before you go to bed, brush your teeth.
- Finally they just sat by the side of the road and stared at what was before them.
- ad- changes to ag- before a root starting with g- to construct the verb aggregate.

after : A가 후에, 이전에 있었던 일은 B, A가 뒤에, 앞에 있는 것은 B

- After you!
- She tried to go out after him.
- They are my second favorite animal after tigers.
- It was right after the battle for Incheon, just a few weeks before the official assault on Seoul.

up : A가 위로 가면서 접하는 것은 B

- I walked up the road to a market.
- They went back up the hill.
- He pushed the boy up the stairs.
- sit up, pull him up, hold up, set me up
- Your time-out is up.
- They could really mess up your day.
- The lines slow up the diver's progress.
- I think something is up.
- give up

above : A가 위에 있고, 그 밑에 있는 것은 B

- The water came above our knees.
- Temperatures have been above average.
- I rate her above most other players of her age.
- She watched the superstar above the heads of the crowding audience.

129

- It's about five thousand meters above sea level, way above the point at which altitude sickness starts to affect humans.
- He looked above him. He wasn't sure how he would get to the next ledge. It was three or four feet above his head.

down : A가 아래로 가면서 접하는 것은 B

- walk down the street, a man down the hole
- They were forcing me down the stairs.
- A quarter mile down the road he stopped and looked back.
- put it down on the table, upside down, take down
- Write the address down before you forget it.

below : A가 밑에 있고, 그 위에 있는 것은 B

- He dived below the surface of the water.
- Skirts will be worn below the knee.
- The man nodded toward the open country below them.
- Her work was well below average for the class.
- Some were employed to climb the trees and throw fruits down to those below.

over : A가 위에서 덮고 있고, 그 아래 있는 것은 B

- Over the top
- She is watching over us.
- She put her hands over her face.
- He poured water over the wound.
- They went over the river and made their way up the hill.
- The detective was reading over my shoulder.
- He looked back over his shoulder at the boy.
- I shouted over the music.
- Game is over.

| 전치사 - 전치사, 부사 이해 연습 |

- The boy said his father's name over and over again.

  (중첩하고 중첩하고 = 계속해서)

- an argument over money (over 의 이미지를 통해 의미를 유추해 보세요!)

under : A가 아래 있고, 그 위를 덮고 있는 것은 B

- under the sea, under the bridge, under a nail, under rock, Books under $15
- She keeps the key under the door mat.
- We danced under the moon.
- You have got dark circles under your eyes.
- I looked under M for Maternal first in the dictionary.
- I am under a lot of pressure.
- Everything is under control.
- You are under arrest.
- The book underneath the arithmetic is a geography, and the book under the geography is the Latin language.
- As Bob tried to turn over on his cot, he was afraid it was going to collapse under all his weight.
- He put his thumbnail under the aluminum clip on the top of the can and opened it.

behind : A가 뒤에, 앞에 있는 것은 B

- the man behind the curtain
- "Stay close behind me. I will cover you."
- It is safe behind those walls.
- Jack got in line right behind James.
- He didn't know I was behind him until I spoke his name.
- I can't even look behind me as we leave Chicago.
- The huts are grouped together behind a wall cut from the surrounding trees.
- He put his hand behind his ear, like a deaf guy.
- Jim, get out of the car and get behind me.

- Suddenly four of them leap at me from behind the counter.
- He reached behind himself and unlocked the door.

around : A가 빙 도는 것은 B

- I will show you around the town.
- Go around the block to her house.
- Wrap this around you.
- Put your arms around me.
- They had their arms around each other.
- There was a band of sweat around his wrist where the handcuff had been.
- Put your hands up and turn around slowly!
- When you are not around.
- While I was waiting around for my sister.
- The spiders crawled up and down, around and about on the cobwebs.
- The lord put a gold chain about his neck.

off : A가 떼어졌는데, 그 대상은 B

- jump off the train, off the rope(in a boxing match), clean spit off the floor
- "Off me! I have to go."
- She practically jumped off the bed.
- She picked up the menu off the table.
- One shoe had fallen off him.
- She tried to get off the couch, then fell back.
- He was thrown off the roof by a gust of wind.
- He stood up, lifting his friend's worn-out body off the ground.
- The guardsmen had to pull me off.
- He looked off into the distance.
- The storm moved off farther west, along with any hope of rain.
- My sister flopped on her stomach on the bed and put the pillow over her head. I said "Come on, take that thing off your head."

- Off to the side were dozens of broken machines.

through : A가 관통하는 것은 B

- go through, walk through, from 2010 through 2015, see-through look
- The Gyeongbu Expressway, which stretches from Seoul through Daejeon to Busan.
- While you are doing that, I'll cut through this backyard, then push through the hedge.
- A tense, tingling sensation that began to work its way up through my heart and lungs.
- I know what you have been through.
- You get through to the next round.

against : A가 부딪히는 것은 B

- one squad against four hundred rioters
- His head buried against his father's chest.
- My cot was against this wall.
- The sun had only just come up over the horizon, but he already could feel its hot rays against his face.
- He pulled the boy against him.
- No official warrant was ever sworn out against him.

into : A 밖에서 안으로 B

- I got into bathtub.
- The singer steps into the light.
- I still plunged my hand into my right front pants pocket.
- The officer fired his pistol into the air.
- I got him into this.
- She just curled up into a ball.

out of : A가 밖이고, 빠져나온 곳은 B

- He dug another rock out of the ground.
- She scooped some water and let it pour out of her hands into the patient's mouth.
- She watched me out of the corner of her eye to see where I was going.
- out of gas, out of sight, out of control
- She was all out of breath from the heavy suitcase.
- He jumped out the window.
- Laugh out loud!
- Luck runs out.

for : A 목표는 B

- Toys for kids, screams for help, Just for laughs, obsession for alcohol, This song for you
- Eye for Eye, Tooth for Tooth.
- We headed for home.
- What was that for?
- I pray to God for good health of my family.
- Do you have change for 20 dollars?
- I am sorry for everything.
- They rode for perhaps fifteen minutes.
- This book presents the strategies for how to deal with the problem.
- for good(영원히)

across : A가 가로지르는 것은 B

- across the country
- My mother barked across the room at me.
- These clothes are too tight across the back.
- The cops sat at the table across from me.
- Each hole must be five feet deep, and five feet across in every direction.

by : A가 영향을 받았는데, 그 영향력의 원천은 B

- to travel by bus/car/plane/boat
- directed by Christopher Nolan
- live by faith
- okay by me
- The house is heated by solar energy.
- I was frightened by thunder.
- May I pay by traveler's check?
- 8 divided by 2 equals 4.

as : A = B

- Tom weighed three times as much as the other boy.
- Everyone's backpacks are at least half as full as mine.

beyond : A가 뛰어넘는 것은 B

- The statue is beyond big.
- You are dirty beyond belief.

from : A 출발점은 B

- She began to walk away from him.
- I am from Italy.
- We are open from 8 to 7 every day.
- Our phone was still disconnected from having not paid the bill.

1-6 접속사

1. 접속사란 무엇인가?

'문장 확장' 챕터에서 배운 바와 같이 접속사는 문장과 문장을 연결하는 역할[문장(절) + 접속사 + 문장(절)]을 합니다. 이는 단어와 단어를 유의미하게 연결하는 전치사와 비교되는 부분입니다. 문장이 연결될 때 두 개의 문장이 서로 유의미하게 결합되기 때문에, 어순에 따른 이해를 하게 되면 접속사가 포함된 문장을 빠르고 정확하게 이해할 수 있습니다.

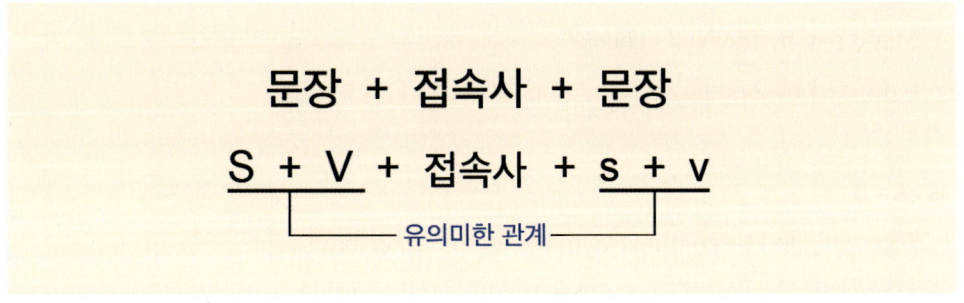

문장이 서로 유의미하게 연결된다는 것은 두 문장 사이에 원인과 결과라는 인과관계가 있든, 시간의 흐름상 전후 관계이든 또는 한 문장이 실현되기 위한 전제조건이든 간에 두 문장 사이에 논리적인 의미상의 연관성이 있다는 것입니다. 이런 유의미한 관계 때문에 접속사의 원리와 어순에 따른 이해 방법을 알게되면 기존의 왔다 갔다 해석 방식에서 벗어나 빠르고 자연스럽게 접속사가 포함된 문장을 이해할 수 있고, 영어 문장을 마치 레고 블럭을 조립하듯이 표현할 수 있습니다.

두 문장이 접속사를 사이에 두고 나누어질 때 접속사 앞의 문장을 주절이라 하고, 접속사 이하 문장을 종속절이라고 합니다. 종속절의 주어와 동사는 위 그림과 같이 문장에서 주(主)가 되는 주절의 주어, 동사와 구분하기 위해 s, v처럼 소문자로 표시합니다.

주절은 한 문장의 주(主)가 되는 절로써 종속절이 없이도 존재할 수 있는 완전한 문장이지만, 종속절은 주절에 종속(從屬)되는 절이기 때문에 주절 없이 단독으로 존재할 수 없습니다.

| 접속사 - 접속사란 무엇인가? |

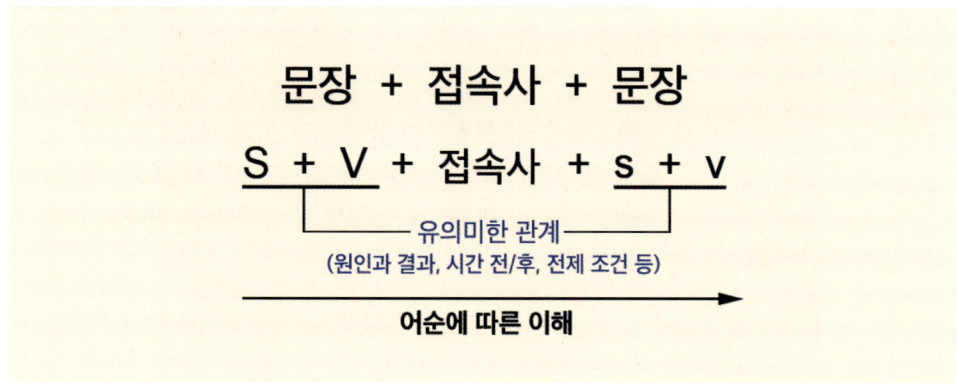

우리는 앞으로 전치사에서와 같이 접속사 앞에 나오는 절을 A로, 접속사 뒤에 나오는 절을 B로 표기하도록 하겠습니다. A because B처럼 말입니다. 물론 이해는, A because B는 'A 이유는 B'와 같이 영어 어순대로 이해할 것입니다.

1-6 접속사

2. 접속사 as

이번에는 접속사 as에 대해 하나씩 차근차근 살펴보도록 하겠습니다.
접속사 as는 아래와 같은 이유로 접속사 중에서 가장 중요합니다.
첫째, 다중적 의미를 갖고 있으면서 가장 빈번하게 사용됩니다.
둘째, '분사구문'이라고 불리는 생략형으로 자주 사용되기 때문에 제대로 알고 있지 않으면 문장을 이해하는 데 큰 걸림돌이 됩니다.

아래는 접속사 as의 이미지입니다.

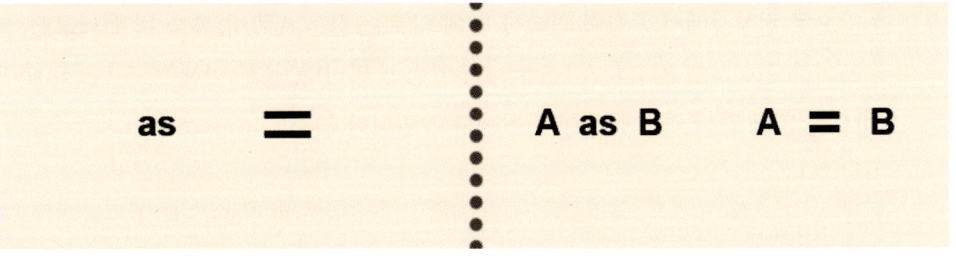

전치사 as에서 언급된 바와 같이 as의 이미지는 '=' 입니다. A as B는 'A와 같은 것은 B'라는 의미지만, 전치사 to처럼 이미지로 이해하는 것이 직관적이고 편리하기 때문에 앞으로 as는 '=' 로 이해하도록 하겠습니다.
예문을 통해 as의 이미지가 문장에서 어떻게 이해되는지 알아보도록 하겠습니다.

▶ A as B : A = B

- as you know.
  - 이해 : = 너 알다
  - 해설 : 한글 표현 중 '너도 알다시피'로 이해되는 구문입니다.
- I did as she asked.
  - 이해 : 나 했다 = 그녀 요청했다
  - 해설 : 내가 한 행위가 그녀가 요청한 그대로(=) 행했다는 것입니다.
- You seek for knowledge and wisdom as I once did.
  - 이해 : 너 추구한다 목표는 지식과 지혜 = 나 한때 했다
  - 해설 : 상대방이 현재 하고 있는 일이, 내가 과거에 했던 일과 같다(=)는 것[(너 추구

한다 목표는 지식과 지혜) = (나 한때 했다)]입니다.

• Things are never as good as they seem, or as bad as they seem.

- 이해 : 세상일 존재하지 않는다 = 좋은 = 세상일 겉으로 보이다, 또는 = 나쁜 = 세상
일 겉으로 보이다

- 해설 : 세상일이라는 것이 겉으로 보이는 것만큼 좋지도 나쁘지도 않다는 말로, 사
물의 겉으로 드러나는 현상만 봐서는 진실을 분별할 수 없다는 의미입니다.

접속사 as에도 기본 의미에서 파생되는 파생 의미가 있습니다. 바로 'A절과 동시에 일어나
는 일은 B절'이라는 의미입니다. as의 기본 의미가 '='이기 때문에 'A절과 B절이 서로 다르
지 않고 같다' 라는 **논리적 개념**이 'A와 동시에 일어나는 일은 B'라는 **시간상의 일치 개념**으로
발전된 것입니다. 이는 '='이라는 논리적 개념이 시간상의 동시성(at the same time)으로 파생
된 경우입니다.

논리적 개념   **시간적 개념**

A as B : A = B —파생→ **A 와 동시에 일어나는 일은 B**

(at the same time)

상기의 시간적 개념의 파생 의미와는 별도로 접속사 as에는 '이유는 ~' 라는 접속사 because
의미도 있습니다. 직관적으로 기본 의미와 연관되지 않아 좀 뜬금없는 의미지만, 다른 의미
가 적용되지 않을 때 사용합시다.

접속사 as 어순 이해 Tip ——○
> 시간적 개념의 파생 의미 사용 빈도가 훨씬 높으므로 우선, '동시에 일어나는 일
> 은 ~'으로 이해하고, 의미가 어색하면 문맥에 따라 '='이나 'because'를 적용해
> 봅니다.

예문을 통해 as의 파생 의미가 문장에서 어떤 식으로 이해되는지 알아보도록 하겠습니다.

- It is happening as we speak.
  - 이해 : 그것 발생하고 있다 동시에 일어나는 일은 우리 대화하다
  - 해설 : A절(It is happening)과 B절(we speak)은 시간상으로 동시(at the same time)에 일어나는 일입니다.

- As we walked home, we talked about what we would have for dinner.
  - 이해 : 동시에 일어나는 일은 우리 걸어갔다 집으로, 우리 대화했다 내용은 <u>우리 앞으로 먹을 것</u> 목표는 저녁식사
  - 해설 : 접속사가 문장 맨 앞에 나와도 마찬가지입니다. A절과 B절이 시간상으로 동시(at the same time)에 일어난다는 것입니다. 전치사 about의 목적어로 what 명사절('s + v한 것')을 사용했습니다. 위 문장에서 would는 추측의 의미가 아닙니다. would가 '추측'을 의미할 때는 현재 문맥일 때입니다. 위 문장은 과거시제이기 때문에, 예문의 would는 '의지 미래'를 표현하는 조동사 will의 과거형입니다.

- The thief was difficult to identify as he was wearing a mask during the robbery.
  - 이해 : 그 도둑 어려웠다 앞으로 알아보기 이유는 그 착용하고 있었다 한 마스크 언제? 그 강도 사건
  - 해설 : '동시에 일어나는 일은 ~'이나 '='로 이해하면 의미가 어색하므로 문맥에 맞게 because를 적용했습니다. 전치사 during의 의미는 when과 같이 '언제?'이지만, 뒤에 절(s+v)이 아닌 구(단어 묶음)만 사용할 수 있습니다.

지금부터 접속사 as의 생략된 형태인 분사구문에 대해 알아보도록 하겠습니다. 분사구문은 앞에서 언급한 바와 같이 매우 빈번하게 사용되는 데다, 생략된 형태로 사용되기 때문에 제대로 이해하지 않으면 어순대로 문장을 이해하는 데 큰 장애가 될 수 있습니다. 또한, 중요도에 있어서는 '명사 부가설명' 만큼이나 중요한 내용이기 때문에 확실히 이해하고 넘어가야 합니다.

우선, 접속사 as절을 생략해 굳이 분사구문으로 만드는 이유는 뭘까요? 그것은 접속사 as절을 생략해도 상대방 특히, 원어민이 이해하는 데 전혀 지장이 없기 때문입니다. 우리가 한글을 사용할 때도 마찬가지지만, 원어민은 언어 사용의 편의를 위해 문장을 최대한 간

결하게 만들려는 경향이 있습니다. 하지만, 문장을 간결하게 만드는 데도 몇 가지 원칙이 있습니다. 생략해도 사회적으로 용납되는 타당한 근거와 사회적 동의가 있어야 하기 때문입니다.

아래는 접속사 as절을 분사구문으로 만드는 방법입니다. 접속사 as 이하는 종속절이기 때

접속사 as 절 : S + V + as + s + v

분사구문 : S + V + ... + v~ing

문에 주절의 주어, 동사와 구분하기 위해 s, v처럼 소문자로 표시했습니다.

접속사 as절을 분사구문으로 만드는 과정은,

첫째, 접속사 as를 생략합니다.

- 접속사 as가 생략될 수 있는 논리적 근거는 as의 기본 의미가 '='이기 때문입니다. 같기 때문에 생략 가능하다고 생각하면 이해하는 데 무리가 없습니다. 여기서 같다는 것은 시간적 개념의 동시성을 말합니다. 즉, 우리가 알고 있는 as의 파생 의미인 'A와 동시에 일어나는 일은 B'인 경우입니다.

둘째, as 종속절의 주어가 주절의 주어와 같으면 생략합니다.

- 주어가 같은데 굳이 종속절의 주어를 중복해서 쓸 이유가 없다고 생각하기 때문입니다. 주어가 다르면 생략하지 않습니다.

셋째, as 종속절의 동사가 주절의 시제와 같고 능동(주어가 자발적으로 행위를 하는)의 의미이면 ~ing(현재분사)로, 수동(주어가 외부로부터 영향을 받는)의 의미이면 pp(과거분사) 형태로 만듭니다.(분사구문 이해의 극대화를 위해 우선, 능동의 경우를 다루고 수동의 경우는 추후에 다루도록 하겠습니다.)

위 세 가지를 종합해 보면, 분사구문이란 '주어가 두 가지 일을 동시에 하는 상황을 표현'할 때 사용된다는 것(동시 행위 표현)을 알 수 있습니다. 따라서, 분사구문의 기본 의미는 'A하면서 B한다' 가 됩니다. 하지만, 어차피 우리는 문장을 어순대로 이해하기 때문에 어순대로 이해하다가 B가 분사구문이라고 인식되면 'B하면서' 라고 이해하는 것이 가장 자연스럽게 분사구문을 이해할 수 있는 방법입니다.

as 분사구문 어순 이해 Tip ── ○ 'A하면서 B한다' → 'A하다, B하면서'

예문을 통해 분사구문이 문장에서 어떤 식으로 이해되는지 알아보도록 하겠습니다.

- She is in the kitchen making coffee.
  - 이해 : 그녀 존재한다 in 부엌 만들면서 (뭘?) 커피
  - 해설 : 주어가 부엌에 존재하는 것과 커피를 만드는 일이 동시에 일어나고 있습니다. 이 분사구문의 full sentence는 She is in the kitchen as she is making coffee입니다.

- A man ran out of the house shouting.
  - 이해 : 한 남자 달렸다 밖으로 빠져 나온 곳은 그 집 소리지르면서
  - 해설 : 주어가 뛰쳐나오는 행위와 소리 지르는 행위가 동시에 일어나고 있는 상황입니다. 이 분사구문의 full sentence는 A man ran out of the house as he was shouting입니다.

- He embraced his wife, kissing her on both cheeks.
  - 이해 : 그 껴안았다 그의 아내, 키스하면서 (뭘?) 그녀 접면은 양 볼
  - 해설 : 이 분사구문의 full sentence는 He embraced his wife as he kissed her on both cheeks입니다.

- Feeling tired, I went to bed early.
  - 이해 : 이유는 피곤해서, 나 갔다 → 침대 일찍
  - 해설 : 접속사 as에는 because 의미도 있기 때문에, 동시 행위 의미가 어색하면 문맥에 맞게 because로 이해해야 합니다. 이 분사구문의 full sentence는 As(= Because) I felt tired, I went to bed early입니다.

여기서 한 가지 의문점이 생길 수 있는데, 반드시 짚고 넘어가야 하는 문제입니다. 문장 중간에 뜬금없이 ~ing 즉, 현재분사가 등장하는 것은 마찬가지인데, '분사구문' 과 '명사 부가설명'을 어떻게 구분하는가 라는 점입니다.

'분사구문'과 '명사 부가설명'은 아래와 같은 방법으로 구분할 수 있습니다.

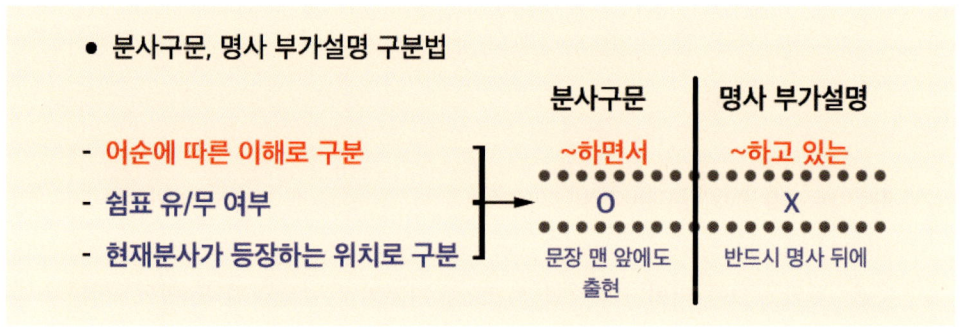

첫째, 분사구문과 명사 부가설명을 구분하는 가장 최선의 방법은 어순에 따른 이해를 통해 둘의 차이를 간파하는 것입니다. 어느 정도 경험이 필요할 수도 있지만, 어순에 따라 이해하다 보면 문맥상 둘의 차이가 자연스럽게 구분됩니다.

둘째, 이전 분사구문 예문에서와 같이 분사구문 앞에는 쉼표를 표시할 수 있습니다. 문제는 쉼표로 친절하게 표시해 줄 때도 있지만, 표시를 안하는 경우도 많다는 것입니다. 또한, 청취 시 쉼표라는 부호는 의미가 없습니다. 반면, 명사 부가설명은 바로 앞에 있는 명사를 보충 설명하는 것이 존재 이유이기 때문에 당연히 분사 앞에 쉼표가 올 수 없습니다.

셋째, 분사구문은 문장 맨 앞에 등장할 수 있지만, 명사 부가설명은 반드시 명사 뒤에 위치해야 하기 때문에 문장 맨 앞에 올 수 없습니다.

예문을 통해 분사구문과 명사 부가설명을 구분해 보도록 하겠습니다.
- He was lying on a cot, bleeding from his belly.
  - 이해 : 그 누워 있었다 접면은 한 간이 침대, 피를 흘리면서 출발점은 그의 복부
  - 해설 : 예문처럼 친절하게 분사구문 앞에 쉼표로 표시해 줄 때도 있지만, 표시하지 않는 경우가 더 많습니다. 쉼표가 없더라도 어순대로 이해하면 문맥상 피를 흘리

는 대상이 간이 침대가 아니라, 주어 He라는 것을 직관적으로 알 수 있습니다.

- The man sat with his arms around the boy trying to warm him.
  - 이해 : 그 남자 앉아있었다 함께하는 것은 그의 양팔 빙 둘러싸는 것은 그 소년 애쓰면서 앞으로 따뜻하게 하려고 (뭘?) 그(= 그 소년)
  - 해설 : 어순대로 이해하면 문맥상 애쓰는 사람이 the boy가 아니라 주어인 The man 이라는 것을 알 수 있습니다. 따라서, trying은 주어의 동시 행위를 표현하는 분사구문입니다.

- In the evening they tramped out across a field trying to find a place where their fire wouldn't be seen.
  - 이해 : 저녁에 그들 터벅터벅 걸었다 밖으로 가로지르는 것은 한 들판 노력하면서 앞으로 찾으려고 (뭘?) 한 장소 어디냐면 그들의 장작불 보이지 않을
  - 해설 : 어순대로 이해하면 문맥상 trying은 주어 they와 매칭되는 분사구문입니다. 들판이 노력할 수는 없는 법입니다.

- A woman sitting in the chair behind my friend was absent-mindedly fluffing his hair with her fingers.
  - 이해 : 한 여자 앉아 있는 in 그 의자 뒤에, 앞에 있는 것은 내 친구 멍하니 흩트리고 있었다 (뭘?) 그의 머리카락 함께하는 것은 그녀의 손가락들
  - 해설 : 위치상 그리고 문맥상 sitting은 명사 부가설명입니다. 문장 앞부분에 명사 부가설명이 나왔기 때문에 본동사의 출현에 대비하고 있어야 합니다. fluffing은 분사구문이 아니라 was fluffing으로, 과거진행형 형태의 본동사입니다.

A woman sitting in the chair behind my friend **was absent-mindedly fluffing** **his hair** ~.
S (n)   VT   O
명사 부가설명 (A woman + sitting ~)

- The next shot featured the President approaching the crowd behind a makeshift barrier, brushing at his hair with one hand.
  - 이해 : 다음 장면 특종으로 다뤘다 (뭘?) 대통령 접근하고 있는 (뭘?) 군중 뒤에, 앞에 있는 것은 한 임시 장벽, 빗질하면서 접점은 그의 머리카락 함께하는 것은 한 손
  - 해설 : 문맥상 대통령이 접근하는 것이 자연스럽습니다. 따라서, approaching은 앞에 나온 명사 the President에 대한 부가설명입니다. brushing은 대통령의 동시 행위를 묘사하는 분사구문입니다.(대통령이 군중에 접근하면서 자기 머리를 다듬고 있습니다.)

- Standing on a wooden platform, university student volunteers are strapped into harnesses on top of the platform.
  - 이해 : 서 있으면서 접면은 한 나무로 된 플랫폼, 대학생 지원자들 줄로 묶여진 밖에서 안으로 안전장치들 접면은 윗면 (그 윗면과) 관련 있는 것은 그 플랫폼
  - 해설 : 문장 맨 앞에 현재분사가 나왔기 때문에 분사구문입니다. 이 분사구문의 full sentence는 As they stand on a wooden platform, university student volunteers are strapped into harnesses on top of the platform입니다.

- 1. Meeting the needs of customers is necessary.
  2. Playing the piano is my best hobby.
  - 이해 1 : 충족시키는 것 (뭘?) 요구들 (그 요구와) 관련 있는 것은 고객 = 필수적인
  - 이해 2 : 연주하는 것 (뭘?) 피아노 = 내 최고의 취미
  - 해설 : 예문 1, 2는 문장 맨 앞에 현재분사가 나오지만 분사구문이 아닙니다. 현재분사 다음에 현재분사의 목적어인 명사(the needs, the piano)가 나오고, 그 뒤로 본동사가 나오기 때문에 예문의 현재분사는 주어 역할을 하는 동명사입니다.(정확히는 동명사구) 동명사도 명사이기 때문에 예문과 같이 주어 자리 또는 목적어, 보어 자리에 나올 수 있습니다.

문장 중간의 ~ing(현재분사)
어순 이해 Tip

문장 맨 앞에 현재분사나 과거분사가 나오면 분사구문이며, 그렇지 않은 경우 어순대로 이해하면 문맥상 직관적으로 '분사구문'과 '명사 부가설명'을 구분할 수 있습니다.

현재분사 형태가 있을 때 우리가 항상 고려해야 하는 점이 있습니다. 명사 부가설명 챕터에서도 경험했듯이, 현재분사가 있으면 과거분사 형태도 존재하기 마련이라는 점입니다. 과거분사가 등장하는 분사구문은 기본 의미가 현재분사 분사구문과 상이하고 생소한 구조인 데다, 원어민이 은근히 많이 사용하는 패턴이기 때문에 반드시 이해하고 넘어가야 합니다.

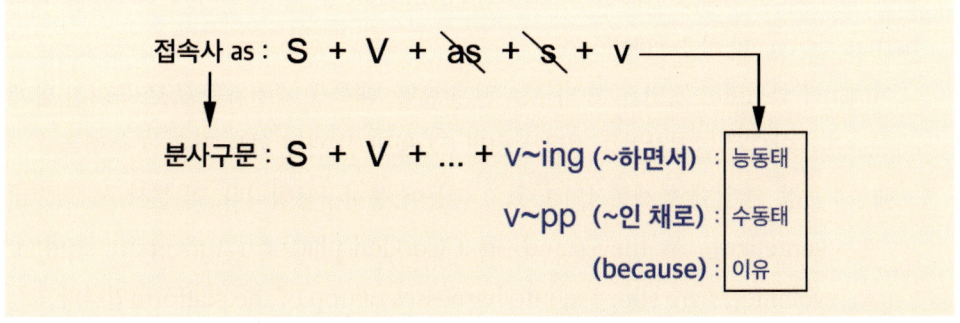

위와 같이 접속사 as절이 능동태인 경우 즉, 주어(s)가 행위(v)의 주체일 때는 우리가 이미 배웠듯이, 현재분사 형태의 분사구문(이하 '현재분사 분사구문')으로 생략되어 간결하게 표현할 수 있습니다. 이때의 기본 의미는 '~하면서'로, 주어의 동시(同時) 행위를 표현할 때 사용한다고 배웠습니다.

반면, as절이 수동태인 경우는 과거분사 형태의 분사구문(이하 '과거분사 분사구문')으로 축약이 가능합니다. 이때, 기본 의미를 단순히 주어가 외부로부터 영향을 받는 수동태 의미로만 이해하면 의미가 부자연스럽습니다. 이는 과거분사 분사구문은 단순히 수동태 의미만 있는 것이 아니라, 접속사 as의 파생 의미인 '동시에 일어나는 일은 ~'이라는 시간상의 동시성 의미도 함께 지니고 있기 때문입니다.

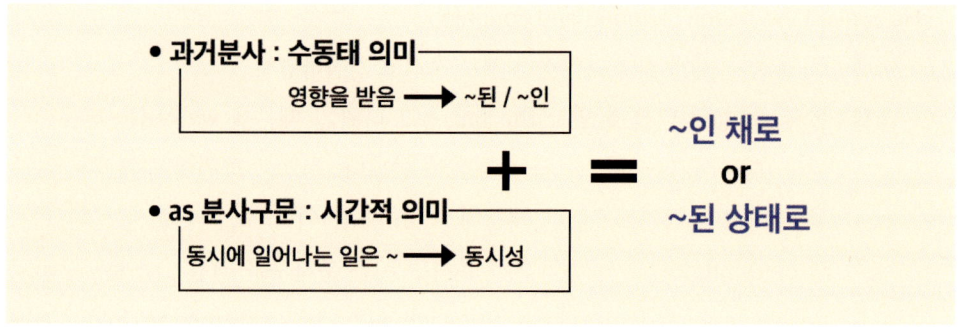

과거분사 분사구문은 기본적으로 어떤 특정한 상황(수동태 상태)하에서 지속되는 일을 표현할 때 사용합니다.

Key-Point ── O 과거분사 분사구문의 기본 의미는 '~인 채로/~된 상태로', '~되어지면서' 입니다.

The boy was sitting up as he was wrapped in a blanket.
그 소년 앉아 있었다 위로 동시에 일어나는 일은 그 둘러 싸여진 in 한 담요

The boy was sitting up wrapped in a blanket.
그 소년 앉아 있었다 위로 둘러 싸여**진 채로** in 한 담요

위와 같이 접속사 as절의 주어(he)가 주절의 주어(The boy)와 같고, 수동태 문장(was wrapped)인 경우 과거분사 분사구문으로 생략되어 간결하게 표현[sit up '앉다 위로 => (앉아 있는 상태에서) 자세를 곧추세우다 => 바로 앉다']할 수 있습니다.

앞에서 '현재분사 분사구문'과 '현재분사 형태의 명사 부가설명(n+~ing)'을 어순에 따른 이해를 통해 구분했듯이, '과거분사 분사구문'과 '과거분사 형태의 명사 부가설명(n+pp)'도 같은 방법으로 구분할 수 있습니다. 예문을 통해 과거분사 분사구문과 명사 부가설명을 구분해 보도록 하겠습니다.

• He walked the beach slumped and coughing.

  - 이해 : 그 걸었다 (뭘?) 해변 구부정한 채로 그리고 기침하면서

  - 해설 : 동사 walked 다음에 명사 the beach가 나왔기 때문에 walked는 타동사입니다. 따라서, 타동사스럽게 이해해야 합니다. 문맥상 해변이 구부정한 자세를 취하고 기침할 수 없기 때문에, slumped(~인 채로, 과거분사 분사구문)와 coughing(~하면서, 현재분사 분사구문)은 분사구문입니다. 이 분사구문의 full sentence는 He walked the beach as he was slumped and coughing 입니다.

• The president was spotted, accompanied by several guards, headed to a secret bunker.

  - 이해 : 대통령 포착되었다, 동행한 채로 영향력의 원천은 몇몇 경호원들, 갔다 → 한 비밀 bunker

  - 해설 : 친절하게 쉼표가 있고 과거분사부터 나왔기 때문에 accompanied는 과거분사 분사구문입니다.

• She takes her time, not intimidated by many people staring at her.

  - 이해 : 그녀 취하다 (뭘?) 그녀의 시간, 겁먹지 않은 상태로 영향력의 원천은 많은 사람들 빤히 쳐다보고 있는 접점은 그녀

  - 해설 : 쉼표 다음에 과거분사가 나왔고, 문맥상 intimidated는 과거분사 분사구문입니다. staring은 문맥상 앞에 있는 명사 many people이 구체적으로 누구인지 보충 설명해 주는 명사 부가설명입니다. 'n+~ing' 형태의 명사 부가설명. 이 분사구문의 full sentence는 She takes her time as she isn't intimidated by many people staring at her입니다.

• Again Jenny stared at him, amazed that she was able to figure all that out.

  - 이해 : 다시 Jenny 응시했다 접점은 그, 깜짝 놀란 채로 이유는 <u>그녀 이해할 수 있었다 전부 다</u>

  - 해설 : 이 분사구문의 full sentence는 Again Jenny stared at him as she was amazed that she was able to figure all that out입니다. 감정 형용사 다음에 나오는 to부정사나 that절은 감정이 표출된 원인을 나타내는 것으로, '감정 형용사 이유는 ~' 라고 이해(amazed that s + v ~)합니다.

148

|접속사 - 접속사 as|

- Built thousands of years ago, the Silk Road gave access to the world beyond China's borders, carrying tradesmen and travelers from as far as Rome.
  - 이해 : 건설된 채로 수 천년 전에, 실크로드 줬다 접근권 → 세상 뛰어넘는 것은 중국의 국경들, 실어 나르면서 (뭘?) 무역상들 그리고 여행가들 출발점은 = 멀리 = 로마
  - 해설 : 문장 맨 앞에 과거분사가 나왔기 때문에 Built는 과거분사 분사구문입니다. carrying은 본동사 삽입구('and the Silk Road was carrying' => ', carrying')입니다. 이 분사구문의 full sentence는 As it(= the Silk Road) had been built thousands of years ago, the Silk Road gave access to the world beyond China's borders and it(= the Silk Road) was carrying tradesmen ~ 입니다.

과거분사 분사구문을 이해할 때 주의해야 할 점이 있습니다. 많은 동사의 과거분사형이 과거형과 같기 때문에 **과거분사 분사구문과 본동사 삽입구를 혼동할 수 있다**는 점입니다.(동사의 과거형과 과거분사형이 같아서 혼동되는 문제는 본동사와 과거분사 형태의 명사 부가설명에서도 다룬 바 있습니다.) 본동사 삽입구는 말 그대로 쉼표 또는 등위접속사 and, 생략된 주어와 함께 사용되는 본동사입니다. 본동사이기 때문에 종속절의 과거분사와는 근본적으로 다릅니다.

- Jesus was arrested, tried, and sentenced to death.
  - 이해 : 예수 체포되어 재판 받고 선고 받았다 → 사형
  - 해설 : 위 문장에서 tried, sentenced는 본동사 삽입구로, 쉼표와 등위접속사 and로 연결되는 본동사 수동태(Jesus was arrested, he was tried and he was sentenced to death)입니다. 따라서, 이런 경우 쉼표 다음에 과거분사가 나온다고 과거분사 분사구문으로 착각하면 안됩니다. 어순대로 이해하면서 문맥적으로 구분해야 합니다.
- I descended from the porch in my limping fashion, started down the walk, turned as if I had forgotten something, and peered under the steps.
  - 이해 : 나 내려왔다 출발점은 현관 상태가 절뚝거리는 자세로, 출발했다 아래로 가면서 접하는 것은 보도, 돌아섰다 마치 나 전에 잊어버리기라도 한 듯 (뭘?) 뭔가,

149

그리고 자세히 들여다보았다 아래, 그 위를 덮고 있는 것은 계단

- 해설 : 위 문장에서 started, turned, peered는 삽입구로, 연속되는 본동사의 과거형
들입니다. 특히, 원어민은 편의상 삽입구를 많이 사용하기 때문에 주의가 필
요합니다.

'과거분사 분사구문'과 본동사 삽입구를 구분하는 최선의 방법 역시 어순에 따른 이해를 통
해 구분하는 것입니다. 어순에 따라 이해하다 보면 문맥상 동사를 능동태(삽입구)로 이해해
야 하는지, 수동태(과거분사 분사구문)로 이해해야 하는지 구분되기 때문에, 동사가 능동태
과거형으로 사용되었는지 수동태 과거분사형으로 사용되었는지 구분할 수 있습니다. 또한,
삽입구 앞에는 반드시 쉼표가 나옵니다. 아래 세 문장을 통해 '과거분사 분사구문'과 본동사
삽입구를 구분해 보시기 바랍니다.

- When it was done, she put another cup of coffee in front of me, squeezed my
shoulder.
- She grabbed a rifle, tried to go out after him.
- Mark was sitting about ten rows back, handcuffed to his armrest.

첫 번째, 두 번째 문장은 주어인 she가 능동적으로 squeeze하고 try하는 것이 문맥상 자
연스럽고, 뒤에 목적어가 나오기 때문에 본동사 과거형 삽입구입니다. 반면, 마지막 문장
의 경우 어순대로 이해하면 주어인 Mark가 누군가를 수갑 채우는 능동의 의미가 아니라
(handcuff 다음에 목적어도 없습니다.), 주어가 수갑 채움을 당하는 수동의 의미가 문맥적
으로 자연스럽기 때문에 과거분사 분사구문입니다.

- 첫 번째 문장 이해 : 언제? 그것 끝났을 때, 그녀 놓았다 또 다른 컵 관련 있는 것은 커피
in 앞에 관련 있는 것은 나, 꼭 쥐었다 내 어깨
- 두 번째 문장 이해 : 그녀 움켜잡았다 한 소총, 애썼다 앞으로 가려고 밖으로 뒤에, 앞에
있는 것은 그
- 세 번째 문장 이해 : Mark 앉아 있었다 대략 열줄 뒤에, 수갑 채워진 채로 → 그의 팔
걸이

접속사 as의 다중 의미 중 because 의미도 있기 때문에, because를 의미하는 과거분사 분사구문도 있습니다.

분사구문 어순 이해 Tip

> 분사구문이 접속사 because를 의미하는 경우는 상대적으로 빈도가 낮기 때문에, 우선 '~하면서'(현재분사 분사구문), '~인 채로/~된 상태로'(과거분사 분사구문)로 이해해 보고 의미가 어색하면 because 의미를 적용해 봅니다.

- Loosen by cultivation, its soft soil is blowing away.
  - 이해 : 느슨해져서 영향력의 원천은 경작, 부드러운 토양 날리고 있다 멀리
  - 해설 : 문장 맨 앞에 과거분사가 나왔기 때문에 Loosen은 과거분사 분사구문입니다. '~인 채로/~된 상태로'로 이해하는 것보다, because 의미로 이해하는 것이 문맥상 자연스럽습니다. 이 분사구문의 full sentence는 As(= Because) it has been loosen by cultivation, its soft soil is blowing away입니다.
- Unemployed, he doesn't have much money to spend.
  - 이해 : 실직해서, 그 없다 많은 돈 앞으로 쓸
  - 해설 : because 의미로 이해하는 것이 문맥상 자연스럽습니다. 이 분사구문의 full sentence는 Because he is unemployed, he doesn't have much money to spend입니다.

분사구문은 기본적으로 주어가 능동적으로 두 가지 일을 동시에 하는 상황을 표현하거나, 어떤 특정한 상황(수동태 상태)하에서 지속되는 일을 묘사할 때 사용됩니다. 전자가 '현재분사 분사구문', 후자가 '과거분사 분사구문'입니다. 주어가 같으면서 동시에 일어나는 일이기 때문에 중복되는 부분을 생략해 간결하게 표현할 수 있는 것입니다. 원어민은 이러한 간결한 구조를 선호하기 때문에 일상 생활에서 분사구문을 자주 사용합니다.

문장 중간에 뜬금없이 현재분사나 과거분사가 나오는 경우에는 마치, 우리가 '명사 부가설명 어순 이해'와 5형식 '목적격보어 어순 이해' 구문을 구분했듯이, 분사구문과 명사 부가설명을 구분할 수 있는 능력이 필요합니다. 분사구문은 영어의 기본 어순에서 가장 예외적인 생략 형태로 분사구문을 제대로 이해하고, 명사 부가설명과 확실히 구분할 수 있다면 영어의 큰 고비를 넘었다고 자부해도 됩니다.

151

1-6 접속사

3. 접속사들

as 이외의 접속사들을 살펴보면서 어순에 따른 접속사 이해를 통해 문장 전체를 쉽고 빠르게 이해할 수 있는 방법을 알아봅니다. because, unless, once 같은 접속사들은 기본 의미만 따르면 문장을 어순에 따라 직관적으로 이해하는 데 어려움이 없습니다.

▶ A because B : A 이유는 B

- I cannot smell because I am stuffy.
  - 이해 : 나 냄새 맡을 수 없다 이유는 나 존재하는데 (상태가) 코 막힌
- Don't make me stay behind because you are scared of what might happen to me.
  - 이해 : 만들지 마라 나 머무르게 뒤에 이유는 너 두려워한다 관련 있는 것은 뭔가 (강한 추측) 발생하다 → 나
  - 해설 : 5형식 문장(make → me = stay)입니다. 상대방에게 무슨 일이 생길까 봐 지레 겁먹고 상대방이 직면해야 하는 현실에서 떼어 놓지 말라는 의미입니다.
- I could feel her shivering because all she had on was her pajamas.
  - 이해 : 나 느낄 수 있었다 그녀 떨고 있는 이유는 전부 (그 전부가 뭐냐면) 그녀가 가진 접면은 "본동사 대기" = 그녀의 잠옷
  - 해설 : 5형식 문장(feel → her = shivering)입니다. all she had는 'n+(s+vt)' 형태의 명사 부가설명(all + she had, 주어 부가설명). 따라서, all이 진주어이기 때문에 'all = her pajamas'가 됩니다. have on은 '가지다 접면은 ~' 같이 어순대로 이해되어 몸과 옷이 접면하고 있음을 나타내기 때문에 '입고 있다' 라는 의미가 되는 것입니다. 관용구를 무작정 외우는 것이 아니라, 동사와 전치사의 기본 의미를 통해 관용구의 묶음 의미를 느낄 수 있어야 합니다.

▶ A unless B : A 예외가 있다면 B

- I don't want you to hurt anybody unless you absolutely have to.
  - 이해 : 나 원하지 않는다 너 앞으로 해치다 아무라도 예외가 있다면 너 반드시 해야만 한다.
  - 해설 : 5형식 문장(want → you = to hurt)입니다. 정말 불가피한 경우가 아니라면 아무에게도 해를 끼치지 말라는 것입니다.

| 접속사 - 접속사들 |

- I sleep with the windows open unless it is really cold.
  - 이해 : 나 잔다 함께하는 것은 창문들 열린 채로 예외가 있다면 날씨가 정말 추운
- You won't get paid for time off unless you have a doctor's note.
  - 이해 : 너 급여 받지 못할 것이다 목표는 휴가 예외가 있다면 너 가지고 있다 의사의
    진단서
  - 해설 : time off, 시간을 떼어 낸다는 것은 자기 근무 시간을 떼어 낸다는 것에 기인
    해 '휴가'라는 의미(유급휴가: paid time off, 무급휴가: unpaid time off)를
    지니게 되었습니다. 의사 진단서가 있어야 유급휴가 처리를 해주겠다는 의미
    입니다.
- He hasn't got any hobbies unless you call watching TV a hobby.
  - 이해 : 그 없다 어떤 취미도 예외가 있다면 너 여긴다 보는 것 (뭘?) TV = 한 취미
  - 해설 : you call watching TV a hobby는 5형식 문장(call → watching TV = a
    hobby)입니다.

▶ A once B : A의 조건이 되는 것은 B (= provided that, providing that, as long as, so long
as), 하자마자 (= as soon as)

once는 두 가지 의미를 갖고 있기 때문에 문맥에 맞게 선택하여 이해합니다.

- Once you get over any fears about the future, you will find life both enjoyable and
  challenging.
  - 이해 : 조건이 되는 것은 너 위치하다 위에서 덮고 있고, 그 아래 있는 것은 어떤 두려
    움이라도 내용은 미래, 너 알게 될 것이다 삶 = 즐길만한 그리고 도전할만한
  - 해설 : 동사 get이 1형식으로 사용될 때 기본 의미는 '위치하다' 입니다.(일반동사 심
    화 편에서 자세히 배울 것입니다.) get over '위치하는데 위에서 덮고 있다'는
    것은 그 아래 깔려 있는 뭔가(B, 전치사의 목적어)를 정복한다는 뉘앙스로 인
    해 '극복하다' 라는 관용구가 된 것입니다.
- Once I was behind the house, I breathed a sigh of relief so deep.
  - 이해 : 하자마자 나 존재했다 뒤에, 앞에 있는 것은 그 집, 나 숨 쉬었다 (뭘?) 한숨 관
    련 있는 것은 안도 매우 깊게
  - 해설 : 동사 breathed 다음에 명사 a sigh가 나왔기 때문에 breathed는 타동사입니
    다. 따라서, 타동사스럽게 이해해야 합니다.

153

- Once she is in place and you are sure you weren't seen, come back here.
  - 이해 : 조건이 되는 것은 그녀 존재한다 in 장소 그리고 너 확신한다 너 (추측) 보여
    지지 않는, 와라 다시 여기로
- Traveling by car is convenient provided that you have someplace to park.
  - 이해 : 여행하는 것 영향력의 원천은 차 = 편리한 조건이 되는 것은 너 가지고 있다
    장소 앞으로 주차할
  - 해설 : someplace to park는 'n + to부정사' 형태의 명사 부가설명입니다.

• when

A when B = A 가 발생한 때는 B

A when B는 'A가 발생한 때는 B'라는 의미입니다. 어순대로 이해하면 왜 A가 주절이 되고, B가 종속절이 되는지 알 수 있습니다. 문장의 핵심 내용은 A 즉, 주절에 위치하고, B는 다만 A를 보조하는(A가 언제 발생했는지 그 시점을 알려 주는) 절일 뿐입니다. 이런 when의 역할을 이해하면, A when B를 'A 언제? B'라고만 이해해도 문장을 직관적으로 이해하는데 문제가 없다는 것을 알 수 있습니다.

▶ A when B : A 언제? B
- Call me when you are ready.
  - 이해 : 연락해라 나에게 언제? 너 존재하는데 (상태가) 준비된
  - 해설 : 준비가 되었을 때 연락하라는 것입니다.
- When we got home, we started cooking dinner.
  - 이해 : 언제? 우리 위치했다 집에, 우리 시작했다 요리하는 것 (뭘?) 저녁 식사
  - 해설 : 저녁 요리를 집에 도착했을 때 시작했다는 것입니다. 동사 get이 1형식으로 사용될 때 기본 의미는 '위치하다' 입니다. 예문에서 home은 부사입니다. 따라서, get to home이라고 하지 않고 get home이라고 해야[get + to(→) + 장소(명사)] 합니다.

154

| 접속사 - 접속사들 |

- **before**

시간의 흐름 : 과거 ————— 현재 ————→ 미래
before   **after**

영어 어순 : **A before B = A 전에, 이후 B**

접속사 before/after는 전치사 편에서 이미 자세히 배운 바와 같습니다. 다만, 접속사 before/after에는 전치사일 때와는 달리 앞과 뒤라는 물리적 위치상 의미는 존재하지 않습니다. 시간 순서상 전과 후의 의미만 있다는 말입니다. 접속사 before/after에서 유의할 점은 before/after가 문장 맨 앞에 나오는 경우, Before/After와 관련된 내용은 B 다음에 나온다는 점입니다. Before를 예로 들어 보면 아래와 같습니다.

Before B, A : 전에, 이후에 일어나는 일은 B, A 내용~

= A before B : A가 전에, 이후에 일어나는 일은 B

'Before B'를 어순대로 이해하면 '전에, 이후에 일어나는 일은 B'입니다. 여기서 이전 내용이 빠져 있는데, 이전 내용인 A는 B 다음(Before B, A)에 나오게 됩니다. 따라서, Before가 문장 맨 앞에 나오는 경우, 이 문장의 중심 내용은 Before(이전 내용)라는 것에 주목하고 마치, 우리가 현재부사나 과거분사 형태의 명사 부가설명이 문장 앞부분(주어 위치)에 나오는 경우 본동사를 대기하듯이, 중심 내용인 이전 내용 A에 대기하고 있어야 합니다.

한 가지 더! before 종속절에서 현재시제가 미래시제를 대신하는 이유는 A before B의 어순상 이해가 'A가 전에, 이후에 일어나는 일은 B' 로, 접속사가 암시적으로 B가 이후에 일어나는 일임을 알려 주기 때문입니다. 따라서, 굳이 B에 미래시제를 써 주지 않아도 된다는 것으로 이해하면 됩니다.

155

▶ A before B : A가 전에, 이후에 일어나는 일은 B

- I hope you get this letter before you leave town.
  - 이해 : 나 희망한다 너 받다 이 편지 전에, 이후에 일어나는 일은 너 떠나다 마을
  - 해설 : 어순 그대로 그리고 접속사 의미 그대로 편지를 받는 것이 마을을 떠나는 것
    보다 먼저 일어나는 일입니다.

- They are armed! Take their guns before they try something.
  - 이해 : 그들 무장했다! 취해라 (뭘?) 그들의 총들 전에, 이후에 일어나는 일은 그들
    시도하다 (뭘?) 뭔가
  - 해설 : 상대방이 총으로 무슨 짓을 할지 모르니 그전에 총을 압수하라는 것입니다.

- The murderer was hanged just two hours before the governor's pardon arrived.
  - 이해 : 그 살인범 교수형 당했다 딱 두 시간 전에, 이후에 일어나는 일은 주지사의 사
    면 도착했다
  - 해설 : 어순대로 이해하면, 사형이 집행되고 그 이후에 사면을 알리는 통보가 도착했
    다는 것입니다.

- Before you go, you should declare something at customs.
  - 이해 : "이전 내용 대기", 이후에 일어나는 일은 너 가다, [이전 내용 ~] 너 신고해야 한다
    (뭘?) 소지품 접점은 세관
  - 해설 : Before가 문장 맨 앞에 나온다는 것은 Before의 내용이 문장의 중심 내용이
    라는 것입니다. 따라서, B문장(접속사 다음 문장) 다음에 나오는 A문장에 주
    목하고 있어야 합니다.(Before B, A)

이전 내용

Ⓐ **before B** ─────────────▶ ─────────────

Before you go, you should declare something at customs.
이전   이후 내용

| 접속사 - 접속사들 |

▶ A after B : A가 후에, 이전에 있었던 일은 B

- Two years after being released from prison, he is home in Texas, trying to turn his life around.
  - 이해 : 2년 후에, 이전에 있었던 일은 석방되다 출발점은 교도소, 그 존재한다 집에 in Texas, 노력하면서 앞으로 돌리려고 (뭘?) 그의 삶 빙 둘러
  - 해설 : trying은 동시 행위를 표현하는 분사구문입니다. '삶을 돌린다는 것'은 과거의 죄를 뉘우치고 자신의 삶을 180도 바꾸려고 노력한다는 것입니다.

- That is what I told commander after he discovered what I had done.
  - 이해 : 그것 = 그것 (뭐냐면) 내가 말한 사령관에게 후에, 이전에 있었던 일은 그 발견했다 (뭘?) 내가 이전에 행한 것
  - 해설 : 어순 그대로 내가 보고한 것이 나중 일이고, 그전에 사령관이 발견한 겁니다. 사령관이 발견(discovered)한 내가 저지른 일은, 과거의 과거 일이기 때문에 과거완료형(had done)을 사용했습니다. what 명사절이 주격보어와 목적어로 사용되었습니다.

- I believed that prisons were simply places where bad guys went after captured by Superman.
  - 이해 : 나 믿었다 (뭘?) 교도소 = 그저 장소 어디냐면 나쁜 사람들 가는 후에, 이전에 있었던 일은 잡히다 영향력의 원천은 Superman

- We used to get snacks at the store after school before heading home.
  - 이해 : 우리 사곤했다 (뭘?) 과자 접점은 그 가게 이후에, 이전에 있었던 일은 학교수업 이전, 이후는 향하다 집으로

157

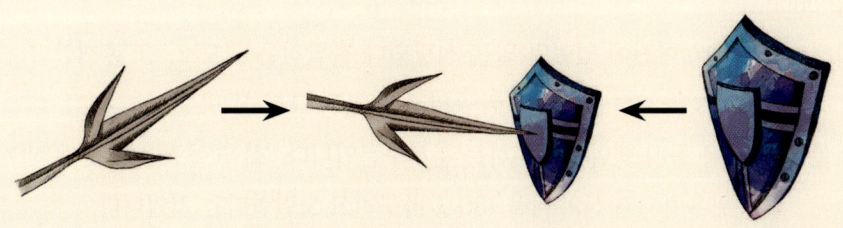

• though / although / even though

이 창은 어떤 방패라도 꿰뚫을 수 있다 though 이 방패는 어떤 창으로도 꿰뚫지 못한다

= A 모순되는 것은 B

- 모순의 강도 : though < although < even though

'A though B'는 'A라는 문장과 B라는 문장이 이치상 서로 맞지 않는다'는 의미입니다. 따라서, 'A though B'를 어순대로, 'A 모순되는 것은 B'와 같이 이해할 수 있습니다. though, although, even though는 기본 의미는 같으나, 오른쪽으로 갈수록 모순의 강도가 세집니다. 모순되는 내용이 절이 아닌 단어나 구인 경우에는 전치사 despite나 in spite of 구문을 사용합니다.

"모순(矛盾) : 두 사실이 논리적으로 어긋나서 서로 맞지 않음"

▶ A though / although / even though B : A 모순되는 것은 B

• Though bamboo is flexible enough to be woven, it has a higher tensile strength than steel.
  - 이해 : 모순되는 것은 대나무 존재하는데 (상태가) 유연한 충분히 앞으로 엮어질 정도로, 그것 가지고 있다 높은 더 인장 강도 비교 대상은 강철
  - 해설 : 대나무가 바구니를 엮을 정도로 잘 구부러지는데도 불구하고, 인장 강도가 강철보다 높다는 것입니다.

• He looked out the window although there wasn't much to see.
  - 이해 : 그 시선을 두었다 밖으로 그 창문 모순되는 것은 존재하지 않았다 많은 것 앞으로 볼

| 접속사 - 접속사들 |

- 해설 : 별로 볼 게 없다는 걸 알면서도, 밖을 내다보았다는 말입니다. much to see 는 'n + to부정사' 형태의 명사 부가설명입니다.

• Even though they are so poor, they seem happy together.
- 이해 : 모순되는 것은 그들 존재하는데 (상태가) 매우 가난한, 그들 (추측건대 상태가) 행복한 함께
- 해설 : seem은 화자의 주관적인 느낌상 주어의 상태가 어떨 거라고 추측할 때 사용하는 2형식 표현입니다.

• Even though he is already twelve months old, he is unable to stand.
- 이해 : 모순되는 것은 그 존재하는데 이미 상태가 12개월, 그 서 있을 수 없다
- 해설 : 생후 12개월임에도 불구하고 일어설 수 없다는 것입니다.

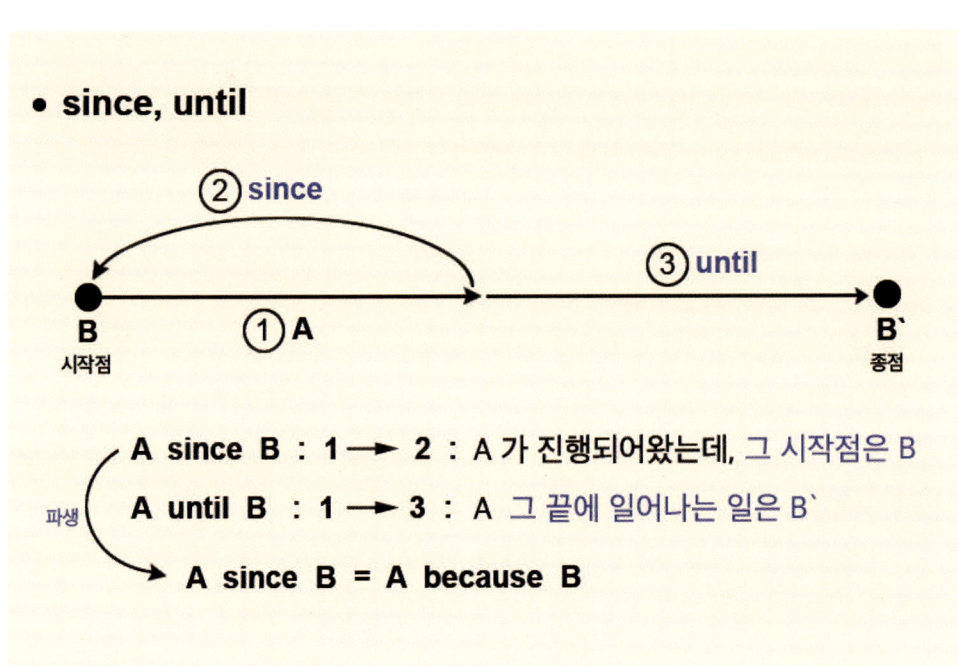

위 그림과 같이 'A since B'는 'A가 진행되어 왔는데, 그 시작점은 B'라는 것입니다. 이는 시간의 흐름을 역행하는 것이라 어색할 수 있지만, 영어의 어순 원리상 중심이 되는 내용이 먼저 나와야 하기 때문에, 우선 중심 내용을 언급하고 필요에 따라 그 시작점을 나중에 알려 주는 것입니다. 이런 이유 때문에 since는 주로 완료형 문장과 함께 사용됩니다.

159

since에는 기본 의미에서 파생된 '이유는 ~'이라는 접속사 because의 의미도 있습니다. 이 파생 의미는 since의 기본 의미를 생각하면 유추될 수 있는데, since의 기본 의미가 '그 시작점은 ~'이라는 것과 관련 있습니다. 왜냐하면, 어떤 일의 결과는 원인 즉, 그 시작점으로부터 귀결되기 때문입니다.(전치사 from과 비교) 따라서, 문장에서 since를 만나면 우선 since의 기본 의미로 이해해 보고, 문맥상 어색하면 because의 의미로 이해하면 됩니다.

since가 계속되는 상황의 시작점으로 거슬러 올라가는 데 반해, 'A until B'는 시간의 흐름에 순행해 A가 쭉 진행되다가 결국 어디서 종료되는지를 B를 통해 알려 줍니다. since, until 뒤에 절이 아닌 명사 단어나 명사구가 나오면 전치사로 봐야 합니다. 이 경우에도 기본 의미는 동일하기 때문에 접속사일 때와 마찬가지로 어순대로 이해하면 됩니다.

▶ A since B : A가 진행되어 왔는데, 그 시작점은 B (파생 의미 : A because B)

• Molly hasn't phoned since she went to Busan.
  - 이해 : Molly 계속 전화 안하고 있다 그 시작점은 그녀 갔다 → 부산
  - 해설 : 시작점인 B문장의 시제는 A문장 시제보다 이전(현재완료형 since 과거형)입니다.

• She was worrying ever since the letter had arrived.
  - 이해 : 그녀 걱정하고 있었다 내내 그 시작점은 그 편지 도착했다
  - 해설 : 시작점인 B문장의 시제는 A문장 시제보다 이전(과거진행형 + since + 과거완료형)입니다.

• Since Tom and I couldn't come up with a better idea, we shrugged and followed her opinion.
  - 이해 : 이유는 Tom 그리고 나 내놓을 수 없었다 함께하는 것은 한 나은 더 방안, 우리 (어깨를) 으쓱했다 그리고 따랐다 그녀의 의견
  - 해설 : 문맥상 since의 파생 의미인 because로 이해해야 합니다.

▶ A until B : A 그 끝에 일어나는 일은 B

• Don't come out until I tell you.
  - 이해 : 나오지 마라 밖으로 그 끝에 일어나는 일은 나 말하다 너에게
  - 해설 : 따로 통보할 때까지 꼼짝 말고 있으라는 말입니다.

| 접속사 - 접속사들 |

- Can we leave the lamp on until I am asleep?
  - 이해 : 할 수 있냐? 우리 그대로 두다 그 전등 켜져 있는 그 끝에 일어나는 일은 나 = 잠이 든

- Jim watched his friend until he was out of sight.
  - 이해 : Jim 지켜봤다 (뭘?) 그의 친구 그 끝에 일어나는 일은 그 존재했다 밖이고, 빠져나온 곳은 시야
  - 해설 : '밖이고, 빠져나온 곳은 시야' 라는 것은, 시야에서 사라지는 것을 의미합니다. 친구가 시야에서 사라질 때까지 지켜보았다는 것입니다.

- Jenny kept bidding against him until the painting finally sold to her for two hundred dollars.
  - 이해 : Jenny 계속했다 (뭘?) 값 부르기 부딪히는 것은 그, 그 끝에 일어나는 일은 그 그림 마침내 팔렸다 → 그녀 목표는 200 dollars
  - 해설 : 위 문장에서 종속절의 sold는 자동사로 사용되었습니다.(1형식)

- **than**

어순 →

비교급 :
- big 큰 + er 더 = bigger 큰 더
- long 긴 + er 더 = longer 긴 더

이해 : A + 형용사+~er + than B = A 형용사 더 비교 대상은 B

우리에게 익숙한 비교급 또한 영어 어순대로 이해합니다. 따라서, bigger는 '더 큰' 이 아니라 '큰 더' 로 이해해야 합니다. 비교급 다음에는 보통 접속사 than이 나오는데, 'A than B' 또한 어순대로 이해하면 'A 비교 대상은 B'가 됩니다. 비교급 표현도 영어 어순 원리에 따라 주어와 가까운 A에 주(主) 내용이 나오게 됩니다.

161

▶ A than B : A 비교 대상은 B

- I want to be closer to you.
  - 이해 : 나 원한다 앞으로 존재하다 **가까이 더** → 너
- She walked closer to the bandstand.
  - 이해 : 그녀 걸어갔다 **가까이 더** → 그 연주대
- I am smarter than Jenny, but she is richer than I.
  - 이해 : 나 존재하는데 (상태가) **똑똑한 더** 비교 대상은 Jenny, 그러나 그녀 = **부유한 더** 비교 대상은 나
- I had rather email than phone.
  - 이해 : 나 차라리 email 쓰겠다 비교 대상은 전화하다
- It was little more than a small pond full of dirty water.
  - 이해 : 그것 = (부정) 더 나은 것 비교 대상은 한 작은 연못=가득한 (그 가득한 것과) 관련 있는 것은 더러운 물
  - 해설 : more이 대명사로 사용되면 '더 많은 것', '더 나은 것'이라는 명사 의미를 갖는데, 앞에 부정의 little이 붙었기 때문에 비교 대상인 지저분한 연못보다 나을 것도 없다는 것을 의미합니다. a small pond full은 'n + 형용사' 형태의 명사 부가설명(a small pond + full, s=sc 처럼 이해)입니다.

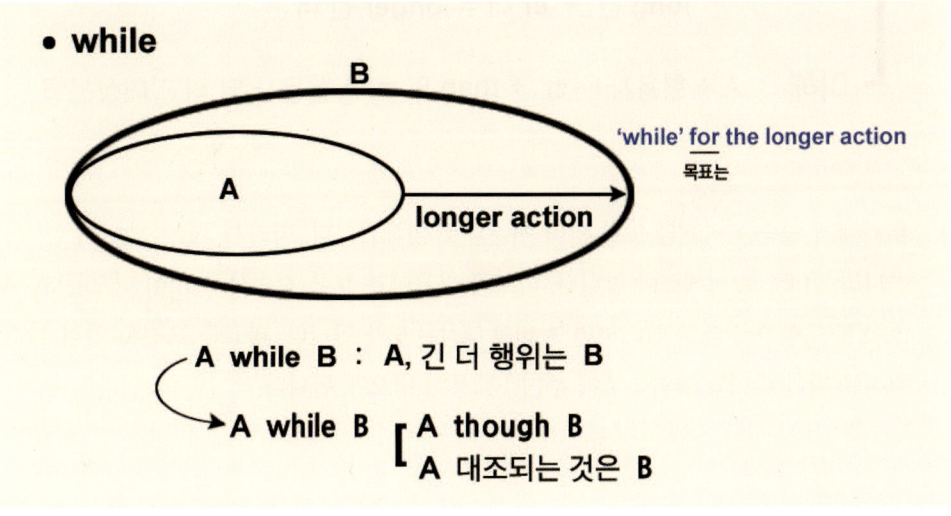

162

위 그림과 같이 'A while B'에서 B는 A가 발생하는 시간대를 포함하면서, 더 긴 시간대를 의미합니다. 따라서, 'A while B'를 어순대로 이해하면 'A, 긴 더 행위는 B'가 됩니다. '축구 하다 다쳤다' 라고 할 때, 다친 상황은 더 긴 시간대인 축구를 하는 동안 벌어진 일입니다. 따라서, A에 '다친 것'에 대한 문장이 나오고, B에 '축구하는' 문장이 나오게 됩니다. 이렇게 영어는 레고 블럭을 조립하듯 일단 기본 문장을 완성하고, 그 뒤에 더 긴 시간대의 내용이 있다면, while절을 통해 갖다 붙이면 됩니다. (I broke my leg. => I broke my leg while I was playing football.)

아래 그림과 같이 접속사 as는 접속사 while의 기본 의미를 포함합니다. 따라서, 접속사 while로 표현되는 문장은 접속사 as로 대체될 수 있습니다. 이는 접속사 as나 as의 생략형인 분사구문이 동시 행위와 종속절이 좀 더 긴 시간대를 의미하는 접속사 while을 모두 표현(I broke my leg while I was playing football. = I broke my leg as I was playing football. = I broke my leg playing football.)할 수 있다는 것을 의미합니다.

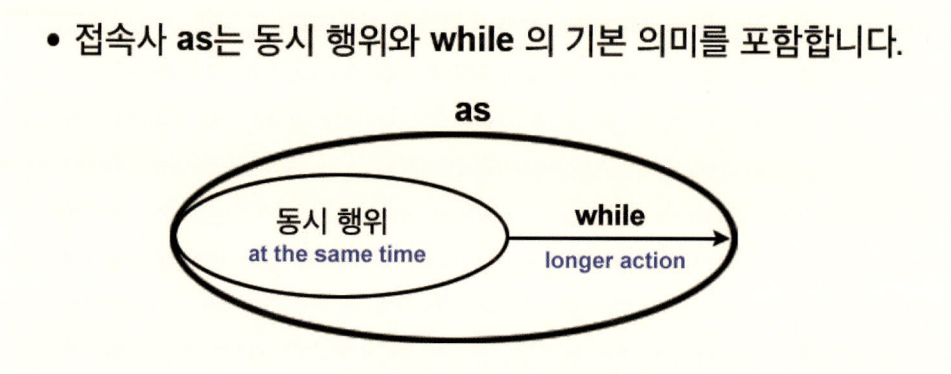

접속사 while에는 기본 의미 외에 접속사 though의 의미와 'A 대조되는 것은 B' 라는 비교의 의미도 있습니다. 이 두 의미는 접속사 as나 분사구문으로 대체될 수 없습니다.

▶ A while B : 'A, 긴 더 행위는 B', A though B, A 대조되는 것은 B

• Tom hurt his knee while he was playing baseball.

  - 이해 : Tom 다쳤다 그의 무릎, 긴 더 행위는 그 플레이 하고 있었다 (뭘?) 야구

163

- 해설 : (= Tom hurt his knee as he was playing baseball = Tom hurt his knee playing baseball). 야구하는 도중 다친 것입니다.
- He cut himself while he was shaving.
  - 이해 : 그 베었다 그 자신, 긴 더 행위는 그 면도하고 있었다
  - 해설 : (= He cut himself as he was shaving = He cut himself shaving). 면도하는 도중 면도날에 베인 것입니다.
- While I am willing to help, I do not have much time available.
  - 이해 : 모순되는 것은 나 기꺼이 돕고 싶다, 나 없다 많은 시간=이용 가능한
  - 해설 : 문맥상 접속사 though 의미의 while입니다. time available은 'n + 형용사' 형태(time + available)의 명사 부가설명입니다.
- While John is very good at science, his brother is absolutely hopeless.
  - 이해 : 대조되는 것은 John 존재하는데 (상태가) 매우 좋은 접점은 과학, 그의 동생= 완전히 구제불능인
  - 해설 : 두 문장 사이의 대조를 표현하는 접속사 while입니다. be good at을 그냥 '잘 한다/능숙하다' 라는 관용구로 무턱대고 외울 것이 아니라, 어순대로 단어와 전치사의 기본 의미를 음미하면서 최종적으로 전체의 묶음 의미를 느낄 수 있어야 합니다.(be good at B에서 전치사 at은 '좋은데 딱 B라는 거에서' 라 는 느낌을 줍니다.)

지금까지 문장과 문장을 연결하는 접속사의 개념과 어순대로 접속사를 이해하는 방법에 대해 알아보았습니다. 접속사가 포함된 문장을 어순대로 이해한다는 것은 문장을 이해하는 속도와 질의 엄청난 향상을 여러분에게 안겨 줄 것입니다.

평소에 원서를 어순대로 이해하는 훈련을 꾸준하게 하면 청취력의 자연스러운 향상뿐만 아니라 쓰기, 말하기 같은 영어 표현적인 측면에 있어서도 자연스럽게 영어 어순을 적용하는 자신의 모습을 발견하게 될 것입니다.

1-6 접속사

4. 접속사 기타

이번 챕터에서는 접속사 as 이외의 분사구문과, 주절과 접속사절(종속절) 시제가 다른 경우에는 어떻게 표현하는지에 대해 알아보도록 하겠습니다.

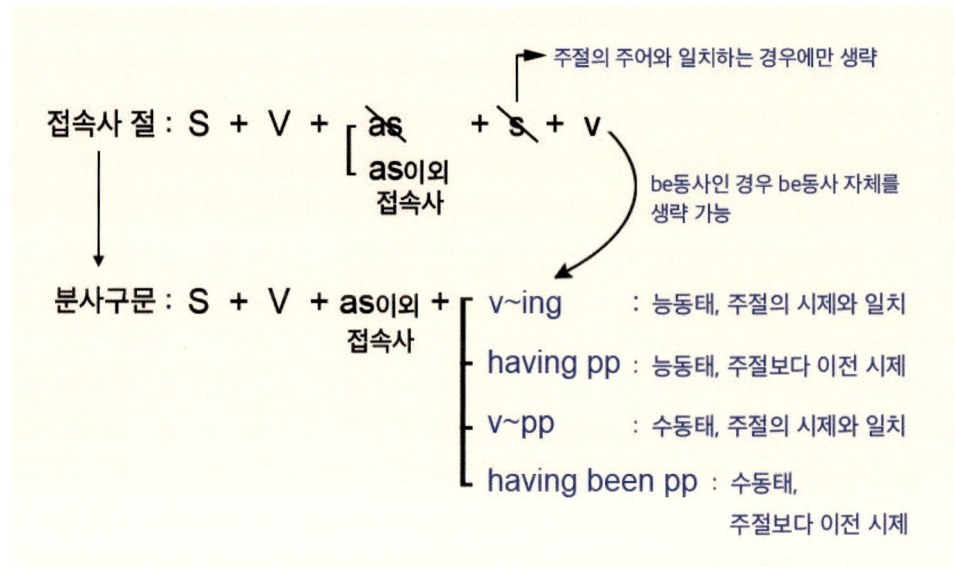

위 그림과 같이 as 이외의 접속사로 분사구문을 만드는 경우에는 원칙적으로 접속사를 생략할 수 없습니다. 이유는 as 분사구문을 가장 흔히 쓰는 데다, 접속사 as가 다중 의미를 지니고 있어 다른 분사구문과 혼동될 수 있기 때문입니다. 하지만, 접속사가 when인 경우에는 생략하기도 합니다. 다시 한 번 상기시키지만, 접속사 as에는 기본 의미인 '='을 필두로 그 기본 의미에서 시간적 개념의 동시성으로 파생된 'A와 동시에 일어나는 일은 B'(~하면서) 그리고 because의 의미도 있다는 것을 반드시 기억하고 있어야 합니다.

- Some folks made a lot of money taking advantage of consumers.
  - 이해 : 몇몇 사람들 만들었다 (뭘?) 많은 돈 취하면서 (뭘?) 이득 (그 이득과) 관련 있는 것은 소비자들
  - 해설 : 어순대로 이해하면 돈이 능동적으로 누군가를 이용해 먹는 행위를 할 수 없기 때문에, 위 문장에서 taking은 명사 부가설명이 아니라 주어의 동시 행위

를 표현하는 분사구문입니다. 이 분사구문의 full sentence는 Some folks made a lot of money ~~as~~ ~~they~~ took advantage of consumers입니다. full sentence를 분사구문으로 만드는 과정에서 접속사 as는 기본 의미가 '='인 관계로 생략되었고, 종속절의 주어(they)가 주절의 주어(Some folks)와 동일하기 때문에 생략되었으며, 종속절의 동사가 능동태이면서 주절의 시제와 일치하기 때문에 현재분사 형태(taking)의 분사를 사용했습니다.

• Thinking back now, he isn't sure why he ran.
 - 이해 : 생각할 때 과거로 (거슬러) 지금 시점에서, 그 확신할 수 없다 왜 그 뛰었는지
 - 해설 : 문맥상 접속사 as보다 접속사 when이 자연스럽습니다. 접속사가 when이지만 분사구문에서 when은 생략할 수 있습니다. 이 분사구문의 full sentence는 ~~When~~ ~~he~~ thinks back now, he isn't sure why he ran입니다.

종속절의 동사가 be동사인 경우, 우리가 be동사 챕터에서 배운 바와 같이 be동사는 문법적 표시 성격이 강하기 때문에 be동사 자체를 생략하기도 합니다. 따라서, 과거분사 분사구문 형태(being + v~pp → v~pp)나 형용사나 명사만 덩그러니 있는 분사구문 형태(being + a or n → a or n)가 가능하게 됩니다.

• When tamed with dykes and channels, the river's bounty is legendary.
 - 이해 : 언제? 길들여 졌을 때 함께하는 것은 제방들 그리고 수로들, 강의 풍요로움 = 막강한
 - 해설 : 이 분사구문의 full sentence는 When ~~the~~ ~~river~~ ~~is~~ tamed with dykes and channels, the river's bounty is legendary입니다. 이 예문의 경우 접속사 when은 생략하지 않았고, 종속절의 주어가 주절의 주어와 동일하기 때문에 생략되었으며, 종속절의 동사가 수동태이면서 주절의 시제와 일치하기 때문에 과거분사 형태(tamed)의 분사를 사용했습니다.

• Once settling down in America, I will bring my family from my own country.
 - 이해 : 조건이 되는 것은 정착하다 in America, 나 데려올 것이다 (뭘?) 내 가족 출발점은 본국

- 해설 : 접속사가 once이기 때문에 분사구문에서 접속사를 생략하지 않았습니다. 이 분사구문의 full sentence는 Once I ~~settle~~ down in America, I will bring my family from my own country입니다.

• Too shy, he couldn't say anything to her.
  - 이해 : 너무 수줍어서, 그 말할 수 없었다 아무것도 → 그녀
  - 해설 : 이 분사구문의 full sentence는 As(= beecaus) ~~he was~~ too shy, he couldn't say anything to her입니다. 분사구문에서 be동사를 생략하지 않을 수도 있기 때문에 Being too shy, he couldn't say anything to her라는 형태도 가능합니다.

분사구문 : S + V + as이외 + 접속사
  - v~ing : 능동태, 주절의 시제와 일치
  - having pp : 능동태, 주절보다 이전 시제
  - v~pp : 수동태, 주절의 시제와 일치
  - having been pp : 수동태, 주절보다 이전 시제

위 그림과 같이 분사구문에서 능동의 의미인 현재분사(v~ing)의 이전 시제 형태는 having pp이고, 수동태 의미인 과거분사(v~pp)의 이전 시제 형태는 having been pp입니다. 분사구문 종속절에 having pp나 having been pp가 나오면 주절의 시제보다 이전 시제를 표현합니다. 즉, 종속절의 내용이 주절보다 과거의 내용입니다.

• Having found a hotel, we looked for some place to have dinner.
  - 이해 : 후에, 이전에 있었던 일은 발견했다 (뭘?) 한 호텔, [이후 내용 ~] 우리 시선을 두었다 목표는 어떤 장소 앞으로 식사할 (뭘?) 저녁
  - 해설 : 문맥에 맞는 접속사는 after입니다. 접속사가 after인데도 불구하고 분사구문에서 접속사가 생략된 이유는, 원래는 접속사가 when이지만 종속절에 이전 시제를 나타내는 having found가 사용되어 이전의 의미를 지니게 되었기 때문입니다. 이 분사구문의 full sentence는 ~~After we~~ had found a hotel, we looked for some place to have dinner입니다.

- He was injured enough, having been labeled a coward by his only son.
  - 이해 : 그 상처 받았다 충분히, 이유는 낙인 찍혀서 겁쟁이라고 영향력의 원천은 그
         의 외아들
  - 해설 : 문맥에 맞는 접속사는 as(= because)입니다. 이전에 아들한테 비겁자라는 꼬
         리표가 붙어서 마음에 상처를 입은 것입니다. 따라서, 분사구문에 수동태이면
         서 주절보다 이전 시제를 나타내는 having been pp 형태를 사용했습니다. 이
         분사구문의 full sentence는 He was injured enough as(= because) he had
         been labeled a coward by his only son입니다. [과거형인 주절보다 이전 시
         제를 나타내야 하기 때문에 종속절의 동사로 과거완료 수동태형(had been
         labeled)을 사용했습니다.]

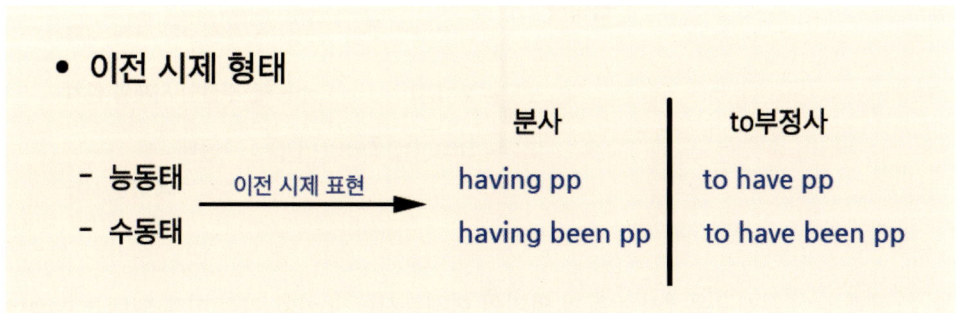

위 그림과 같이 분사의 이전 시제 형태와 to부정사의 이전 시제 형태는 매우 유사합니다.
단지, to부정사는 to 다음에 동사원형인 have가 나온다는 점만 다릅니다. **분사의 이전 시제**
형태를 응용하면 to부정사뿐만 아니라 조동사(would have pp 등), 명사 부가설명, 동명사, 전치
사의 목적어 등에서도 이전 시제 표현을 활용할 수 있습니다.

- He seems to have had another alias, too.
  - 이해 : 그 (추측건대) (이전에) 가졌던 거 같다 (뭘?) 다른 가명, 또한
  - 해설 : 예문에서 추측(seem)은 지금 시점에서 하는 것이기 때문에 현재형(seems)을
         사용했고, 가명을 가진 것은 현재 이전의 일이기 때문에 to부정사의 이전 시
         제 형태(to have pp)를 사용했습니다. 추측을 표현하는 seem은 to부정사와
         같이 사용되기 때문에 이전 시제를 표현하기 위해서는 seem to have pp 형
         태를 사용해야 합니다.

| 접속사 - 접속사 기타 |

• He was said to have died in Vietnam.
  - 이해 : 그 전해진다 (이전에) 죽었다 in Vietnam
  - 해설 : 사람이 주어인데 동사가 수동태로 'be동사 + said' 라는 것은 주변 사람들이 주어에 대해 어떻다고 말하는 것입니다. 과거에 사람들 사이에 소문이 돌았는데, 그가 죽은 것은 더 과거의 일이므로 to부정사의 이전 시제 형태(to have pp)를 사용했습니다. 'be동사 + said'는 to부정사(혹은 that절)와 같이 사용되기 때문에 이전 시제를 표현하기 위해서는 be said to have pp 형태를 사용해야 합니다.

• The machine having broken down is now working well again.
  - 이해 : 그 기계 (이전에) 고장난 "본동사 대기" = 지금 작동하고 있다 잘 다시
  - 해설 : having broken은 주어인 명사 The machine을 보충 설명해 주는 'n + ~ing' 형태의 명사 부가설명입니다. **명사 부가설명에 현재분사 ~ing 대신 having pp 형태를 사용해 이전 시제를 표현해 주었습니다.** 왜냐하면 고장 난 때는 잘 작동하고 있는 지금 시점보다 이전의 일이기 때문입니다. 이처럼 명사 부가설명에서도 분사의 이전 시제 형태를 사용해 이전 시제 표현을 할 수 있습니다.

• I stuttered, not sure if she would mind my having figured out she was the spy in her story.
  - 이해 : 나 (말을) 더듬거렸다, 확신하지 못해서 ~인지~아닌지 그녀 (의지) 꺼리다 (뭘?) 내가 (이전에) 알아챈 것 (뭘?) 그녀 = 그 스파이 in 그녀의 이야기
  - 해설 : 동사 mind 다음에는 목적어로 동명사가 오는데, **예문에서는 동명사의 일반 형태인 v~ing 대신 having pp 형태를 사용해 이전 시제를 표현해 주었습니다.**(주어가 뭔가를 알아차린 시점은 주어가 말하고 있는 시점 이전의 일입니다.) 이처럼 동명사에서도 분사의 이전 시제 형태를 사용해 이전 시제 표현을 할 수 있습니다. mind 다음에 소유격을 사용하면 마치 that절을 사용하는 듯한 효과(= if she would mind that I had figured out ~)를 낼 수 있습니다.

she would mind	my	having figured out	she was the spy in her story.
S VT	(S)	O (v)	전치사 전치사의 목적어 (명사절)

169

1-6 접속사

5. 접속사 요약

A as B : A = B (파생 의미 : A와 동시에 일어나는 일은 B), A because B

    - 현재분사 분사구문 : ~하면서

    - 과거분사 분사구문 : ~인 채로 / ~된 상태로

A because B : A 이유는 B

A unless B : A 예외가 있다면 B

A once B : A의 조건이 되는 것은 B (= provided that, providing that, as long as, so long as), 하자마자 (= as soon as)

A when B : A 언제? B

A before B : A가 전에, 이후에 일어나는 일은 B

A after B : A가 후에, 이전에 있었던 일은 B

A though / although / even though B : A 모순되는 것은 B

A since B : A가 진행되어 왔는데, 그 시작점은 B (파생 의미 : A because B)

A until B : A 그 끝에 일어나는 일은 B

A than B : A 비교 대상은 B

A while B : 'A, 긴 더 행위는 B', A though B, A 대조되는 것은 B

1-6 접속사
6. 접속사 이해 연습

아래 문장들을 어순대로 이해해 봅니다. 처음에는 익숙하지 않겠지만, 시간이 얼마가 걸리던 상관없습니다. 반드시 어순대로 이해하며 문장을 음미해 보세요! 하다가 막히면 문장 처음으로 돌아가 다시 시작합니다. 영어 문장을 이해하는데 문장 안에서 왔다 갔다 한다는 건 있을 수 없는 일입니다. 다른 나라 언어를 배우면서 그 나라 언어 어순에 역행하여 이해하려 한다는 건, 그 나라 언어를 배우지 않겠다는 말과 같습니다. 그렇게 영어 어순 그대로 독해가 되면, 영어 듣기도 자연스럽게 들리는 대로 이해할 수 있게 됩니다.

as : A = B (파생 의미 : 동시에 일어나는 일은), because

  - 현재분사 분사구문 : ~하면서

  - 과거분사 분사구문 : ~인 채로 / ~된 상태로

- I did as I was told.

- She was still standing there in the distance as when I first saw her.

- You are finally beginning to see things as they are.

- Few people have the courage to see themselves as they really are.

- We had all read those books growing up.

- I was drinking warm milk and reading, lying on the floor as the snow came down listening to old scratchy albums.

- I stood looking at this, puzzled, not sure what to make of it.

- Roasted, the tender shoots he gathers will make a tasty dish.

because : A 이유는 B

- I was late because my car broke down.

- Because I had already seen the movie twice, I didn't want to go again with my friends.

- Don't look down on them just because they are poor.

- The reason she is so irritable is because she is tired.

once : A의 조건이 되는 것은 B, 하자마자

- He doesn't like aborting an assignment once he has started.
- Once the area was secure, we would give them everything they need.
- Once the sun dipped, no matter how confident you felt or how safe the area seemed, the show was over until dawn the next morning.
- Once you complete this release's story steps, you will unlock access to especially challenging achievements meant to push you to your limits.

when : A 언제? B

- Be careful when you are crossing the street.
- Call me when you've finished.
- I loved mathematics when I was at school.

before : A가 전에, 이후에 일어나는 일은 B

- He walked another dozen steps before he stopped and looked back.
- He was unconscious before he hit the ground.
- I took a breath before blowing out the eleven candles on my birthday cake.
- It wasn't long before they began to regret it.

after : A가 후에, 이전에 있었던 일은 B

- I will update the list of what we need after the rest returns.
- Who can focus on the monumental burden of leadership after having to commit such an act.
- Call me after school before you get on the bus.

though / although / even though: A 모순되는 것은 B

- I laughed although I was bored.
- She'll probably say no, though it's worth asking.
- Although the sun was shining, it wasn't warm.
- Even though we played very well, we lost the game.

since : A가 진행되어 왔는데, 그 시작점은 B (파생 의미 : because)

- We've lived here since my little sister was born.
- He has been working in construction sites since he dropped out of college after only his first year.
- I'll do the dishes tonight since you cooked.
- Since you mention it, what exactly did she say to you.

until : A 그 끝에 일어나는 일은 B

- Save 40% until Oct 13th
- You stay until I get back.
- She climbed until she reached the highest branch of the tree.
- The enemy just waited and took their sweet time until we were too close to raise a weapon.
- You may not know he is there until his face is right up against yours.

unless : A 예외가 있다면 B

- You'll miss the bus unless you walk more quickly.
- I will close this meeting for the day unless you have further questions.
- She never loses her temper unless (she is) provoked.
- Sounds nice, but I don't feel relaxed unless I'm at home.

1-7 기타

1. 관사

부정관사라고 불리는 'a / an'의 기본 의미는 수많은 것 중에 아무거나 하나를 의미합니다. 반면에, **정관사 the**는 **특정한 바로 그것**을 의미하는데 이는, 그것이 전에 한 번 언급된 적이 있거나, 듣는 사람이 이미 알고 있어 말하는 사람이나 듣는 사람이 그것이 무엇인지를 인지하고 있을 때를 말합니다.

● 부정관사, 정관사

a / an

the

불특정 다수 중 아무거나 하나

특정한 것

부정관사, 정관사
어순 이해 Tip

1. 부정관사 : '한 ~' (an apple = 한 사과)

2. 정관사 : '그 ~' (the apple = 그 사과)

아래와 같이 정관사, 부정관사의 사전적 정의를 참고하면 정관사와 부정관사의 역할을 더 명확히 이해할 수 있습니다.

● 정관사, 부정관사 사전 정의

정관사 (<u>definite</u> article, 定冠詞) : the

▶ 형용사 - 확실한, 확고한, 분명한, 뚜렷한 [定 : 정하다 정]

부정관사 (<u>indefinite</u> article, <u>不定冠詞</u>) : a or an

▶ 형용사 - 분명히 규정되지 않은

1-7 기타

2. 분사의 정의와 역할

- 현재분사, 과거분사

1. 기본 의미

진행형   : be동사(was, is...) + 현재분사(v~ing)
   └→ 현재분사 : v~ing   진행형 의미(~하고 있는) 계승, 진행형 의미가 어색한 경우
                         그냥 능동 의미(~하는) 로 이해

수동태   : be동사 + 과거분사(v~pp)
   └→ 과거분사 : v~pp   수동태 의미(~된/~되어진) 계승

2. 용법

A. 명사 부가설명

   - 형태 : 명사 + v~ing / v~pp

   - 이해 : s + v 처럼 이해

B. 현재분사/과거분사 형용사

   - 형태 : v~ing / v~pp + 명사

   - 이해 : 형용사 처럼 이해

C. 보어

   - 형태 : 주격보어, 목적격 보어

   - 이해 : 현재분사는 능동 또는 진행의 의미로,
            과거분사는 수동태 의미로 이해

D. as 분사구문

   - 형태 : S + V + ... + v~ing / v~pp

   - 역할 : 종속절의 시제와 주절의 시제가 동일함을 표시

   - 이해 : 능동 / 수동태 의미 + 동시행위 (~하면서 / ~인 채로)

위 그림과 같이 현재분사의 근본은 진행형입니다. 진행형에서 be동사를 생략하면서 현재분사는 과거, 현재, 미래 등 시제에 상관없이 특정 시점에 행위가 진행되고 있음을 표현하게 되었습니다.

이를 통해 현재분사는 시제에 상관없이 **생동감 넘치는 동작의 표현**이나 **현장감을 강조하고** 싶을 때 사용할 수 있습니다. 반면, **과거분사의 근본은 위 그림과 같이 수동태**입니다. 근본이 수동태이기 때문에 과거분사는 수동태 의미를 갖습니다. 이러한 현재분사, 과거분사는 '명사 부가설명', 형용사, 보어, 분사구문 등으로 활용될 수 있는데, '명사 부가설명'(A), 분사구문(D)에서의 활용은 우리가 이미 자세히 배운 바와 같습니다.

(B) '**현재분사/과거분사 형용사**'는 **명사 앞에서** 현재분사나 과거분사의 형태로 명사를 꾸며 주는 **형용사입니다**. 우리가 기존에 알고 있는 형용사 역할을 하는 것이기 때문에 현재분사, 과거분사의 기본 의미 그대로 명사와 붙여서 어순대로 이해(현재분사 형용사는 '~하고 있는 or ~하는 + 명사' 로, 과거분사 형용사는 '수동태 의미 + 명사'로 이해)하면 됩니다.

- **현재분사/과거분사 형용사**
  - 형태 : v~ing / v~pp + 명사
  - 이해 : <u>~하고 있는 / 수동태 의미</u> + 명사

- a barking dog, a sleeping baby, a living being, The following day
- 이해 : 한 짖고 있는 개, 한 잠자고 있는 아기, 한 살아있는 존재, 다음날

- iced coffee, whipped cream, your beloved pet, America's Best Loved Candle, 100 percent Remotely Operated Vehicle, checking saved data
- 이해 : 냉 coffee(얼음 넣어진 coffee), 거품 낸 크림(not 'whipping cream'), 당신의 사랑 받는 애완동물, 미국의 가장 사랑 받는 양초, 100% 원격으로 조작되는 차량, 체크하고 있는 (뭘?) 저장된 data

|기타 - 분사의 정의와 역할|

- Scared little puppies screaming for their mommies to please come.
  - 이해 : 겁먹은 작은 강아지들 울부짖고 있는 목표는 그들의 어미들 앞으로 제발 오
    라고
  - 해설 : 과거분사 Scared는 명사 puppies 앞에서 명사를 꾸며 주는 과거분사 형용사
    입니다. 현재분사 screaming은 명사 puppies 뒤에 위치해 앞의 명사가 구체
    적으로 무엇인지 보충 설명해 주는 명사 부가설명('n + ~ing' 형태 명사 부가
    설명)입니다.
- I carried the injured boy to the waiting ambulance.
  - 이해 : 나 옮겼다 (뭘?) 그 부상당한 소년 → 그 기다리고 있는 구급차
  - 해설 : injured는 수동태 의미의 과거분사 형용사, waiting은 진행 의미의 현재분사
    형용사입니다.
- A depleted fund and shrinking appropriations from Congress have delayed free
  school meals at some regions.
  - 이해 : 고갈된 기금과 줄어들고 있는 책정액 출발점은 의회 지연시켰다 (뭘?) 무상급
    식 접점은 몇몇 지방들
  - 해설 : depleted는 수동태 의미의 과거분사 형용사, shrinking은 진행 의미의 현재
    분사 형용사입니다.

현재분사 형용사를 어순대로 이해했을 때 어색하거나 이치에 맞지 않는 경우가 있습니다.
이런 경우에는 현재분사 형용사가 아니라, **목적이나 용도를 나타내는 동명사 용법**입니다.

- a working vessel (일하고 있는 배(X), 조업용 배(O) = a vessel for working (한 배 목
  표는 작업)
- drying houses (마르고 있는 집(X), 건조용 집(O) = houses for drying)
- reading glasses (읽고 있는 안경(X), 독서용(돋보기) 안경(O) = glasses for reading)

(C) 분사의 보어 역할과 관련해 현재분사가 보어로 사용되면 능동의 의미가 있습니다.

- I am boring.
  - 이해 : 나 = 따분하게 하는

177

- 해설 : 주격보어 자리에 현재분사 boring을 사용하면 주어가 따분하고 재미없는 사람이라는 것입니다. bore가 타동사로 '따분하게 만들다' 라는 능동의 의미가 있기 때문에, 현재분사 boring이 주격보어로 사용되면 주어가 다른 사람을 따분하게 만드는 따분한 사람이라는 의미가 됩니다. 주어가 외부에 의해 따분하고 지루하다면 따분함을 당해야 하기 때문에, 주격보어 자리에 수동태 의미인 과거분사(I am bored)를 사용해야 합니다.

현재분사와 비교하여 과거분사가 보어로 쓰이면 수동태 의미를 가집니다.
- I am annoyed.
  - 이해 : 나 = 성가심을 당한
  - 해설 : 주격보어 자리에 과거분사 annoyed를 사용하면 주어가 외부에 의해 짜증이 난다는 것입니다. annoy가 타동사로 '짜증나게 하다/귀찮게 하다' 라는 능동의 의미가 있기 때문에, 과거분사가 되면 역(逆)으로 짜증남을 당하는 수동의 의미가 됩니다. 주어가 짜증을 유발하는 사람이라고 표현하려면 능동의 의미가 되어야 하기 때문에 현재분사(You are very annoying)를 사용하면 됩니다.

1-7 기타

3. 현재완료 용법

현재완료를 어순대로 이해하면 '(현재) 가지고 있다 (이전에) 완료된 행위나 상태의 결과'입니다. 과거분사(pp)는 우리가 이미 알고 있는 바와 같이

첫째, 수동태 의미가 있거나,

둘째, 행위나 상태가 이미 완료되었음을 의미합니다.

- **현재완료-1**
  - 형태 : has / have + pp
  - 원론적 이해 : (현재) 가지고 있다 (이전에) 완료된 결과

현재완료의 과거분사(pp)는 후자의 의미입니다. 현재완료 어순상 의미가 '현재, 과거에 완료된 결과를 가지고 있는' 것이기 때문에, 현재완료가 과거에 완료된 결과의 지속 표현을 갖게 된 것입니다. 이와 같은 이유로 우리는 왜 현재완료가 소위 말하는 결과, 계속, 경험 등의 용법으로 사용될 수 있는지 이해할 수 있습니다.

- I have lost my purse.
  - 원론적 이해 : 나 가지고 있다 이전에 잃어버린 결과 (뭘?) 내 지갑
  - 이해 : 나 잊어버렸다 내 지갑
  - 해설 : 위 문장에 사용된 과거분사 lost는 과거에 이미 완료된 행위의 결과를 나타냅니다. 따라서, have lost는 과거에 지갑을 잃어버려서, 그 결과 현재도 그 지갑이 없다는 의미를 내포(결과 용법)하고 있습니다. 반면, 과거형을 사용해 I lost my purse라고 하면 지갑의 현재 존재 유무는 논외의 문제고, 과거에 지갑을 잃어버렸다는 사실 자체에만 초점을 두는 것입니다.

- I have studied English for ten years.
  - 이해 : 나 계속 공부해오고 있다 (뭘?) 영어 목표는 10년
  - 해설 : 현재완료 계속 용법은 주로 기간을 나타내는 전치사 for나 현재완료가 진행되어 온 시작점을 알려 주는 since 등과 함께 사용(계속 용법)합니다.

- I have been to China.
  - 원론적 이해 : 나 가지고 있다 이전에 존재했던 상태의 결과 → 중국
  - 이해 : 나 가본적이 있다 → 중국
  - 해설 : been은 과거에 존재했던 상태를 의미(경험 용법)합니다.

> - 현재완료-2
>   - 일반 용법 : 결과, 계속, 경험
>   - 특수 용법 : 막 발생한 사건, 사고, 이벤트를 언급할 때 사용
>   * The present perfect can be used for new or recent happenings.

현재완료는 일반 용법 외에 사건이나 사고, 이벤트 등이 방금 발생한 것이라는 것을 강조하기 위해 사용될 수 있습니다. 명칭 때문에 현재형을 사용하지 않을까 하고 착각할 수 있지만, 현재형은 일반적 사실이나 불변의 진리, 반복적 행위나 습관을 표현할 때 사용하는 것이 므로 오히려 실제 언어 생활(대화나 글)에서 사용 빈도는 현저히 낮습니다. 그럼, 현재완료 특수 용법 예문을 살펴보도록 하겠습니다.

- I have heard some very bad news.
  - 이해 : 나 들었다 몇몇 매우 안 좋은 소식들
  - 해설 : 과거형처럼 이해되지만 오래전 과거의 사실을 언급하는 것이 아니라 조금 전 막 들었다는 것입니다.
- War has already begun.
  - 이해 : 전쟁 이미 시작되었다
  - 해설 : 최신 뉴스를 전하는 현재완료 특수 용법은 already(이미), just(막, 방금)와 같은 부사와 함께 자주 사용됩니다.
- What has happened?
  - 이해 : 무슨 일이야?
  - 해설 : What's happened? 의 full sentence는 수동태 What is happened? 가 아니라 능동태 What has happened? 입니다. What이 주어이고 happen이 자

동사이기 때문에 What is happened라는 수동태 표현을 사용할 수 없습니다.(자동사는 스스로 존재하는 것이고, 동사의 행위가 영향을 미치는 대상 즉, 목적어가 없기 때문에 반대로 영향을 받는 수동태가 되지 못합니다.)

• What is happening?
  - 이해 : 무슨 일이 벌어지고 있는 거야?
  - 해설 : What has happened? 가 막 종료된 사건에 대해 물어보는 것이라면, What is happening? 은 지금 눈앞에 벌어지고 있는 일에 대해 물어보는 것입니다.(축약형: What's happening?)

• What happened?
  - 이해 : 무슨 일이 있었던 거야?
  - 해설 : 과거에 발생한 사실에 대해 물어보는 것입니다.

위 예문들과 같이 현재 일어나고 있는 일이나 방금 발생한 사건, 사고 등을 표현할 때는 현재진행형이나 현재완료형을 사용합니다. 단, have got은 소유를 의미하는 일반동사 have와 의미가 같습니다. I have got two sisters와 I have two sisters는 의미상으로 차이가 없습니다. 원어민은 일상생활에서 have got을 자주 사용하기 때문에 'have got = have' 라고 생각하면 편합니다.(have가 eat의 의미일 때는 have got으로 대체할 수 없습니다.)

1-7 기타
4. to부정사 예외 용법

감정 형용사 다음에 나오는 to부정사는 to부정사의 기본 의미인 '미래 의미'로 이해하면 안됩니다. 이때는 감정이 표출된 원인을 나타내는 것이기 때문에 예외적으로 '감정 형용사 이유는 ~' 라고 이해해야 의미 전달이 자연스럽습니다.

- **to부정사 예외 용법**
  - **형태 : 감정 형용사 + to부정사**
  - **이해 : '감정 형용사 이유는 ~'**

- I am glad to see you.
  - 이해 1 : 나 = 기쁜 이유는 봐서 너 (O)
  - 이해 2 : 나 = 기쁜 앞으로 보다 너 (X)

- I am sorry to be late. I am sorry to hear that.
  - 이해 : 나 = 미안한 이유는 늦어서. 나 = 유감스러운 이유는 들어서 (뭘?) 그것
  - 해설 : 감정 형용사 다음에 나온 to부정사이기 때문에 '앞으로 늦을 거라서', '앞으로 들을 거라서' 미안하거나 유감스러운 것이 아니고, 주어가 느낀 감정에 대한 이유를 to부정사를 통해 나타낸 것입니다.

- She was embarrassed to be blamed.
  - 이해 : 그녀 당황했다 이유는 비난 받아서
  - 해설 : 감정 형용사 다음에 나온 to부정사이기 때문에 '앞으로 비난 받을 거라' 당황스러운 것이 아니고, 당황스러운 이유가 비난을 받아서라는 것입니다.

- The Navy guy and I told each other we were glad to have met each other.
  - 이해 : 그 해병과 나 말했다 서로에게 (뭘?) <u>우리 = 기쁜 이유는 (이전에) 만나서 서로</u>
  - 해설 : 위 예문은 4형식 문장입니다. 두 사람이 말을 주고받는 시점보다 만난 시점이 이전의 일이기 때문에 to부정사의 이전 시제 형태(to have pp)를 사용했습니다.

1-7 기타

5. 미래 표현들

'be going to + 동사원형'은 과거에 이미 인지되거나 결정된 사안에 대해 앞으로 어떻게 할 거라는 예정된 미래를 표현할 때 사용합니다. 예를 들면, 여름휴가를 몇 달 전에 예약하고 지인들에게 여름휴가에 대해 말하는 경우입니다. 그에 반해 will의 기본 의미는 우리가 이미 배운 바와 같이 '미래, 강한 의지'로써, 화자의 강한 의지나 과거에 미리 정해지지 않은 일에 대해 현재 상황 인식 후 앞으로 어떻게 하겠다는 의지를 표현할 때 사용합니다.

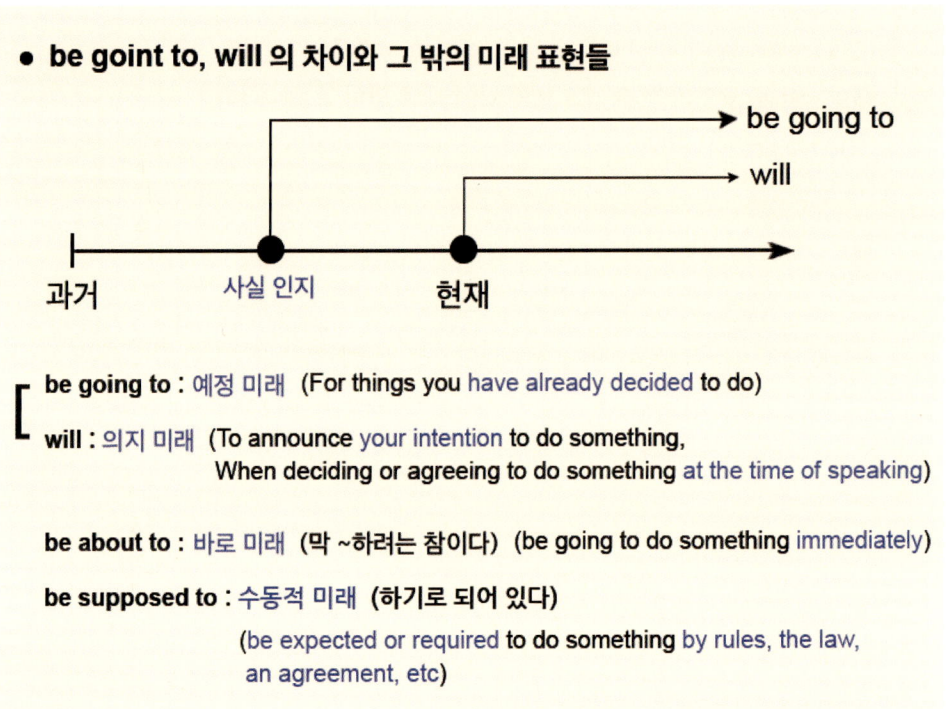

● **be goint to, will 의 차이와 그 밖의 미래 표현들**

be going to : 예정 미래 (For things you have already decided to do)

will : 의지 미래 (To announce your intention to do something,
When deciding or agreeing to do something at the time of speaking)

be about to : 바로 미래 (막 ~하려는 참이다) (be going to do something immediately)

be supposed to : 수동적 미래 (하기로 되어 있다)
(be expected or required to do something by rules, the law,
an agreement, etc)

아래 예문들을 통해 be going to와 will의 차이를 느껴 보시기 바랍니다.

- I am going to get married next month.
  - 해설 : 결혼 날짜는 이미 정해졌고, 당사자가 결혼을 준비하고 있는 와중에 상대방에게 알려 주고 있습니다.
- I am going to cough.
  - 해설 : 주어가 이미 기침하려는 상황을 인지하고 있고, 이를 상대방에게 미리 알려 주려고 합니다.

- I am going to be a father.
  - 해설 : 아내에게서 임신 소식을 미리 통보 받았고, 그 사실을 지인들에게 알려 주고 있습니다.
- I will be a good father.
  - 해설 : 앞으로 좋은 아빠가 되겠다는 지금 당장의 결심과 의지를 밝히고 있습니다.
- We are going to be late.
  - 해설 : 자신이 늦을 거란 사실을 이미 인지하고 있습니다.
- A : "Will you call me tomorrow?"

  B : "Yes, I will call you when I get home from work."
  - 해설 : 현재 상황 파악 후 앞으로의 일에 대해 말하고 있습니다.
- A : "Be careful"
- B : "I will"
  - 해설 : 현재 인식된 상황에 대해 자신의 의지를 밝히고 있습니다.

미래 표현들 중에는 'be about to + 동사원형', 'be supposed to + 동사원형'과 같은 것들도 있습니다. 이 둘의 용법은 위 그림에 나와 있는 영어 설명을 어순대로 이해해 보고, 아래 예문들을 통해 그 의미와 차이를 직접 느껴 보시기 바랍니다.

- I am about to leave.
- I was just about to ask you the same thing.
- I thought we were supposed to be paid today.
- You were supposed to be here an hour ago.
- You aren't supposed to see this. ('be not supposed to + 동사원형' 은 '~해서는 안 된다' 는 금지의 의미가 있습니다.)

좋지 않은 상황에서 We are going to be okay라고 말한다면, 마치 이미 예정되어 있는 일처럼 정해진 수순대로 앞으로의 상황이 좋아질 거라는 뉘앙스가 있기 때문에, 주어의 강한 의지를 표현하는 will을 사용하는 것보다 억지스럽지 않아서 상대방을 안심시키는 데더 적합한 표현이 될 수 있습니다.

|기타 - 미래 표현들|

다음과 같은 상황에서는 어떤 미래 표현을 사용하는 것이 적당할지 스스로 생각해 보세요!

- 수업 시간에 선생님이 심부름을 시키자, 공부하기 싫어하는 한 학생이 자기가 간다고 자원할 때
- 전쟁 중에 큰 부상을 입은 병사가 자신의 상황을 인식하고, 전우에게 자기는 죽게 될 거라고 말할 때
- 의사로부터 임신 소식을 접하고, 지인에게 아기를 갖게 될 거라는 사실을 전할 때
- 남편은 아이를 원치 않는데, 본인은 아이를 갖고 싶다는 의지를 피력할 때

be going to에서 한 가지 유의할 점은 be going to 다음에 동사원형이 아니라 명사(주로 장소)가 나오는 경우, 예정된 미래의 의미가 아니라 단순히 '가다' 라는 go의 의미 그대로라는 것입니다.

- He was going to a private school.
  - 이해 : 그 다니고 있었다 → 한 사립 학교
  - 해설 : to 다음에 명사(a private school) 즉, 전치사의 목적어가 나왔기 때문에 위 문장에서 was going은 과거진행형입니다.
- I am going to work.
  - 이해 : 나 가고 있다 → 직장
  - 해설 : 위 문장에서 work는 '직장'이라는 의미의 명사입니다. 따라서, 위 문장에서 be going to는 예정된 미래가 아니라 현재진행형으로 사용되었습니다.
- I am going to work hard.
  - 이해 : 나 (예정 미래) 일하다 열심히
  - 해설 : 위 문장에서 work는 동사입니다. 이전 예문과 혼동할 수 있지만 work 뒤에 부사 hard가 나오는 것으로 봐서 이 예문의 work는 동사로 봐야 합니다.
- We are going to go to the movies.
  - 이해 : 우리 (예정 미래) 가다 → 영화관
  - 해설 : be going to 뒤에 동사원형 go가 나왔으므로, 이 예문에서 be going to는 예정된 미래를 나타내는 미래적 표현입니다.

185

1-7 기타

6. 능력, 가능 표현들

can은 조동사 챕터에서 배운 바와 같이 주어의 의지가 반영된 능력을 표현할 때 사용합니다. 반면, be able to는 주어의 의지 개입 여부보다는 여건이나 환경/상황이 허락되는 상태하에서의 '할 수 있음'을 표현할 때 사용합니다. can과 be able to의 의미상 차이는 주어의 의지 개입 여부와 특정 조건에서의 사용 때문에 앞에서 배운 will과 be going to의 차이와 묘하게 비교됩니다.

● **can, be able to 의 차이**

[
can : 의지 능력

be able to : 여건이나 상황이 허락되는 상태하에서 '할 수 있음'

능력 표현을 '미래형 / 완료형 / to부정사'와 함께 사용할 때는 'will can / have been can / can to부정사' 라고 할 수 없기 때문에 'will be able to / have been able to / be able to do'와 같이 be able to를 사용해야 하고, 수동태로 쓸 때는 'be able to + be + pp' 라고 할 수 없기 때문에 'can be + pp' 와 같이 can을 사용해야 합니다.

예문을 통해 can과 be able to의 용법을 살펴보도록 하겠습니다.

- He can do it, she can do it, why not me?
  - 해설 : 주어의 의지가 반영된 능력 표현입니다.
- When she started walking again, I was able to follow her.
  - 해설 : 여건이 조성되었을 때 미행할 수 있었기 때문에 be able to를 사용했습니다.
- I am sure you will be able to achieve it.
  - 해설 : 조동사 will은 be able to와 함께 사용해야 합니다.
- Are you going to be able to complete this job by today?
  - 해설 : 미래를 표현하는 be going to도 be able to와 함께 사용합니다.

|기타 - 능력, 가능 표현들 / There is / are ~|

- She would love to be able to play the piano.
  - 해설 : to부정사와 함께 구성할 때는 be able to를 사용해야 합니다.
- This DVD can't be played in your region.
  - 해설 : 수동태를 쓸 때는 can과 함께 사용합니다.

다음과 같은 상황에서는 어떤 능력 표현을 사용하는 것이 적당할지 스스로 생각해 보세요!
- 유격장에서 장애물 훈련을 할 수 있겠냐는 조교의 물음에 응답할 때
- 도개교(跳開橋)가 올려져 있다가 내려와서 이제 차로 건너갈 수 있다고 할 때
- 가난해서 대학에 합격하고도 갈 수 없는 상황이었는데, 누군가의 후원을 받아 갈 수 있게 되었을 때

1-7 기타

7. There is / are ~

'There is / are + S'는 어순대로 '존재하는 것은 주어'라고 이해하면 됩니다. 'There is / are + S'는 무(無) 즉, 존재하지 않음을 의미하는 no와 대조됩니다.

- **There is / are + S**
  - 이해 : '존재하는 것은 주어'

- There is a huge generation gap.
  - 이해 : 존재하는 것은 엄청난 세대 차이
- There are no easy answers.
  - 이해 : 존재하는 것은 無 쉬운 해답들

187

1-7 기타

8. 빈도부사

always, usually, often, sometimes, seldom, never 같은 빈도부사는 문장에서의 위치가 대체로 고정되어 있습니다. 일반적으로 **조동사나 be동사 뒤에, 혹은 일반동사 앞에 위치합니다.**

- **빈도부사 위치**

    조동사 / be동사 + 빈도부사 + 일반동사

- He is always kind to everyone.
- She usually goes to church on Sundays.
- I will never do that again.
- I would often take a walk after lunch.
- We seldom find him at home.

빈도부사가 현재완료, 과거완료와 함께 사용될 때는 have/had와 과거분사 사이에 위치합니다.

- You have always hated her.
- He had sometimes given her rides home.
- She would have probably left it there for me.

1-8 기본 편을 마치며

영어에 어순이 있다는 것은, 그 어순대로 이해해야 한다는 너무나도 명백하고 당연한 사실을 내포합니다. 영어를 어순대로 이해하지 않으면 왜 원어민들이 그 어순으로 영어를 사용하는지 이해할 수 없습니다. 이해하지 못한다는 것은 외우지 않고는 영어를 활용할 수 없다는 말과 다를 바 없습니다. 하지만, 모든 걸 외워서 해결할 수는 없는 노릇입니다. 그럴수록 영어는 지겹고 힘든 싸움이자 단지, 시험 점수를 위한 학문이 될 것입니다.

영어는 주어가 무언가를 하기로 마음먹고 주어로부터 일이 진행되는 심리적·물리적 순서대로 확장되는 언어기 때문에, 그런 일련의 과정을 머릿속에서 장면으로 연상하고, 그 순서대로 단어를 배열하면 문장이 완성됩니다.

S + (조동사) + V + O

주어 → 주어의 마음 상태(조동사) → 주어의 행위(동사) → 주어의 행위가 영향을 미치는 대상(목적어)

I	+	will	+	kick	+	a ball
주어		조동사		일반동사		목적어

주어로부터 멀어진다

위 그림처럼 주어로부터 단어들이 확장되어 나아가는 것이 영어 어순의 원리이자 영어 어순에 따른 이해의 핵심입니다.

물론, 주어의 상태나 역할을 표현하기 위해서는 먼저, 주어가 존재함을 be동사를 통해 나타내 주고 주격보어로 주어의 상태나 역할을 알려 줍니다.(S = SC)

S + be동사 + SC
= 주어가 존재하는데, 상태나 역할이 SC

영어 기본 구조 이후의 문장 전개는 우리가 이미 기본 편 전반에 걸쳐 배운 바와 같습니다. 그 큰 흐름을 아래와 같이 정리해 보았습니다.

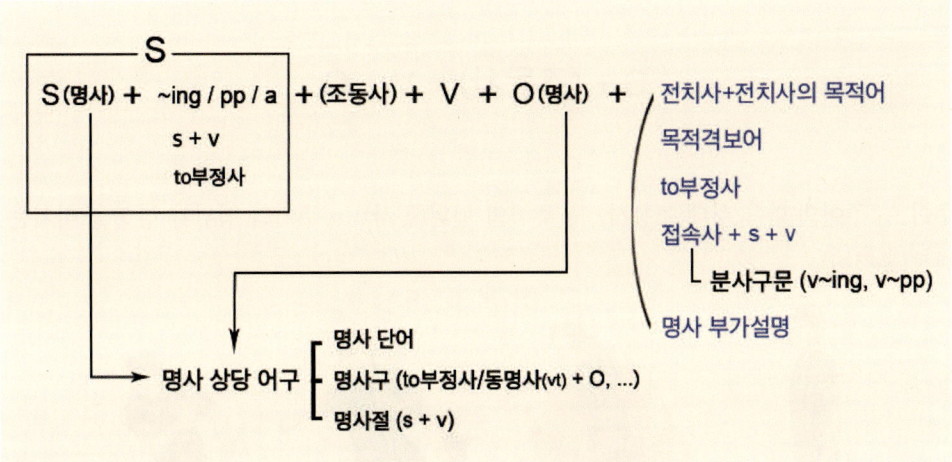

첫째, 전치사

전치사 뒤에는 전치사의 목적어가 나옵니다. 전치사의 목적어도 명사이기 때문에 전치사의 목적어로 명사 단어뿐만 아니라 명사구, 명사절 같은 명사 상당 어구가 올 수 있다는 것을 배웠습니다.

전치사와 관련해, 동사와 전치사의 조합은 동사의 물리적 힘의 방향과 전치사의 기본 의미를 조화시켜 주어의 행위와 동작을 강조하고 또 표현을 풍부하게 하는 것과 관련이 있습니다.

이는 동사 push의 의미와 물리적 힘의 방향이 전치사 to나 into의 기본 의미와 맞물려 행위의 연속성 측면에서 서로 보완 관계가 있다는 것을 말합니다.(push의 물리적 힘의 방향과 전치사 to의 이미지 조합 : push → to →)

- He pushed the box to the end of the room.
  - 이해 : 그 밀었다 (뭘?) 그 박스 → 그 끝 (그 끝과) 관련 있는 것은 그 방
  - 해설 : (push →) + (to →)
- The teacher took the book from her.
  - 이해 : 그 선생님 취했다 (뭘?) 그 책 출발점은 그녀
  - 해설 : (took ←) + (from ←)

둘째, 목적격보어

$$S + (조동사) + V + \underline{O + OC}$$ [목적어의 상태 / 목적어의 행위

본동사로부터 영향을 받아 목적어의 상태나 행위를 표현하는 목적격보어를 통해 영어의 기본 어순이 확장되는 경우를 우리는 이미 살펴본 바 있습니다.

셋째, to부정사

기본 문장을 완성하고 미래의 행위나 상태를 표현하고 싶으면 to부정사를 붙이면 됩니다. 단, 'to부정사 형태의 명사 부가설명'과는 구분이 필요합니다. 왜냐하면, 'to부정사 형태의 명사 부가설명'은 앞에 나온 명사에 종속되어 명사를 꾸며 주는 역할을 하지만(이 경우 앞에 나온 명사는 to부정사의 목적어입니다.), 일반적인 to부정사는 앞부분에 종속되지 않고 미래 의미를 자유롭게 표현할 수 있기 때문입니다. 또한, to부정사가 본동사는 아니지만 그 근본 즉, 동사원형이 타동사라면 자기 자신의 목적어를 취해야만 했습니다.(이는 동명사, 현재분사에서도 마찬가지였습니다.)

넷째, 접속사

문장과 문장을 연결하는 접속사는 우선 주(主)가 되는 기본 문장 완성 후 원인과 결과, 시간의 전후, 전제 조건 등 주절과 유의미한 관계가 있는 종속절을 연결시키는 방법으로 문장을 확장시켰습니다. 우리는 이미 접속사의 기본 의미와 어순에 따른 이해 방법을 알고 있기 때문에 접속사가 포함된 문장을 빠르게 이해하고, 접속사를 통해 어순대로 문장을 확장시킬 수 있습니다.

• I hit the man.

위 문장은 온전한 문장이기는 하지만, 의사 전달이 명확해야 하는 언어의 의사소통 기능에는 충실하지 못한 문장입니다. 왜냐하면, 위 문장만으로는 상대방이 화자(話者)의 생각이나 말하려는 의도를 충분히 이해할 수 없기 때문입니다. 따라서, 위 문장은 아래와 같이 주절과 유의미한 관계가 있는 접속사를 연결해, 한 문장으로 명확한 의미를 상대방에게 전달해 줄 수 있습니다.

• I hit the man because he had talked behind my back all the time.

다섯째, 명사 부가설명

우리가 이미 배운 바와 같이, 모든 명사 뒤에는 명사 부가설명이 붙을 수 있습니다. 명사가 위치할 수 있는 문장의 주성분인 주어, 목적어, 보어뿐만 아니라 전치사의 목적어든, 꼬리에 꼬리를 무는 타동사의 목적어든 명사가 올 수 있는 자리에는 필요에 따라 앞에 나온 명사를 보충 설명해 주는 '명사 부가설명'이 나올 수 있었습니다.

$$\underline{S}_{n} + V + \underline{O}_{n} + \underline{OC}_{n} + 전치사 + \underline{전치사의\ 목적어}_{n} + \underset{vt\ 경우}{to부정사} + \underline{o}_{n}$$

모든 명사에는 명사 부가설명이 붙을 수 있다.

이밖에 우리는 주어, 목적어, 보어 자리 등에 올 수 있는 명사의 다양한 형태인 명사 상당 어구(명사 단어, 명사구, 명사절), 꼬리에 꼬리를 무는 타동사의 목적어 등 다양한 형태로 문장이 확장되어 나아가는 것을 배웠습니다.

이로써 기본 편을 끝마쳤습니다. 그동안 기본 편을 공부하느라 수고하셨습니다. 하지만, 아직 끝이 아닙니다. 기본 편을 완전히 자기 것으로 만든 후에 심화 편을 공부하시기 바랍니다.

STANDARD
of
ENGLISH

심화 편

2 심화편
2-1 조동사

조동사는 화자(話者)가 생각하는 주어의 마음 상태입니다. 의지(意志)나 부담(負擔) 같은 마음 상태는 심리적으로 주어와 가장 가깝기 때문에 주어 바로 다음에 위치한다고 배웠습니다.

이런 조동사는 주어의 '마음 상태'가 내면에서 기인하는 의지(意志)로부터 영향을 받는지, 아니면 외부 환경이나 타인으로부터 영향을 받는지에 따라 아래와 같이 두 갈래로 구분할 수 있습니다.

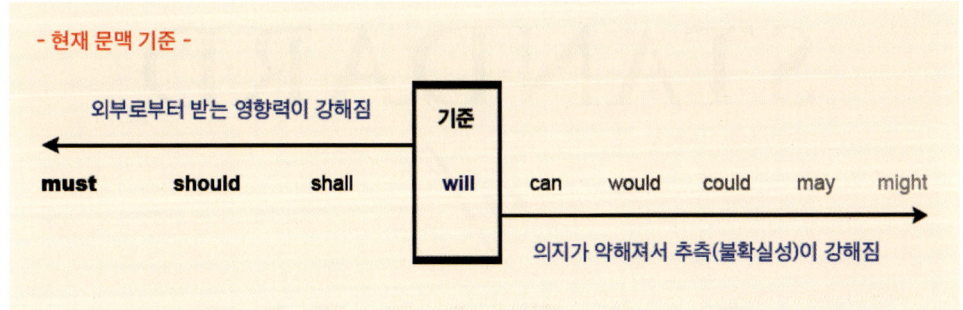

위 그림은 조동사의 핵심을 담고 있는 그림입니다. 기본 편에서 우리는 현재 문맥 즉, 현재 상황에 대해 언급(말 또는 글)할 때, **주어의 의지가 가장 강한 will을 기준으로 오른쪽으로 갈 수록 주어의 의지(意志)가 약해져 불확실성이 증가**한다고 배웠습니다. 그런 이유로, 현재 문맥에서 would의 기본 의미는 '추측(推測)'이 되었습니다. 이는 이전의 자기 의지 충만했던 will이 시간이 흘러 현재로 오면서 의지가 퇴색되고 약화되는 것에 비유될 수 있습니다.

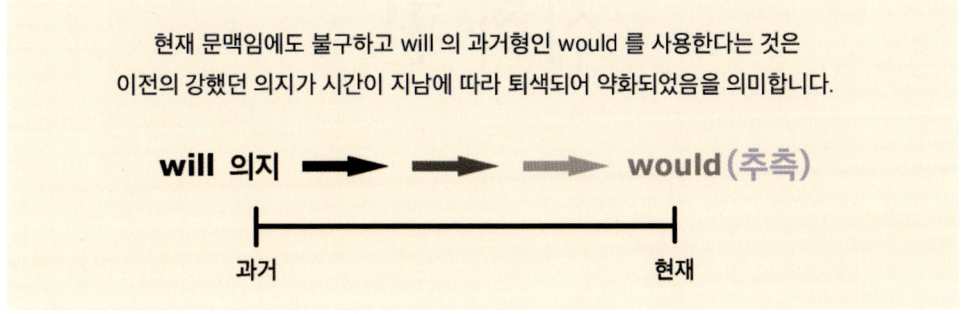

현재 문맥에 사용되는 could, might도 마찬가지입니다. can, may의 과거형인 could, might를 현재 문맥에 사용하면, 이들의 기본 의미인 능력(can), 추측(may)에 will로부터 멀어짐에 따른 의지의 약화로 추측의 의미가 부가되게 됩니다. 현재 문맥에서 추측을 표현할 때, would, could, may, might 중 어떤 걸 사용하느냐는 의지의 약화 정도 즉, 추측의 강도에 따를 뿐입니다.

원어민이 어떤 행위를 하고 싶다고 할 때, I'd like to 혹은 I'd love to를 사용하는 이유도 마찬가지입니다. 여기서 "d'는 would의 축약형입니다. like to, love to에 자기 의지가 약화된 would를 가미함으로써 좀 더 부드럽고 정중한 표현이 되는 것입니다. 반면, want의 경우에는 자기 욕구에 충실해 직설적으로 뭔가를 원한다는 표현이 되기 때문에, 상대방에 따라 다소 무례하고 경박하게 들릴 수 있습니다.

이에 반해, will을 기준으로 왼쪽으로 갈수록 주어가 외부로부터 받는 압박이나 부담이 가중됩니다. 그렇게 되면 주어는 심리적으로 필요, 책임, 의무 같은 마음 상태에 놓이게 됩니다.

현재 상황에 대해 언급하는 현재 문맥에서의 의지 조동사를 정리하면 아래 표와 같습니다.

현재 문맥 기준	
조동사	해 설
will (의지 미래)	의지(意志)가 가장 강할 때를 의미합니다.
can (의지 능력)	can의 '할 수 있다'는 의미는 자기 의지의 표현일 뿐 아직 실현된 것은 아니므로, can도 추측의 범주에 속하는 것입니다.
would (현재 추측)	will의 오른편이므로 추측(推測)을 의미합니다. 현재 문맥에서 가장 일반적이고 대표적으로 사용되는 '추측' 표현입니다.
could (현재 능력 추측)	can의 오른편이므로 가능/능력에 대한 추측을 의미합니다. '할 수 있을 것이다/할 수 있을 텐데' 정도의 뉘앙스가 있습니다.
may (약한 의지)	단어 의미 자체가 추측입니다. '일지도 모른다' 정도의 뉘앙스가 있습니다. 혹은 자신의 의지가 약해지는 대신, 상대적으로 상대방의 의지가 강해진다는 측면에서 '허락/허가/승인'을 표현할 때 사용하기도 합니다.
might (현재 강한 추측)	may의 오른편이므로 may보다 더 강한 추측으로, 현재 문맥에서 불확실성이 가장 강할 때를 의미합니다.

197

자! 이제 예문을 통해 현재 문맥에서의 의지 조동사에 대해 알아보도록 하겠습니다.

- You, can't or won't?
  - 이해 : 너, 할 수 없는거냐? 하지 않으려는 것이냐?
  - 해설 : 화자가 상대방에게 능력이 안되서 못하는 건지, 하려는 의지가 없어서 안하는 건지 물어보는 것입니다.

- A : You killed my father.

  A' : I will never forgive you.
  - 이해 A : 너 살해했다 내 아버지
  - 이해 A' : 나 절대 용서하지 않을 것이다 (뭘?) 너
  - 해설 : will은 화자인 주어(I)의 강한 의지를 표현하는 '의지 미래' 조동사입니다. 조동사는 본동사와 묶어서 이해하는 것이 편합니다.

- 1. I won't be with you.

  2. I can't be with you.
  - 해설 : won't는 will not의 축약형입니다. will이 can보다 의지가 강하기 때문에, 예문1이 예문2보다 의미가 더 강합니다.

- A : "I don't know exactly what you are describing."

  B : "Here is what it would look like."
  - 이해 A : 나 모르겠다 정확히 (뭘?) 그것 (뭐냐면) 네가 묘사하고 있는
  - 이해 B : 여기 = 그거 (뭐냐면) 그것 (추측) 보이다 =
  - 해설 : A 문장을 보면 이 글이 현재 상황에 대해 언급하는 현재 문맥의 대화임을 알 수 있습니다. 따라서, B 문장의 would는 '현재 추측'을 의미하는 조동사 would입니다. 상대방이 뭘 묘사하는지 모르겠다고 하자, 상대방이 짐작할 수 있도록 이것처럼 보일 거라고 예(例)를 제시하는 상황입니다.

- ~ 현재 문맥 ~ The first person she'd fire would be the guy named geek.
  - 이해 1 : 첫 번째 사람 (누구냐면) 그녀 (추측) 해고하다 (추측) = 그 남자 불리 우는 괴짜라고
  - 이해 2 : 첫 번째 사람 (누구냐면) 그녀 해고할거 같은 추측건대 = 그 남자 불리 우는 괴짜라고
  - 해설 : 현재 문맥임을 가정할 때, 예문에 나오는 would는 모두 '현재 추측'을 의미하는 조동사 would입니다. 위 문장의 주어부는 The first person she would

fire로 'n+(s+vt)' 형태의 명사 부가설명이 사용되었습니다. (진주어는 The first person입니다. The first person = the guy.) the guy는 주격보어로, 'n+pp' 형태의 명사 부가설명으로 보충 설명(the guy + named)되고 있습니다. geek 는 named의 보어입니다.

The first person she would fire would be the guy named geek.

S (n)	조동사	VI	SC (n)
명사 부가설명 (n + (s + vt) 형태)			명사 부가설명 (n + pp 형태)

• ~ 현재 문맥 ~ You could say that without these algorithms our modern civilization wouldn't exist.

- 이해 1 : 너 (능력 추측) 말하다 (뭘?) 함께하지 않는 것은 이 알고리즘들, 우리의 현대 문명 (추측) 존재하지 않는다

- 이해 2 : 너 말할 수 있을 것이다 (뭘?) 함께하지 않는 것은 이 알고리즘들, 우리의 현대 문명 존재하지 않을지도 모른다

- 해설 : 현재 문맥임을 가정할 때, 예문에 나오는 could, would는 모두 '현재 추측'을 의미하는 조동사들입니다.

• ~ 현재 문맥 ~ Who could blame her?, and who could stone her?

- 이해 1 : 누가 (능력 추측) 비난하다 그녀?, 그리고 누가 (능력 추측) 돌 던지다 (뭘?) 그녀?

- 이해 2 : 누가 비난할 수 있을까 (뭘?) 그녀, 그리고 누가 돌 던질 수 있을까 (뭘?) 그녀

- 해설 : 위 예문은 현재 상황에 대해 언급하고 있기 때문에, 예문의 could는 '현재 능력 추측'을 의미하는 조동사 could입니다.

• The situation is bad, but it could be much worse.

- 이해 1 : 상황 = 안 좋은, 그러나 그것 (능력 추측) = 훨씬 나쁜 더

- 이해 2 : 상황 = 안 좋은, 그러나 그것 될 수 있을지도 모른다 훨씬 나쁜 더

- 해설 : 첫 번째 문장이 현재형을 사용해 사실 자체에 초점을 맞추고 있다면, 두 번째 문장은 could를 사용해 현재 상황에 대해 추측하고 있는 것입니다.

- 1. It may rain.

2. It might rain.

- 해설 : might는 현재 문맥에서 가장 강한 추측이기 때문에, It may rain이라고 하면 It might rain이라고 할 때보다 비가 올 가능성이 높다고 생각하는 것입니다.

- He might be smart, but he is also a little careless.

- 이해 1 : 그 (강한 추측) = 똑똑한, 그러나 그 = 또한 다소 부주의한

- 이해 2 : 그 일지도 모른다 = 똑똑한, 그러나 그 = 또한 다소 부주의한

- 해설 : 첫 번째 문장은 현재 문맥에서 가장 강한 추측을 표현하는 문장이고, 두 번째 문장은 현재형을 사용해 사실 자체에 초점을 맞추는 표현입니다.

우리가 지금까지 알아본 현재 문맥에서의 would는 '추측'을 의미하지만, 과거시제에서의 would는 '추측'의 의미가 아닙니다. **과거 시제에서의 would는 시제를 일치시킨 will의 과거형이기 때문에 과거에 의지가 가장 강할 때를 의미합니다.** 그렇다면 과거 시제에서 추측의 마음 상태를 표현하고 싶다면 어떻게 해야 할까요? 과거 시제에서의 추측은 would have pp를 사용하면 됩니다.('접속사 기타' 챕터의 '이전 시제 형태'를 참고하기 바랍니다.) 이런 이전 시제 추측 표현 형태(조동사 과거형 + have + pp)는 다른 의지 조동사에서도 마찬가지입니다.

- 과거 시제 기준 -

| 기준 would | could | would have pp | could have pp | might | might have pp |

의지가 약해져서 추측(불확실성)이 강해짐

과거 시제에서의 의지 조동사를 정리하면 아래 표와 같습니다.

과거 시제 기준	
조동사	해설
would (과거 의지 또는 과거 습관)	과거 시제에서 의지가 가장 강할 때를 표현하는 will의 과거형(시제 일치)입니다. 혹은 '과거 습관'을 표현할 때 would를 사용하기도 합니다. 이는 의지가 있어야 지속적으로 뭔가를 할 수 있는 것과 관련이 있습니다.(= used to+동사원형)

could (과거 능력)	과거 시제에서 능력을 표현하는 can의 과거형(시제 일치)입니다.
would have pp (과거 추측)	would의 오른편이므로 과거 시제에서의 추측(推測)을 의미합니다. 과거시제에서 가장 일반적으로 사용하는 추측 표현입니다.
could have pp (과거 능력 추측)	could의 오른편이므로 과거 시제에서 능력에 대한 추측을 의미합니다. '할 수 있었을 것이다/할 수 있었을 텐데' 정도의 뉘앙스가 있습니다.
might (과거 약한 의지)	may의 과거형(시제 일치)입니다.
might have pp (과거 강한 추측)	might의 오른편이므로 might보다 더 강한 추측으로 과거 시제에서 불확실성이 가장 강할 때를 의미합니다.

would have pp
could have pp
might have pp
어순 이해 Tip

- would have pp : 문장에서 would have pp를 만나면 머릿속으로 '과거 추측'이라고 떠올린 후 어순대로 이해합니다.
  ex) would have done : 했었을 것이다(행위)
  ex) would have been : 이었을 것이다(상태)
- could have pp : 문장에서 could have pp를 만나면 머릿속으로 '과거 능력 추측'이라고 떠올린 후 어순대로 이해합니다.
  ex) could have done : 할 수 있었을 것이다(행위)
- might have pp : 문장에서 might have pp를 만나면 머릿속으로 '과거 강한 추측'이라고 떠올린 후 어순대로 이해합니다.
  ex) might have done : 했었을지도 모른다(행위)
  ex) might have been : 이었을지도 모른다(상태)

예문을 통해 과거시제 의지 조동사에 대해 알아보도록 하겠습니다.

- You promised it wouldn't happen.
  - 이해 : 너 약속했다 (뭘?) 그것 발생하지 않을 것이다
  - 해설 : 과거시제 문장이기 때문에 예문의 would는 '현재 추측'을 의미하는 현재 문맥의 조동사 would가 아니라, 시제 일치(promised - would)를 시킨 '과거 의지'를 나타내는 will의 과거형입니다.

- I tried to give it back to her, but she wouldn't take it.
  - 이해 : 나 노력했다 앞으로 주려고 (뭘?) 그것 다시 → 그녀, 그러나 그녀 받으려 하지 않았다 (뭘?) 그것
  - 해설 : 예문의 would는 과거시제 문장에서 시제 일치(tried - would)를 시킨 '과거 의지'를 표현하는 will의 과거형입니다.

- "Leave him", I said, even though I knew she wouldn't.
  - 이해 : 내버려 둬라 그, 라고 나 말했다, 모순되는 것은 나 알았다 (뭘?) <u>그녀 그러지 않을 것이다</u>
  - 해설 : 주절이 과거시제이기 때문에 예문의 would는 시제 일치된 '과거 의지'를 표현하는 will의 과거형입니다. 그녀의 의지상 그를 내버려 두지 않을 거라는 것을 알면서도 그렇게 말했다는 것입니다.

- A : "You have to support me."

  B : "Why would I do that?"

  A : "Because I thought you would."
  - 이해 A : 너 지지해야 한다 (뭘?) 나
  - 이해 B : 왜 (추측) 나 하다 그렇게?
  - 이해 A : 이유는 나 생각했다 <u>너 그럴 거라고</u>
  - 해설 : 예문은 현재 일어나고 있는 대화입니다. 따라서, 두 번째 문장의 would는 자기 확신이 약함을 표현하는 '현재 추측'의 조동사 would입니다. 하지만, 세 번째 문장은 과거 사실에 대해 언급하는 과거시제 문장이기 때문에 세 번째 문장의 would는 시제 일치(thought - would)를 시킨 '과거 의지'를 나타내는 will의 과거형입니다.

- After lunch he would take a nap.
  - 이해 1 : "이후 내용 대기", 이전은 점심시간, [이후 내용 ~] 그 (과거 습관) 취하다 한 낮잠
  - 이해 2 : "이후 내용 대기", 이전은 점심시간, [이후 내용 ~] 그 취하곤 했다 (뭘?) 한 낮잠
  - 해설 : '과거 습관'을 나타내는 would를 '현재 추측'의 would나 시제 일치된 '과거 의지'의 would와 구분하기 위해서는 앞뒤 문맥을 통해 구별해야 합니다. 위 예문의 경우는 약간의 언어 센스만 있다면 이전 문맥을 보지 않아도 '과거 습관'을 표현하는 would라는 것을 직관적으로 알 수 있습니다. 언어 감각이라는 것이 타고나는 것도 있지만, 훈련을 통해 후천적으로 많이 향상될 수 있기

때문에 평소에 어순에 따른 원서 읽기를 꾸준히 해야 합니다.

• Every night, Jenny would nightmare.

  - 이해 : 매일 밤, Jenny 악몽을 꾸곤 했다

  - 해설 : 문맥상 '과거 습관'을 나타내는 would입니다. Every night과 같은 표현이 '과거 습관'의 would라는 것에 더 확신이 서게 합니다.

• We fell into a pattern that winter. We would get together and play videogames on Friday evenings.

  - 이해 : 우리 빠졌다 밖에서 안으로 한 패턴 그 해 겨울. 우리 위치하곤 했다 함께 그리고 play하곤 했다 (뭘?) 비디오게임들 접면은 금요일 밤마다

  - 해설 : 문맥상 '과거 습관'을 나타내는 would입니다. fell into a pattern, on Friday evenings와 같은 표현이 '과거 습관'의 would라는 것에 더 확신이 서게 합니다. fall into '빠지다 밖에서 안으로 => 헤어나오지 못하다 => 뭔가에 매혹되어 푹 빠지다'로 어순에 따른 이해와 전후 문맥을 고려해 관용구의 의미를 유추할 수 있어야 합니다. get together '위치하다 함께 => 만나다/모이다/어울리다'

• Kelly didn't answer. Sometimes, when she was mad about something, she would do that.

  - 이해 : Kelly 대답하지 않았다. 때때로, 언제? 그녀 = 몹시 화난 내용은 어떤 것, 그녀 하곤 했다 그렇게

  - 해설 : 문맥상 '과거 습관'을 나타내는 would입니다. Sometimes와 같은 표현이 '과거 습관'의 would라는 것에 더 확신이 서게 합니다.

• I murmured something along the lines of "Your father would have been proud of you." Henry corrected me. "He was proud of me."

  - 이해 1 : 나 소곤거렸다 (뭘?) 어떤 것 쭉 잇대어 있는 것은 말들 (그 말들과) 관련 있는 것은 "너의 아버지 (과거 추측) 자랑스러워하는 (그 자랑스러움과) 관련 있는 것은 너." Henry 바로잡았다 (뭘?) 나. "그 자랑스러워했다 나"

  - 이해 2 : 나 소곤거렸다 (뭘?) 어떤 것 쭉 잇대어 있는 것은 말들 (그 말들과) 관련 있는 것은 "너의 아버지 자랑스러웠을 것이다 (그 자랑스러움과) 관련 있는 것은 너." Henry 바로잡았다 (뭘?) 나. "그 자랑스러워했다 나"

- 해설 : 문장에서 would have pp가 나오면 고민할 필요 없이 '과거 추측'입니다. 제3
자가 자기 아버지에 대해 과거에 그랬을 거라고 추측을 하니까, 아들인 Henry
가 과거형을 사용해 과거에 대한 사실(fact)을 언급하고 있는 상황입니다.

• It was a nice little scene, although Mr. Jang would probably not have thought so.
- 이해 1 : 그것 = 한 멋진 작은 장면, 모순되는 것은 Mr. Jang 아마 (과거 추측) 생각하
지 않는다 그렇게
- 이해 2 : 그것 이었다 한 멋진 작은 장면, 모순되는 것은 Mr. Jang 아마 생각하지 않
았을 것이다 그렇게
- 해설 : '과거 추측'을 표현하는 would have pp에 추측을 표현하는 부사 probably를
부가해 추측의 의미를 더 강조하고 있습니다.

• It would have been impossible to have carried the wounded soldier up the hill from
here, especially after walking all day with no food or water.
- 이해 : 그것 이었을 것이다 불가능한 (뭐가?) (이전에) 실어 나르다 (뭘?) <u>그 부상병</u>
<u>위로가면서</u> 접하는 것은 그 언덕 출발점은 여기, 특히 이후에, 이전에 있었던
일은 걷다 하루 종일 함께 하는 것은 無 음식 또는 물
- 해설 : '과거 추측'을 의미하는 would have pp. 병사들이 하루 종일 음식과 물도 못
먹고 걸어서 부상병을 언덕 위로 옮기는 것이 불가능한 일이었을 거라고 화
자가 과거에 추측하는 상황입니다. 'It(가주어) = to have carried~(진주어)'.
진주어가 꼬리에 꼬리를 무는 타동사의 목적어, 전치사구 등으로 인해 길어지
는 경우 영어는 명료성을 위해 가주어 It을 사용합니다.

• Really? I knew you could do it. Well, I mean, I didn't actually know you could do it,
but I had a good feeling about you.
- 이해 : 정말? 나 알았다 (뭘?) <u>너 할 수 있다 그것</u>. 음, 내 말은, 나 실은 몰랐다 (뭘?)
<u>너 할 수 있다 그것</u>, 하지만 나 가지고 있었다 한 좋은 느낌 내용은 너
- 해설 : 과거시제 문장이기 때문에 예문의 could는 '현재 능력 추측'을 의미하는 현
재 문맥의 조동사 could가 아니라, 과거시제에서 시제 일치(knew - could,
didn't - could)를 시킨 '과거 능력/가능'을 나타내는 can의 과거형입니다.

• He could have done it, but he didn't try.
- 이해 1 : 그 (과거 능력 추측) 하다 그것, 그러나 그 시도하지 않았다
- 이해 2 : 그 할 수 있었을 것이다 그것, 그러나 그 시도하지 않았다

|조동사|

- 해설 : 문장에서 could have pp가 나오면 고민할 필요 없이 '과거 능력 추측'입니다. 문장 앞에는 '과거 능력 추측'으로 추측이, 뒤에는 과거형으로 과거 사실(fact)에 대한 언급이 나왔습니다. 과거에 할 수 있었는데도 불구하고, 실제로는 안 했다는 것입니다.

• I made it. I couldn't have done without you.
  - 이해 1 : 나 이뤄냈다 그것. 나 (과거 능력 추측) 하지 못하다 함께하지 않는 것은 너
  - 이해 2 : 나 이뤄냈다 그것. 나 할 수 없었을 것이다 함께하지 않는 것은 너
  - 해설 : '과거 능력 추측'을 표현하는 could have pp입니다.

• I'm not allowed to bet, but it could have been on you.
  - 이해 : 나 허용되지 않는다 앞으로 내기하다, 그러나 그것 (과거 능력 추측) 접면은 너
  - 해설 : 자기는 주최측이라 내기가 허용되지 않는 사람이지만, 만약 허용된다면 과거에 너한테 돈을 걸었을 거라는 내용입니다.

• He told me that he might come.
  - 이해 1 : 그 말했다 나에게 (뭘?) 그 (과거 약한 의지) 오다
  - 이해 2 : 그 말했다 나에게 (뭘?) 그 올지도 모른다
  - 해설 : 4형식 문장입니다. 과거시제 문장이기 때문에 예문의 might는 '현재 강한 추측'을 의미하는 현재 문맥의 조동사 might가 아니라, 과거시제에서 시제 일치(told - might)를 시킨 '과거 약한 의지'를 나타내는 may의 과거형입니다.

• I was afraid he might have lost his way.
  - 이해 1 : 나 두려웠다 (뭐가?) 그 (과거 강한 추측) 잃다 (뭘?) 길
  - 이해 2 : 나 두려웠다 (뭐가?) 그 잃어버렸을지도 모른다 (뭘?) 길
  - 해설 : 문장에서 might have pp가 나오면 고민할 필요 없이 '과거 강한 추측'입니다.

• I realized that extra time wouldn't have made any difference. It might have made things worse.
  - 이해 1 : 나 깨달았다 (뭘?) 추가 시간 (과거 추측) 만들지 못한다 (뭘?) 어떤 차이도. 그것 (과거 강한 추측) 만들다 상황 나쁜 더
  - 이해 2 : 나 깨달았다 (뭘?) 추가 시간 만들지 못했었을 것이다 (뭘?) 어떤 차이도. 그것 만들었을지도 모른다 상황 나쁜 더
  - 해설 : would have pp와 might have pp의 차이는 과거에서 화자가 생각하는 추측 강도의 차이입니다. 따라서, 의지 약화 정도(자기 확신의 강도)에 따라 예문과

205

같이 선별해 사용하는 것입니다. It might have made things worse는 5형식 문장(made → things = worse)입니다.

현재 문맥에서 will의 왼편에 위치하는 조동사들은 왼쪽으로 갈수록 주어가 외부 환경이나 타인으로부터 받는 영향력이 강해집니다. 따라서, 주어의 마음 상태에 심리적 부담이나 압박을 가중시킵니다. 이런 마음 상태는 필요, 책임, 명령, 의무와 같은 개념과 관련이 있습니다.

- 현재 문맥 기준 -

외부로부터 받는 영향력이 강해짐

기준

must   **should**   shall   **will**

현재 문맥임에도 불구하고 shall의 과거형인 should를 사용한다는 것은 이전의 격식 미래(shall)가 실행되지 않아 현재 부담감을 느끼고 있는 것에 비유될 수 있습니다.

현재 문맥에 should 를 사용한다는 것은 이전의 격식 미래(shall)가
시간이 지나도 실행되지 않아 현재 마음속의 부담이 됨을 의미합니다.

격식 미래 ➡ ➡ ➡ **should** (약한 의무)

과거   현재

206

현재 상황에 대해 언급하는 현재 문맥에서의 압박 조동사를 정리하면 아래 표와 같습
니다.

현재 문맥 기준	
조동사	해설
shall (격식 미래)	will의 왼편에 위치하므로 의지(意志)보다는 공식적이고, 딱딱한 느낌을 주는 미래를 표현할 때 사용합니다. 공식 문서, 법전, 성경 같은 격식을 갖춘 문어체 등에 사용되며, 구식이라는 느낌을 주므로 현대 영어에서는 사용하지 않는 추세입니다.
should (약한 의무)	도의적 책임이나 윤리적 의무감 또는 상대방에게 충고나 권유를 할 때 사용합니다.
must (강한 의무)	will의 가장 왼편에 위치하므로, 현재 문맥에서 외부로부터 받는 압박이나 부담감이 가장 강할 때를 의미합니다.

과거시제에서의 압박 조동사를 정리하면 아래 표와 같습니다.

과거시제 기준	
조동사	해설
should (과거 격식 미래)	shall의 과거형(시제 일치)
had to (과거 의무)	must의 과거형(시제 일치)
should have pp (과거 후회)	과거의 일(행위, 상태)에 대해 후회하고 있음을 표현하고 싶을 때 사용합니다. 과거에 했었어야(should) 할 일을 나중에(should have pp) 언급하고 있기 때문에 후회의 의미가 됩니다.
must have pp (과거 강한 확신)	과거의 일(행위, 상태)에 대해 강한 확신을 표현하고 싶을 때 사용합니다.

should/must have pp
어순 이해 Tip

- should have pp : 문장에서 should have pp를 만나면 머릿속으로 '과거 후회'
  라고 떠올린 후 어순대로 이해합니다.
  ex) should have done : 했었어야 했는데(행위)
  ex) should have been : 이었어야 했는데(상태)
- must have pp : 문장에서 must have pp를 만나면 머릿속으로 '과거 강한 확신'
  이라고 떠올린 후 어순대로 이해합니다.
  ex) must have done : 했었음에 틀림없다(행위)
  ex) must have been : 이었음에 틀림없다(상태)

예문을 통해 압박 조동사에 대해 알아보도록 하겠습니다.

• Shall we dance?
  - 이해 : 춤 추시겠습니까?
  - 해설 : will 대신 격식 미래를 표현하는 shall을 사용하면 공식적이고 더 정중한 느낌
    을 줍니다.
• You look really tired. You should go to bed now.
  - 이해 : 너 보인다 아주 피곤하게. 너 가는 게 좋겠다 → 침대 바로
  - 해설 : 현재 문맥에서 '약한 의무/권유'를 나타내는 조동사 should입니다.
• Jack decided he should do the same.
  - 이해 : Jack 결정했다 (뭘?) 그 할 것이다 (뭘?) 똑같은 것
  - 해설 : 과거시제 문장이기 때문에 예문의 should는 '약한 의무/권유'를 의미하는
    현재 문맥의 조동사 should가 아니라, 과거시제에서 시제 일치(decided -
    should)를 시킨 '과거 격식 미래'를 나타내는 shall의 과거형입니다.
• You missed a great concert last night. You should have seen it.
  - 이해 1 : 너 놓쳤다 한 굉장한 concert 지난 밤. 너 (과거 후회) 보다 그것
  - 이해 2 : 너 놓쳤다 한 굉장한 concert 지난 밤. 너 봤었어야 했는데 그것
  - 해설 : 문장에서 should have pp가 나오면 고민할 필요 없이 '과거 후회'입니다.
• You should have done it as I ordered you.
  - 이해 1 : 너 (과거 후회) 하다 그것 = 나 지시했다 너
  - 이해 2 : 너 했었어야 했는데 그것 = 나 지시했다 너

- 해설 : '과거 후회'를 표현하는 should have pp입니다. 예문에서 as는 as의 기본 의미(=) 그대로 사용된 접속사 as입니다.

• I shouldn't have ignored Jason when he came to me for my help.
  - 이해 : 나 무시하지 말았어야 했다 (뭘?) Jason, 언제? 그 왔다 → 나 목표는 내 도움
  - 해설 : '과거 후회'를 표현하는 should have pp입니다.

• I have lost one of my gloves. I must have dropped it somewhere.
  - 이해 1 : 나 잃어버렸다 하나 (그 하나와) 관련 있는 것은 내 장갑. 나 (과거 강한 확신) 떨어뜨리다 그것 어딘가에
  - 이해 2 : 나 잃어버렸다 하나 (그 하나와) 관련 있는 것은 내 장갑. 나 떨어뜨렸음에 틀림없다 (뭘?) 그것 어딘가에
  - 해설 : 문장에서 must have pp가 나오면 고민할 필요 없이 '과거 강한 확신'입니다.

• "I bet she was pretty," said Jack. "Somebody must have loved her a lot, to name a garden after her."
  - 이해 : "나 확신한다 (뭘?) 그녀 = 예쁜", 라고 말했다 Jack이. "누군가 사랑했었음에 틀림없다 (뭘?) 그녀 많이, 이름 붙이다 (뭘?) 한 정원 후에, 이전에 있었던 일은 그녀
  - 해설 : '과거 강한 확신'을 표현하는 must have pp입니다. 이전에 존재했던 사람의 이름을 따서 이름을 지었다고 표현할 때는 전치사 after 편에서 배운 바와 같이 'name A after B'와 같이 사용합니다.

지금까지 배운 바와 같이 추측을 표현하는 조동사는 우리가 흔히 가정법으로 알고 있는 if 절 없이도 단독으로 평서문에서 굉장히 빈번하게 사용됩니다. 따라서, 먼저 평서문을 통해 화자(話者)의 마음 상태를 나타내는 조동사의 본질을 이해하고, if 가정법을 배우는 것이 순서상 바람직합니다. 조동사의 개념만 확실히 이해하고 있으면, if 가정법은 앞으로 다룰 몇 가지 사항만 유의하면 무척이나 쉽게 자기 것으로 만들 수 있습니다.

'가정법 과거'는 현재 사실과 반대인 상황을 가정(假定)하고 싶을 때 사용합니다. 내가 지금 부자가 아닌데 부자라고 가정하는 것과 같은 경우입니다. 가정법 과거는 현재 사실의 반대를 가정하는 것이기 때문에, if절에 현재동사나 미래동사를 써서 단순히 앞으로 일어날 일 즉, 미래를 가정하는 가정법 현재나 가정법 미래와는 구분됩니다.

"가정(假定) : 사실이 아니거나 또는 사실인지 아닌지 분명하지 않은 것을 임시로 인정함"

다시 본론으로 돌아와 현재 사실의 반대인 상황을 가정하는 가정법 과거에서 현재는 과거의 결과이기 때문에 현재를 바꾸려면 즉, 현재의 반대 상황을 가정하려면 원인인 과거가 바뀌어야 합니다. 이는 마치 영화 'Back to the future'에서 주인공이 과거로 돌아가 현재 상황을 바꾸겠다고 하는 것과 같습니다. 따라서, 가정법 과거를 만들기 위해서는 가정(假定)을 나타내는 if절의 시제는 과거형으로 만들고, 주절은 현재 사실과 달라져야 하기 때문에 현재 문맥에서의 추측 조동사인 would, could 등을 사용하면 됩니다.(주로 would를 사용하고, 능력의 의미가 가미되어야 한다고 생각하면 could를 사용하면 됩니다.)

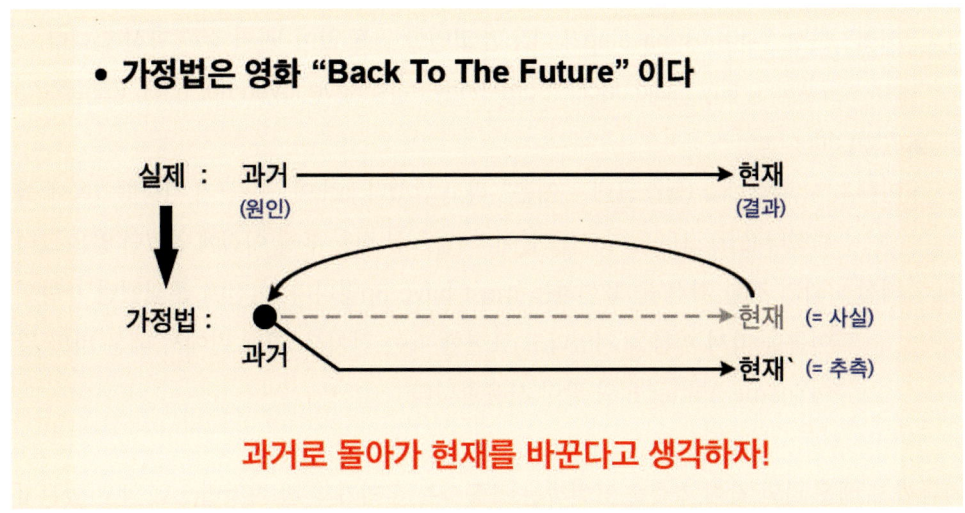

과거 사실의 반대를 가정하는 '가정법 과거완료'도 가정법 과거와 같은 논리로 이해하면 됩니다. 과거 사실에 반대되는 가정을 하려면 과거보다 더 과거로 가서 대과거를 바꾸면 되기 때문에, if설에는 과거완료(had+pp)를 사용하고, 주절에는 과거시제에서의 추측을 표현하는 would have pp, could have pp 등을 사용하면 되는 것입니다. 단, 과거 사실을 반대로 가정하면 과거에 대한 추측뿐만 아니라, 그 이후인 현재에 대한 추측도 가능하므로 주절에 현재 문맥 추측 조동사(would, could 등) 또한 사용할 수 있습니다. 이는 과거에 대한 가정의 결과가 현재에 대한 추측으로까지 이어질 수 있기 때문입니다.

가정법 과거와 가정법 과거완료를 정리하면 아래와 같습니다.

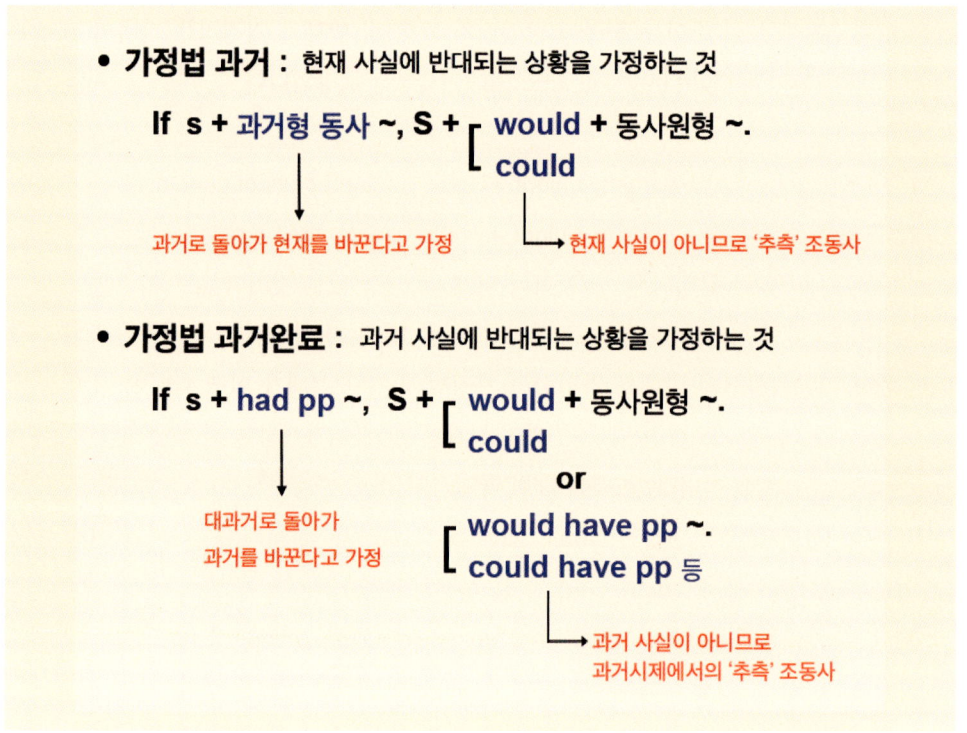

예문을 통해 가정법에 대해 알아보도록 하겠습니다.

- If I were a bird, I could fly to you.
  - 이해 : 만약 나 = 한 새라면, 나 날아갈 수 있을 텐데 → 너
  - 해설 : 현재 사실의 반대를 가정하는 가정법 과거(내가 지금 새가 아닌데, 새라고 가
    정)입니다. 가정법 과거 if절에 사용되는 be동사는 주어의 인칭에 상관없이
    were를 사용합니다.(미국 영어 구어체에서는 인칭에 맞게 was를 사용하기도
    합니다.) 날아가는 능력이 요구되므로 would보다는 could를 사용하는 것이
    더 적절합니다.
- If I were you, I wouldn't do that.
  - 이해 : 만약 나 = 너라면, 나 하지 않을 텐데 그렇게
  - 해설 : 현재 사실(나는 네가 아님)의 반대를 가정하는 가정법 과거입니다.

- If I won a lottery, I could buy you a house.
  - 이해 : 만약 나 당첨되면 (뭘?) 한 복권, 나 사줄 수 있을텐데 너 한 집
  - 해설 : 현재 사실(주어는 복권에 당첨되지 않음)의 반대를 가정하는 가정법 과거입니다. "I could buy you a house."는 4형식 문장입니다.

- 1. If I had gone to the party last night, I would have met lots of people.
  2. If I had gone to the party last night, I would be very tired now.
  - 이해 1 : 만약 나 갔더라면 → 그 파티 어제 밤, 나 만났을 것이다 많은 사람들
  - 이해 2 : 만약 나 갔더라면 → 그 파티 어제 밤, 나 일거 같다 = 매우 피곤한 **지금**
  - 해설 : 과거 사실의 반대를 가정하는 가정법 과거완료(내가 어제 파티에 가지 않았는데 갔다고 가정)입니다. 과거 사실을 반대로 가정하면 과거에 대한 추측(예문1)뿐만 아니라, 현재에 대한 추측(예문2)도 가능하므로 주절에 과거시제에서 추측을 표현하는 would have pp, could have pp 뿐만 아니라 현재 문맥 추측 조동사 would, could 등도 사용할 수 있습니다.
- If the exam had been very easy, anybody could have passed.
  - 이해 : 만약 그 시험 = 매우 쉬웠다면, 누구든 합격할 수 있었을 것이다
  - 해설 : 과거 사실의 반대를 가정하는 가정법 과거완료입니다. 가정법 과거완료는 과거 사실의 반대를 가정하는 것이므로, 실제로는 지난번 시험이 어려웠다는 사실을 짐작할 수 있습니다.
- If I had been there, I must have seen the accident.
  - 이해 : 만약 나 존재했었다면 거기, 나 틀림없이 봤을 것이다 (뭘?) 그 사고
  - 해설 : 과거 사실의 반대를 가정하는 가정법 과거완료입니다. 예문과 같이 would have pp, could have pp 뿐만 아니라 문맥에 맞게 다른 과거 조동사도 사용할 수 있습니다.
- Tom told the truth, but perhaps it would have been better if he had lied a little.
  - 이해 : Tom 말했다 (뭘?) 진실, 그러나 아마도 그것 (과거 추측) = 나은 더 만약 그 거짓말했었더라면 약간
  - 해설 : 과거 사실의 반대를 가정하는 가정법 과거완료입니다. 진실을 말하긴 했지만 약간의 거짓말을 보태는 편이 더 나았을 거라는 추측입니다. 예문 그대로 가정법 과거완료는 과거 사실의 반대를 가정해 그 결과를 추측해 보는 것입니다.

|조동사|

- If he had told me he needed the money, I would have just given it to him.
  - 이해 : 만약 그 말했다면 나에게 (뭘?) 그 필요하다 돈, 나 그냥 줬을 것이다 그것(돈)
        → 그
  - 해설 : 과거 사실의 반대를 가정하는 가정법 과거완료입니다. 가정법 과거완료이므
        로 그가 전에 나한테 돈 때문에 아쉬운 소리를 한 적이 없는 것입니다.

마지막으로 조동사에 대해 당부하고 싶은 점은, 원어민은 이 책 예문과 같이 조동사나 조동사의 이전 시제 표현(would have pp 등)을 full sentence로 사용하지 않는다는 것입니다. 원어민은 대부분 축약형을 사용하기 때문에 조동사의 축약형과 축약형 발음에 각별히 유의해야 합니다. 특히, 청취 시 축약형 발음을 모르면 조동사의 핵심 내용을 알더라도 발음 때문에 내용이나 뉘앙스를 제대로 이해하지 못할 수 있습니다. 예를 들어, 원어민은 I could have done이나 I have done이라고 쓰지 않고, I could've done, I've done과 같이 축약형으로 쓰고, '아이 쿠럽 던', '아브 던' 과 같이 축약형으로 발음합니다. 이 책 마지막 챕터에 조동사 축약형과 발음을 정리해 놓았으니 꼭 참고하시기 바랍니다.

213

2-2 be동사

우리는 기본 편에서 'be동사'의 기본 의미는 '존재한다'라고 배웠습니다. 그리고 be동사가 주어 다음에 나오는 이유는 영어는 주어의 상태나 역할을 표현하기 전에, 우선 주어가 존재한다는 실존(實存)적 의미를 부여해야 하기 때문이라고 배웠습니다. 이는 주어가 일단 존재해야 주어의 상태나 역할이 의미 있기 때문입니다. 따라서, 주어의 상태나 역할을 표현하는 영어의 어순은 '주어 + be동사(존재한다) + 주어의 상태나 역할'이 되는 것입니다.

S + be동사 + SC ┌ 상태 (형용사)
                └ 역할 (명사)

= 주어가 존재하는데 상태나 역할이 SC (S = SC)

be동사가 주어의 상태를 표현하기 때문에 주어가 춥다는 표현을 할 때, I feel cold와 함께 I am cold라는 표현도 사용('나 존재하는데 상태가 추운')할 수 있는 것입니다. I feel sorry, I am sorry의 경우도 마찬가지입니다. 또한, 주어의 역할(직업 등)을 표현할 때도 주어가 존재해야 역할이 의미 있는 것이기 때문에, be동사 다음에 주어의 역할이 등장하게 됩니다.

be동사와 관련해 색다른 형태가 하나 있습니다. 바로 'be동사+being+성격형용사'입니다. 'be동사+being+과거분사(pp)'는 수동태 진행형이지만, 'be동사+being+성격형용사'는 특정 시점에 주어가 성격형용사처럼 처신 또는 행동한다는 표현입니다. 따라서, 이런 경우 being을 acting이나 behaving으로 대체하면 이해하기 수월합니다.

자! 이제 예문을 통해 어순에 따른 이해를 해보도록 하겠습니다.

• You are being so mean.
  - 이해 : 너 행동하고 있다 매우 비열하게
  - 해설 : You are acting so mean.

| be동사 |

• I am being generous to you.
   - 이해 : 나 처신하고 있다 관대하게 → 너
   - 해설 : I am behaving generous to you.

• I think that she was being honest.
   - 이해 : 나 생각한다 (뭘?) 그녀 행동했다 정직하게
   - 해설 : she was honest라고 하면 과거 사실에 대해 언급하는 것이기 때문에 그녀의 과거 평소 성품이 정직했다는 것입니다. 따라서, 현재도 그럴 확률이 높습니다. 하지만, she was being honest라고 표현하면 화자가 생각하기에 특정 과거 시점에 그녀가 정직하게 행동하는 것처럼 보였다는 것입니다. 따라서, 평소 성품이나 그 성품이 현재까지 이어지는 지는 논외의 문제입니다.

215

2-3 일반동사

영어 어순에 따른 이해에 있어서 영어 문장 패턴을 아는 것은 굉장히 중요한 일입니다. 특정 동사 다음에 주로 어떤 패턴이 나온다는 것을 미리 알고 있으면 영어를 어순대로 이해하는 정도와 속도를 크게 향상시킬 수 있습니다.

문장 패턴에 익숙하면 본동사만 보더라도 그 이후에 전개될 문장 구조가 미리 예측 가능하기 때문에 어순에 따른 이해와 결합되면 영어 활용에 막강한 힘을 발휘할 수 있게 됩니다.

지금부터 우리가 흔히 영어 문장 5형식으로 알고 있는 영어 문장 구조, 즉 패턴에 대해 알아보도록 하겠습니다.

- **1형식** : S + VI (주어+자동사)

- **2형식** : S + VI + SC (주어+자동사+주격보어)

- **3형식** : S + VT + O (주어+타동사+목적어)

- **4형식** : S + VT + IO + DO (주어+타동사+간접목적어+직접목적어)

        = S + VT + DO + to IO

- **5형식** : S + VT + O + OC (주어+타동사+목적어+목적격보어)

2-3 일반동사
1. 1 형식

1형식은 '주어(S) + 자동사(VI)' 입니다.

1형식은 The sun rises처럼 주어의 행위만으로 문장이 완성되기 때문에, 동사 뒤에 동사가 영향을 미치는 대상인 목적어가 존재하지 않습니다. 따라서, **자동사 뒤에는 명사가 나오지 않습니다.** 보통, 1형식 뒤에는 문장 전체나 동사를 수식하는 부사나 전치사구(전치사+전치사의 목적어)가 많이 나옵니다.(The sun rises up./The sun rises in the east.)

1형식 : S + VI
(이해 : 주어 동사하다)

• This book sells well.
  - 이해 : 이 책 팔린다 잘
  - 해설 : 'S+VI+부사' 형태입니다. 일반동사 대부분이 자동사이면서 타동사이고, 자동사일 때의 의미와 타동사일 때의 의미가 많이 다를 수 있습니다. 자동사와 타동사를 구별하는 가장 좋은 방법은 동사 뒤에 명사가 오느냐, 오지 않느냐로 구분하는 것입니다. 위 예문의 경우 동사 뒤에 명사가 없고 부사가 나왔기 때문에, 위 문장에서 sell은 자동사입니다. [sell : 자동사-팔리다, 타동사-팔다 (뭘?)]

• The city hall lies to the east of our town.
  - 이해 : 시청 위치하다 → 동쪽 (그 동쪽과) 관련 있는 것은 우리 마을
  - 해설 : 'S+VI+부사' 형태와 더불어 1형식에서 많이 사용되는 패턴이 'S+VI+전치사구'입니다.[to(전치사)+the east(전치사의 목적어), of(전치사)+our town(전치사의 목적어)]

217

- A belief in magic still prevails among some tribes.
  - 이해 : 믿음 in 마법 여전히 만연하다 가운데 있고, 그 주위를 둘러싸고 있는 것은
    몇몇 부족들
  - 해설 : 본동사 prevail 다음에 명사가 없고, 전치사구[among(전치사)+some
    tribes(전치사의 목적어)]가 나왔으므로 prevail은 자동사입니다. 자동사는
    자동사답게, 타동사는 타동사답게 어순대로 이해합니다.

- These bugs thrive on the leaves of certain trees.
  - 이해 : 이 벌레들 번성한다 접면은 그 잎들 (그 잎과) 관련 있는 것은 특정 나무들
  - 해설 : 'S+VI+전치사구' 형태입니다. 'S+VI+전치사구1(on+the leaves)+전치사구
    2(of+certain trees)'

- There are lots of fans around the idol group.
  - 이해 : 존재하는 것은 수많은 팬들 빙 도는 것은 그 아이돌 그룹
  - 해설 : "There is/are ~" 로 시작되는 문장은 1형식으로, 주어는 be동사 다음에
    나옵니다. 이 문장의 주어는 "lots of fans" 입니다.

- 1. Generally, this book reads very well.
  2. I can't read your writing.
  - 이해 1 : 대체로 이 책은 읽힌다 아주 잘
    이해 2 : 나 읽을 수 없다 (뭘?) 너의 글씨
  - 해설 : 첫 번째 문장은 부사(very well)와 같이 사용된 자동사 read 이고, 두 번째
    문장은 동사가 영향을 미치는 대상인 목적어가 있는 타동사 read 입니다.
    이렇듯 하나의 동사가 자동사로 쓰일 때도 있고, 타동사로 쓰일 때도 있습
    니다.

2-3 일반동사
2. 2형식

2형식은 '주어(S) + 자동사(VI) + 주격보어(SC)' 입니다.

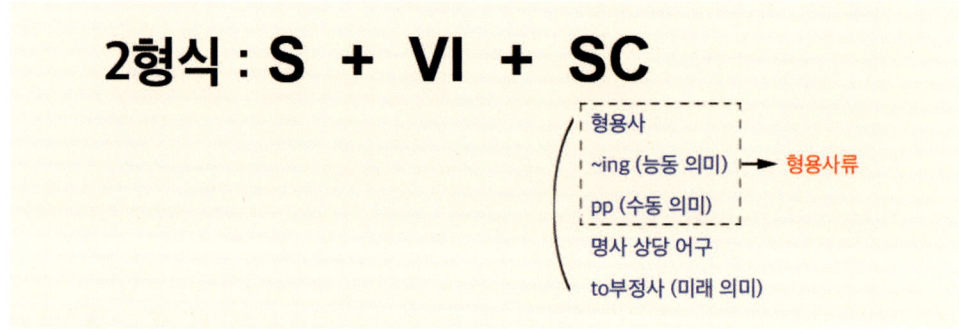

2형식은 주어, 동사만으로는 의미가 완전하지 못한 문장에서, 보어(補語)를 사용해 그 불완전한 것을 보충하고 완결된 내용을 표현하는 것입니다. 우리가 배웠던 주어, be동사, 주격보어 간의 관계를 생각하면 이해하기 쉽습니다. 주격보어 자리에는 명사 상당 어구(명사 단어, 명사구, 명사절)나 형용사 등이 사용되는데, 현재분사(v~ing)나 과거분사(v~pp)도 형용사로 취급합니다. 단, 이미 배운 바와 같이 현재분사는 주어가 스스로 혹은 자발적으로 움직이는 능동의 의미이고, 과거분사는 주어가 남 또는 외부로부터 영향을 받는 것이기 때문에 수동의 의미로 이해해야 합니다. be동사 다음에 나오는 to부정사는 to부정사의 기본 의미 그대로, 미래 의미로 이해하면 됩니다.

■ **2형식 패턴 #1 : S + be동사 + SC**

• I am happy.
  - 이해 1 : 나 존재하는데 (상태가) 행복한
  - 이해 2 : 나 = 행복한
  - 해설 : 형용사로 주어의 상태를 표현하고 있습니다.
• 1. The result is satisfying.
  2. I am unsatisfied.

3. You are disgusting.

4. I am disgusted.

5. That is so embarrassing.

6. I am embarrassed.

 - 이해 1 : 그 결과 = 만족스러운

 - 이해 2 : 나 = 불 만족된

 - 이해 3 : 너 = 혐오스러운

 - 이해 4 : 나 = 혐오감 받은/당한

 - 이해 5 : 그것 = 매우 당황스러운

 - 이해 6 : 나 = 난처한 상황에 처한

 - 해설 : 현재분사, 과거분사가 주격보어로 사용되면 주어의 상태를 표현하는 형용사 역할을 하게 됩니다. 다만, 현재분사는 능동의 의미로, 과거분사는 수동의 의미로 이해합니다. The result is satisfying / You are disgusting / That is so embarrassing을 현재진행형으로 간주하면 안됩니다. 그런 경우 satisfy, disgust, embarrass는 타동사이기 때문에 뒤에 반드시 목적어 즉, 명사가 나와야 합니다. 위 예문에서 satisfying, disgusting, embarrassing은 '현재분사 형용사'입니다.

• The only way is to unite and fight.

 - 이해 : 유일한 방법 = 앞으로 단결하다 그리고 투쟁하다

 - 해설 : 'be동사 + to부정사'가 미래 의미를 내포하는 이유는 be동사는 문법적 표시일 뿐이고, to부정사 자체가 미래 의미를 지니고 있기 때문입니다.

2형식에는 '주어(S) + be동사(VI) + 주격보어(SC)' 말고도 동사 자리에 일반동사가 들어가는 다양한 패턴이 존재합니다. 아래 그림에 일반동사 2형식 패턴을 정리하였습니다.

| 일반동사 - 2형식 |

2형식 : S + VI + SC

패턴 1 : S + be동사 + SC

(원론적 이해 : 주어가 존재하는데 상태나 역할이 SC)

(이해 : S = SC)

패턴 2 : S + 일반동사 + SC

(이해 : 주어 동사하다 SC 상태로)

패턴 3 : S + 상태(변화/유지)동사 + SC

(원론적 이해 : 주어의 상태가 변하는데 변하는 상태는 SC)

(이해 : 주어 변하다/유지하다 SC 상태로)

(대표 동사(변화) : become, get, go, grow, turn (out) 등)

(대표 동사(유지) : remain, stay 등)

패턴 4 : S + 인지동사 + SC

(이해 : 주어 인지되다 SC 상태로)

(대표 동사 : seem, look, appear, sound, smell, taste 등)

문장에서 be동사가 나오면 당연히 2형식 문장이지만, 위 그림 패턴2처럼 일반동사와 주격 보어가 결합된 2형식 문장은 주격보어가 부사처럼 이해되어 1형식 문장으로 착각하기 쉽습니다. 하지만, 일반동사 다음에 나오는 형용사류(현재분사 형용사, 과거분사 형용사 포함)는 주어의 상태를 표현(S = SC)해 문장을 완결시키는 문장의 주성분입니다. 그러나 부사는 이미 완전한 문장에서 동사, 형용사 그리고 다른 부사를 수식하는 문장의 보조 성분에 불과합니다. 이런 패턴2의 어순에 따른 이해는 위 그림과 같이 '주어 동사하다 SC 상태로'와 같습니다. 패턴2는 우리나라 사람에게는 익숙하지 않은 표현이기 때문에 주의가 필요합니다. 아래 예문을 통해 'S + 일반동사 + SC' 표현에 익숙해지시기 바랍니다.

221

■ 2형식 패턴 #2 : S + 일반동사 + SC

• 1. He died young.

2. She died smiling.

3. She was found unconscious.

- 이해 1 : 그 죽었다 젊은 상태로

- 이해 2 : 그녀 죽었다 미소 띈 상태로

- 이해 3 : 그녀 발견되었다 의식을 잃은 상태로

- 해설 : 위 예문들은 주격보어를 부사로 이해해 1형식으로 착각하기 쉬운 문장들입니다. 우리나라 사람들에게는 다소 생소하고 익숙하지 않은 영어 표현이지만 일반동사 다음에 나오는 형용사, 현재분사, 과거분사는 주어의 상태를 표현(S = SC)하는 주격보어입니다.

• His mouth dropped open.

- 이해 : 그의 입 떨어졌다 열린 상태로

- 해설 : 'S + VI + SC(형용사)' 형태입니다. 놀라서 입이 쩍 벌어진 채 다물어지지 않는 장면을 묘사하는 표현입니다.

• One of his eyes was burnt shut.

- 이해 : 하나 (그 하나와) 관련 있는 것은 그의 눈들 화상 입었다 닫혀진 상태로

- 해설 : 'S + VI + SC(pp)' 형태입니다. 주격보어가 과거분사(shut)이므로 수동태 의미(닫혀진)로 이해해야 합니다.

• She ran scared.

- 이해 : 그녀 달렸다 겁먹은 상태로

- 해설 : 'S + VI + SC(pp)' 형태입니다. 주어가 달리고 있는데, 겁을 먹은(외부에 의해 겁을 당한) 상태로 뛰고 있음을 의미합니다.

• Hold up the jacket by the collar then it just falls limp.

- 이해 : 잡아라 위로 (뭘?) 그 재킷 영향력의 원천은 그 옷깃 그러면 그것 딱 늘어진다 흐물거리는 상태로

- 해설 : 'S(It) + VI(falls) + SC[limp(형용사)]' 형태입니다. 실크같이 부드러운 재질로 만든 옷을 들고 있으면, 공중에서 축 늘어져 흐물흐물해 보이는 것을 묘사하는 문장입니다. '영향력의 원천이 옷깃'이라는 것은 옷깃을 통해(영향력으로) 잡고(hold)있다는 것입니다.

222

|일반동사 - 2 형식|

■ 2형식 패턴 #3 : S + 상태(변화/유지)동사 + SC

• We became trapped.
  - 원론적 이해 : 우리 상태가 변했는데 변한 상태는 갇혀진
  - 이해 : 우리 되었다 갇힌 상태로
  - 해설 : 'S + VI(상태변화동사) + SC(pp)' 형태입니다. 주격보어가 과거분사(pp)이면
    수동태 의미(갇힌)로 이해합니다.

• They went silent.
  - 이해 : 그들 became 조용한
  - 해설 : 'S + VI(상태변화동사) + SC(형용사)' 형태입니다. go가 2형식으로 사용되면
    상태 변화동사 즉, become의 의미가 있습니다. go tough처럼 become 대신
    상태 변화의 의미로 go를 쓰면, become보다 역동적인 느낌을 줍니다.

• Things have gone wrong.
  - 이해 : 상황 became 잘못된
  - 해설 : 'S + VI(상태변화동사) + SC(형용사)' 형태입니다. 일이 예상과 다르게 틀어
    지는 상황을 표현하는 문장입니다.

• You need to stay calm.
  - 이해 : 너 필요하다 앞으로 유지하다 침착한 상태로
  - 해설 : 'S + VI(상태유지동사) + SC(형용사)' 형태입니다.

• 1. He turned out to be a spy.

  2. He turned out a spy.
  - 이해 : 그 밝혀졌다 한 스파이로
  - 해설 : 'S + VI(변화동사) + SC(명사)' 형태(He = a spy)입니다. 원형은 turn out to
    be지만, to be를 생략하는 경우가 많습니다. turn out to be는 동사구로, 전체
    를 하나의 동사로 인식해 이해하는 것이 좋습니다.

• You will make a good father.
  - 이해 : 너 될 것이다 한 좋은 아버지
  - 해설 : 'S + VI(변화동사) + SC(명사)' 형태입니다. 'You = a good father'이기 때
    문에, 예문의 make는 3형식 동사가 아니라 2형식 동사입니다. 간혹, 동사
    make가 예문처럼 2형식으로 사용되는 경우가 있습니다. 이런 경우 make는
    become의 의미가 있습니다.

223

■ 2형식 패턴 #4 : S + 인지동사 + SC

seem, look, appear, sound, smell, taste와 같은 인지(認知)동사는 5형식에서 소개될 지각동사(see, watch, hear 등)와 구분되어야 합니다. 인지동사는 타동사로 사용되기도 하지만, 2형식 자동사로 사용되는 경우 'S = SC' 관계가 되어 주어가 주격보어 상태로 인지되는 것입니다. 하지만, 지각동사는 타동사이기 때문에 주어가 지각(知覺)하는 행위의 대상인 목적어 즉, 명사가 반드시 동사 뒤에 나와야 합니다. 이런 차이 때문에 인지동사 뒤에 명사를 붙여 '주어가 어떤 대상처럼 인지된다' 라고 표현할 때는 인지동사 뒤에 like를 붙여서 사용(You look like your father)합니다.

- **인지동사 (seem, look, appear, sound, smell, taste)**
  1. 관계 : **S = SC**
  2. 이해 : 주어 인지되다 주격보어 상태로

- **지각동사 (see, watch, hear 등)**
  1. 관계 : **S + VT + O**
  2. 이해 : 주어 지각하다 (뭘?) 목적어

- You look so terrific today.

  You appear so terrific today.
  - 이해 : 너 보인다 매우 멋진 상태로 오늘
  - 해설 : 'S + VI(인지동사) + SC(형용사)' 형태입니다. 2형식으로 사용되는 동사 look은 주어가 능동적으로 자기 시선을 두어 뭔가를 보는 것이 아니라, 화자(話者)가 겉으로 보기에 주어가 주격보어 상태로 인지된다는 것입니다.

- You seem excited.
  - 이해 : 너 (화자의 주관적 느낌 상) 짐작하건대 흥분된 상태인
  - 해설 : 'S + VI(인지동사) + SC(pp)' 형태입니다. seem에는 화자가 주관적으로 느끼기에 주어가 주격보어 상태로 보인다는 추측의 뉘앙스가 있습니다. 주어

가 흥분되(pp) 있는거 같다는 표현입니다. You seem to be excited가 full sentence지만 to be는 자주 생략됩니다. (look은 외관상으로 '~하게 보인다' 라는 것이고, seem은 화자의 주관적인 느낌상 '~인 것 같다', '~인 것 처럼 보인다'라는 의미입니다. 따라서, seem은 외관적인 묘사보다는 심리 묘사에 많이 쓰입니다.)

• He sounds exhausted on the phone.
  - 이해 : 그 들린다 지친 상태로 접면은 전화
  - 해설 : 'S + VI(인지동사) + SC(pp)' 형태입니다. 동사 sound도 2형식으로 사용되는 동사 look과 마찬가지로 주어가 능동적으로 자기 귀를 기울여 어떤 소리를 듣는 것이 아니라, 화자가 듣기에 주어가 주격보어 상태로 들린다는 것입니다.

• 1. Roses smell sweet.

  2. You smell like a chimney.
  - 이해 1 : 장미들 냄새 난다 달콤한
  - 이해 2 : 너 냄새 난다 = 한 굴뚝
  - 해설 : 인지동사는 주로 형용사류를 주격보어로 사용하지만, 예문2처럼 like를 사용해 명사를 사용할 수도 있습니다. 굴뚝처럼 냄새 난다는 것은 몸에서 악취가 난다는 것입니다.

• 1. It tastes a little salty.

  2. You can taste it.
  - 이해 1 : 그것 맛이 난다 약간 짠
  - 이해 2 : 너 맛볼 수 있다 (뭘?) 그것
  - 해설 : 예문1은 [It(S) + tastes(VI) + a little(부사) + salty(SC:형용사)]입니다.(a little salty를 명사로 착각하면 안됩니다.) 인지동사는 예문2처럼 타동사로 사용되기도 합니다.(3형식) 대부분의 동사가 자동사인 동시에 타동사이기 때문에 이를 식별하기 위해서는 동사 뒤에 명사 유무를 체크해야 합니다.

• This scarf feels so smooth and soft.
  - 이해 : 이 scarf 느껴진다 매우 매끈하고 부드러운
  - 해설 : 'S + VI(인지동사) + SC(형용사)' 형태(This scarf = smooth and soft)입니다. 동사 feel 뒤에 형용사가 나왔기 때문에 예문의 feel은 타동사가 아니라 2형식 인지동사로 이해해야 합니다.

2-3 일반동사
3. 3형식

3형식은 '주어(S) + 타동사(VT) + 목적어(O)' 입니다.
타동사 뒤에는 주어의 행위인 동사가 영향을 미치는 대상인 목적어가
반드시 나옵니다. 목적어가 될 수 있는 품사는 여러분이 이미 알고 있는
대로 명사 즉, 명사 상당 어구[명사 단어, 명사구(to부정사, 동명사 등),
명사절(that s + v, what 명사절 등)]입니다.

3형식 : S + VT + O

(원론적 이해 : 주어가 동사하는데
그 행위가 영향을 미치는 대상은 목적어)

(이해 : 주어 동사하다 (뭘?) 목적어)

• Can you explain this word to me?
  - 이해 : 할 수 있냐? 너 설명하다 (뭘?) 이 단어 → 나
  - 해설 : explain을 4형식 동사로 착각하기 쉬운데, 3형식 동사입니다. 따라서, explain something to somebody나 explain that s + v와 같이 사용해야 합니다. teach는 4형식 동사, explain은 3형식 동사라고 기억하면 좋습니다.

• You will die a slow and painful death.
  - 이해 1 : 너 죽을 것이다 (뭘?) 한 더디고 고통스런 죽음
  - 이해 2 : 너 (죽음으로) 맞이할 것이다 (뭘?) 한 더디고 고통스런 죽음
  - 해설 : 모든 동사를 자동사 아니면 타동사라고 이분법적으로 나눌 수 없습니다. 왜냐하면 영어의 많은 동사가 자동사인 동시에 타동사이기 때문입니다. 어순대로 이해하면서 자동사이면 자동사처럼, 타동사이면(뒤에 명사가 나오는 경우) 타동사답게 이해해야 합니다. 예문에서처럼 동사 die 뒤에 명사(a slow and painful death)가 나오면, 이 문장에서 die는 타동사로 사용된 것이기 때문에 타동사스럽게 이해하려고 해야합니다.

| 일반동사 - 3 형식 |

• You did good.

  - 이해 : 너 했다 (뭘?) 선한 일/좋은 일

  - 해설 : 위 예문의 경우 do 뒤에 good이 나왔으면 good이 명사는 아닌가 하고 의심을
            해봐야 합니다. 따라서, 전후 문맥에 맞게 good을 명사처럼 이해해 보고, 사전
            (辭典) 참조가 필요한 경우 good에 명사 품사는 없는지 찾아봐야 합니다.

• The teacher marched the boys out to the lake.

  - 이해 1 : 그 선생님 행진시켰다 (뭘?) 그 소년들 밖으로 → 그 호수

  - 이해 2 : 그 선생님 (걷도록 강요해서) 데려 갔다 (뭘?) 그 소년들 밖으로 → 그 호수

  - 해설 : 동사 march 다음에 명사 the boys가 나왔기 때문에, 이 문장에서 march는 타
            동사로 사용된 것입니다. 타동사라면 타동사스럽게 이해1처럼 어순대로 이해
            합니다. 동사 march는 주로 '행진하다' 라는 의미의 자동사로 사용되지만, 사전
            (辭典) 참조를 하면 이해2와 같은 타동사 의미가 따로 정의되어 있습니다.

• Wild boars roam the forests for food.

  - 이해 1 : 야생 멧돼지들 roam하다 (뭘?) 그 숲들 목표는 음식

  - 이해 2 : 야생 멧돼지들 배회한다 (뭘?) 그 숲들 목표는 음식

  - 해설 : 동사 자리에 모르는 단어가 나오면 전후 문맥을 통해 그 의미를 유추해 보고,
            그래도 모르겠으면 이해1처럼 발음으로라도 동사처럼 이해하려고(roam하다)
            노력해야 합니다. 위 예문은 동사 roam 다음에 명사 the forests가 나왔기 때문
            에 타동사입니다. 따라서, 'roam하다 (뭘?)'처럼 최대한 타동사스럽게 이해합
            니다.

• He cups his mouth to the phone.

  - 이해 1 : 그 cup하다 (뭘?) 그의 입 → 전화기

  - 이해 2 : 그 [손을 (컵 모양으로) 동그랗게 모아 쥐며] 감싸다 (뭘?) 그의 입 → 전화기

  - 해설 : 단어 cup에 '컵'을 의미하는 명사 품사만 있는 것은 아닙니다. 예문에서 주어
            He 다음에 바로 cup이 나왔기 때문에, cup이 동사일 확률이 높으므로 이해1과
            같이 동사처럼 이해해야 합니다. 또한, 동사인데 뒤에 명사 his mouth가 나왔
            으므로 최대한 타동사스럽게 이해합니다. 예문은 남이 들을까 봐 자신의 입과
            전화기의 마이크 부분을 손으로 컵처럼 감싸고 조심스럽게 말하는 장면을 묘사
            하고 있습니다.

227

- I guess it is true that like seeks like, said my uncle.
  - 이해 : 나 짐작한다 (뭘?) 그것 = 사실인 (뭐가?) 비슷한 것 추구한다 (뭘?) 비슷한 것,
    라고 말했다 나의 삼촌이
  - 해설 : that절 맨 앞에는 주어가 나옵니다. 따라서, like를 주어로 가정하고 명사처럼(~
    것) 이해해야 합니다. seek 다음에 나오는 like도 동사 다음에 나왔으므로 목적
    어로 가정하고 명사처럼 이해해 봅니다. 'it(가주어) = that like seeks like (진주어
)', 진주어가 긴 경우 문장의 명료성을 위해 가주어 it을 사용합니다.

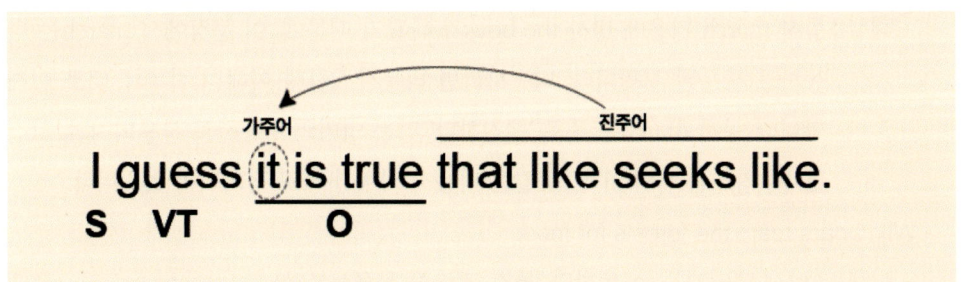

일반동사 - 4 형식

2-3 일반동사
4. 4형식

4형식은 '주어(S) + 타동사(VT) + 간접목적어(IO) + 직접목적어(DO)' 입니다. 일반적으로 간접목적어 자리에는 사람이, 직접목적어 자리에는 사물이 나옵니다.

4형식 : S + VT + IO + DO
(이해 : 주어 동사하다 IO에게 DO를)
(대표 동사 : give, tell, teach, show, owe 등)
= S + VT + DO + to IO
(이해 : 주어 동사하다 (뭘?) DO ➡ IO)

4형식 문장은 3형식으로 전환이 가능한데, 특히, give류 동사들(hand, show, offer, pass, grant 등)을 3형식으로 많이 전환해 사용합니다. 영어 어순 원리나 어순에 따른 이해에 있어서도 3형식 전환 문장이 4형식보다 더 자연스러우며, 원어민도 3형식 전환 문장을 일상생활에서 자주 사용합니다. tell 동사는 정보 전달이 목적인 경우 that절과 함께 4형식으로 많이 사용되지만(tell somebody that s+v, tell somebody something), 목적어에게 뭔가를 지시하는 사역(使役)의 의미인 경우에는 to부정사와 함께 5형식으로도 많이 사용(tell somebody to do)됩니다.

- He gave me a present.
  → He gave a present to me.
  - 이해 1 : 그 주었다 나에게 한 선물
  - 이해 2 : 그 주었다 한 선물 → 나
  - 해설 : give류 동사들은 3형식으로도 많이 사용하며, 어순에 따른 이해에 있어서도 3형식 전환 문장이 더 자연스럽게 이해됩니다.
- My father taught me how to swim.
  - 이해 : 나의 아버지 가르쳐줬다 나에게 방법 수영하는

229

- 해설 : teach는 3형식 동사가 아니라 4형식 동사입니다.

- 1. He couldn't tell his wife that he was fired.

  2. I told him to finish it.
  - 이해 1 : 그 말할 수 없었다 그의 아내에게 그 해고당한 것
  - 이해 2 : 나 시켰다 그에게 앞으로 끝내다 그것
  - 해설 : 동사 tell은 정보 전달이 목적인 경우에는 4형식으로, 목적어에게 지시를 내리는 사역의 의미인 경우에는 5형식(told → him = to finish)으로 사용됩니다.

- You owe me an apology.
  - 이해 : 너 빚지고 있다 나에게 한 사과
  - 해설 : 동사 owe도 4형식으로 자주 사용되는 대표 동사입니다.

- I will pay him a visit.
  - 이해 : 나 지불할 것이다 그에게 한 방문
  - 해설 : 상대방을 방문한다는 의미를 예문과 같이 동사 pay를 사용해 4형식 문장으로 표현할 수 있습니다.

- She fixes me a sandwich.
  → She fixes a sandwich for me.
  - 이해 1 : 그녀 준비(마련)하다 나에게 한 sandwich
  - 이해 2 : 그녀 준비(마련)하다 한 sandwich 목표는 나
  - 해설 : 한 단어에는 같은 품사라도 전혀 의외의 뜻이 있을 수 있습니다. 이런 경우 문맥을 통해 의미를 유추할 수 있어야 합니다. 4형식 문장을 3형식으로 전환 시 이해2와 같이 전치사 to 이외에도 문맥에 맞게 다양한 전치사가 사용될 수 있습니다.

- You have done our community a great service.
  - 이해 : 너 해왔다 우리 지역 사회 한 훌륭한 봉사
  - 해설 : do 동사로도 4형식 문장을 만들 수 있습니다. do 동사가 3형식으로만 사용된다는 선입견을 버려야 합니다. 어떤 동사는 타동사고, 어떤 동사는 몇 형식으로만 사용된다는 법은 없기 때문에 어순에 따라 이해하면서 유연하게 문맥에 따른 이해를 할 수 있어야 합니다.

2-3 일반동사
5. 5형식

5형식은 '주어(S) + 타동사(VT) + 목적어(O) + 목적격보어(OC)' 입니다. 5형식 문장은 단순한 구조임에도 불구하고 단문으로 함축된 의미를 전달하는데 탁월한 능력을 발휘하기 때문에 영어 문장 표현의 꽃으로도 불립니다. 이러한 5형식 문장에 자주 사용되는 동사와 패턴을 알고 있으면, 다음에 등장할 문장의 구조와 의미를 미리 예측할 수 있기 때문에 어순대로 빠른 이해를 하는데 많은 도움이 됩니다.

- I noticed that the door was unlocked. [3형식 : S + VT + 목적어절(명사절)]
  → I noticed the door unlocked.
    [5형식 : S + VT + O + OC, the door = unlocked]
- I saw that you were dancing. [3형식 : S + VT + 목적어절(명사절)]
  → I saw you dancing. [5형식 : S + VT + O + OC, you = dancing]

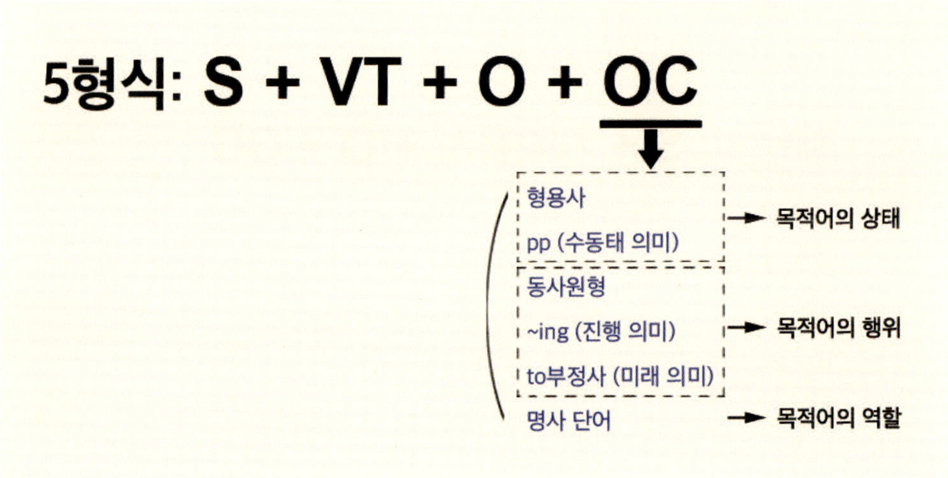

주격보어가 주어의 상태나 역할을 표현하는 것이라면(S = SC), 목적격보어는 목적어의 상태나 역할과 더불어 **목적어의 행위를 표현**(O = OC)합니다. 따라서, 너무나 당연한 얘기지만, 어순대로 이해해야 자연스럽게 의미가 연결됩니다. 목적격보어도 보어이기 때문에 위 그림과 같이 목적격보어 자리에 다양한 형태가 올 수 있습니다. **현재분사는 능동 혹은 진행의 의미로, 과거분사는 수동태 의미로, to부정사는 미래 의미**를 내포해서 이해한다는 것만 주의하면 됩니다.

또한, 기본 편 '문장 확장' 챕터에서 배운 바와 같이 **목적격보어(OC)가 타동사인 경우 자기 자신의 목적어를 취하거나, 목적격보어가 자동사인 경우 자신의 보어를 뒤에 둘 수도 있습니다.**(목적격보어가 자신의 보어를 취하는 경우 : You make me <u>feel</u> **sick**.)

5형식에는 일반적인 5형식 패턴 외에 사역동사나 지각동사 같은 중요한 패턴이 존재합니다. 아래 그림에 5형식 패턴을 정리하였습니다.

5형식 : S + VT + O + OC

패턴 1 : S + 일반동사 + O + OC

(이해 : 주어 동사하다 ➡ 목적어 = 목적격보어)

패턴 2 : S + 사역동사 + O + OC

(이해 : 주어 시키다/만들다 목적어가 목적보어하게/되게)
(대표 동사 : have, get, make, let 등)

패턴 3 : S + 지각동사 + O + OC

(이해 : 주어 지각하다 목적어가 목적보어하는/되는)
(대표 동사 : see, watch, hear, feel, find, notice, listen to 등)

5형식 패턴에 따른 예문을 통해 5형식 문장에 익숙해지시기 바랍니다.

■ **5형식 패턴 #1 : S + 일반동사 + O + OC**

• I left the door open.
  - 이해 : 나 그대로 뒀다 그 문 열린 상태로/채로
  - 해설 : 'S+VT+O+OC(형용사)' 형태입니다.(left→the door=open. 여기서 → 는 이전에도 언급했지만 to를 상징하는 이미지가 아니라, 동사가 영향을 미치는 대상이 목적어라는 의미로 사용하는 기호입니다.) 목적격보어 open이 목적어 the door의 상태를 알려 주고 있습니다.

| 일반동사 - 5 형식 |

- I will keep you updated.
  - 이해 : 나 유지할 것이다 너 업데이트된 상태로
  - 해설 : 'S+VT+O+OC(pp)' 형태(keep→you=updated)입니다. 목적격보어가 과거
    분사(updated)이므로 수동태 의미(네가 업데이트된)로 이해합니다. 목적격보
    어 updated가 목적어 you의 상태를 표현해 주었습니다.

- I will make them do this right now.
  - 이해 : 나 만들 것이다 그들 하게 (뭘?) 이것 당장
  - 해설 : 'S+사역동사+O+OC(동사원형)' 형태(make→them=do)입니다. make는 대
    표적인 사역동사입니다. make는 보통 3형식이나 5형식으로 사용되기 때문
    에 문장에서 make를 만나면 앞으로 문장이 3형식 또는 5형식으로 전개될 것
    이라는 점을 미리 염두에 두고 어순대로 이해하는 것이 좋습니다. 목적격보어
    do가 타동사기 때문에 뒤에 자신의 목적어 this를 두는 형태로 문장이 연장되
    었습니다.

- This machine helps me breathe well.
  - 이해 : 이 기계 돕는다 나 숨쉬게 잘
  - 해설 : 'S+VT+O+OC(동사원형)' 형태(help→me=breathe)입니다. 동사 help도 3
    형식뿐만 아니라 5형식으로도 자주 사용되는 동사입니다.

- Doctors and nurses help keep the hospital running properly.
  - 이해 : 의사들 그리고 간호사들 돕는다 (뭘?) 유지하는 것 병원 돌아가게 적절히
  - 해설 : 동사 help에는 특이한 속성이 있습니다. help는 원형부정사를 목적어로 사용
    할 수 있기 때문에 예문과 같이 '본동사(help)+원형부정사(keep)' 형태가 되
    어 마치 본동사가 두 개인 것처럼 보입니다.(영국은 원형부정사 대신 to부정
    사 사용) 예문은 3형식 문장(Doctors and nurses help keep)에서 목적어인
    타동사 keep이 다시 5형식 형태(keep→the hospital=running)를 중첩시킨
    문장입니다.

Doctors and nurses help keep the hospital running properly.
　　　　S　　　　　VT　O　_____ _____
　　　　　　　　　　(vt)　　　o　　　　　oc

233

- 1. They won't allow us to enter there.
 2. He asked me to lend him some more money.
  - 이해 1 : 그들 허락하지 않을 것이다 우리 앞으로 들어가게 거기
  - 이해 2 : 그 요청했다 나 앞으로 빌려주다 그에게 약간의 더 많은 돈
  - 해설 : 'S+VT+O+OC(to부정사)' 형태(allow→us=to enter, ask→me=to lend)입니다. 목적격보어가 to부정사이므로 미래 의미로 이해합니다. 예문2는 목적격보어 to lend가 타동사면서 주로 4형식 패턴으로 사용되는 동사기 때문에, 기본틀인 5형식 문장에 4형식 패턴이 내부적으로 중첩된 형태로 문장이 확장되었습니다. allow, ask 동사와 더불어 tell, enable, cause 등의 동사도 to부정사를 목적격보어로 취하는 대표적인 5형식 동사들입니다.

- They called it "The Butterfly Effect."
  - 이해 : 그들 명명했다 그것 = "The Butterfly Effect"
  - 해설 : 'S+VT+O+OC(명사 단어)' 형태(call→it=The Butterfly Effect)입니다. 목적격보어 자리에 명사를 사용해 목적어의 역할을 나타내 주었습니다.

- He didn't want his privacy invaded.
  - 이해 : 그 원하지 않았다 그의 사생활 침해되는
  - 해설 : 'S+VT+O+OC(pp)' 형태(want→his privacy=invaded)입니다. 목적격보어가 과거분사(invaded)이므로 수동태 의미(사생활이 침해되는)로 이해합니다. 5형식 want 동사의 목적격보어 자리에 to부정사만 올 수 있다는 선입견을 버려야 합니다. 전달하려는 의미의 뉘앙스 혹은 목적어와 목적격보어의 관계에 따라 목적격보어 자리에 to부정사뿐만 아니라 현재분사, 과거분사도 올 수 있습니다.

- I don't want my boy growing up with a whisper about him.
  - 이해 : 나 원하지 않는다 내 아들 성장해가다 함께하는 것은 (주변 사람들의) 쑥덕거림 둘러싸는 것은 그
  - 해설 : 'S+VT+O+OC(~ing)' 형태(want→my boy=growing)입니다. 5형식 want 동사지만 목적격보어 자리에 현재분사를 사용할 수 있습니다. 목적격보어 자리에 현재분사(growing)가 나왔기 때문에 목적어 행위의 현장감과 생동감을 강조하는 진행의 의미로 이해합니다. grow up '자라다 위로 => 성장하다'.

|일반동사 - 5형식|

- This very interesting story kept me wanting to keep turning pages.
  - 이해 : 이 매우 흥미로운 이야기 지속시켰다 나 원하게 (뭘?) 지속하다 (뭘?) 넘기는
    것 (뭘?) 페이지
  - 해설 : 이 문장의 기본틀은 'S+VT+O+OC(~ing)'으로 5형식 형태(kept→me=wanting)
    입니다. 기본틀 이후로 목적어 자리에 계속 타동사가 나오면서 목적어가 꼬리
    에 꼬리를 물고 있습니다.

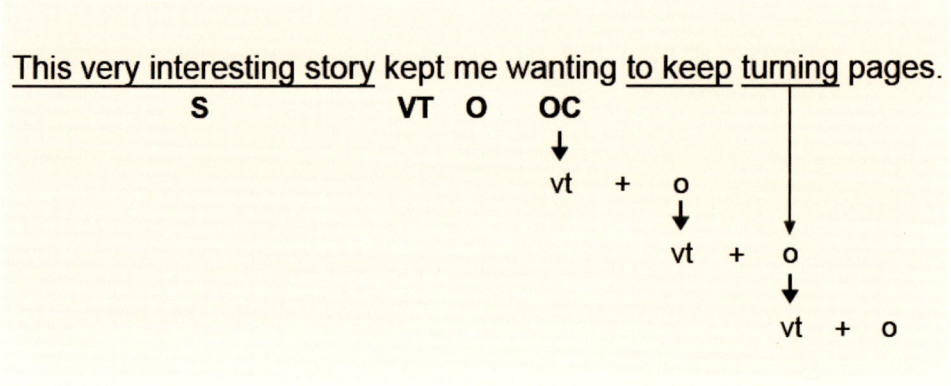

■ 5형식 패턴 #2 : S + 사역동사 + O + OC

사역동사(have, get, make, let 등)는 기본적으로 명령의 의미를 내포하고 있습니다. 주어가
사역동사의 행위로 목적어가 목적격보어 하게(능동)/되게끔(수동) 만드는 것입니다. 원어
민은 사역동사 목적격보어 자리에 동사원형, 과거분사(pp, 수동태 의미)뿐만 아니라 상황
에 따라 현재분사(~ing, 진행 의미로 생동감이나 현장감 강조)나 to부정사(미래 의미), 형
용사(목적어의 상태)를 사용해 상황에 맞는 적절한 뉘앙스를 표현합니다. 그렇기 때문에
사역동사 목적격보어 자리에 동사원형이나 과거분사만 올 수 있다는 고정관념은 버려야 합니다.

"사역(使役) : 사람을 부리어 일을 시킴. 또는 시킴을 받아 어떤 작업을 함"

- You have just made us all more nervous.
  - 이해 : 너 딱 만들었다 우리 모두 더 많이 불안한 상태로

235

- 해설 : 'S+사역동사+O+OC(형용사)' 형태(made→us=nervous)입니다. make, have, get, let은 대표적인 사역동사입니다. 문장에서 make, have, get을 만나면 이들은 대부분 3형식이나 5형식으로 사용되기 때문에, 앞으로 문장이 3형식 또는 5형식으로 전개될 것이라는 것을 염두에 두고 어순대로 이해하는 것이 좋습니다. 목적격보어가 형용사이므로 목적어의 상태를 표현한 것입니다.

• They made us wait for two hours.
  - 이해 : 그들 만들었다 우리 기다리게 목표는 2시간
  - 해설 : 'S+사역동사+O+OC(동사원형)' 형태(made→us=wait)입니다. 목적격보어 자리에 동사원형이 오면 사실 자체에 초점을 두는 것이기 때문에 그냥 사실 그대로 이해하면 됩니다.

• He made me very embarrassed last time.
  - 이해 : 그 만들었다 나 매우 당황스럽게 지난번
  - 해설 : 'S+사역동사+O+OC(pp)' 형태(made→me=embarrassed)입니다. 목적격보어가 과거분사(embarrassed)이므로 수동태 의미(목적어가 당혹스러움을 당한)로 이해합니다.

• A woman suddenly made her presence known at my side.
  - 이해 : 한 여성 갑자기 만들었다 그녀의 존재 알려지게 접점은 내 측면
  - 해설 : 'S+사역동사+O+OC(pp)' 형태(made→her presence=known)입니다. 목적격보어가 과거분사(known)이므로 수동태 의미(그녀의 존재가 **알려지는**)로 이해합니다. 예문은 한 여성이 갑자기 내 옆에 등장해 인식되는 상황을 사역동사 과거분사 형태로 표현하였습니다.

• 1. I had him cut my hair.

  2. I had my hair cut.
  - 이해 1 : 나 시켰다 그 자르게 (뭘?) 내 머리카락
  - 이해 2 : 나 시켰다 (누군가에게) 내 머리카락 커트**되게**
  - 해설 : 둘 다 사역(使役)의 의미지만 첫 번째 문장은 목적어 자리에 행위를 능동적으로 실행하는 사람이 나왔으므로 목적격보어 자리에 동사원형인 cut을 사용했고, 두 번째 문장은 목적어 자리에 나온 대상이 외부로부터 영향을 받아야 하기에 목적격보어 자리에 수동태 의미인 과거분사 cut을 사용했습니다.(동사 cut은 원형, 과거형, 과거분사형이 cut으로 동일합니다.)

|일반동사 - 5 형식|

- He had the boy take off his shoes.
  - 이해 : 그 시켰다 그 소년 취해서 떼어내게 (뭘?) 그의 신발들
  - 해설 : 'S+사역동사+O+OC(동사원형)' 형태(had→the boy=take off)입니다. 목적격
    보어 자리에 동사원형이 나왔으므로 사실 자체로 이해하면 됩니다. take off
    '취해서 떼어내다 → 벗다/벗기다'.

- I will have someone take you around.
  - 이해 : 나 시킬 것이다 누군가 취하다 너 빙 돌게
  - 해설 : 'S+사역동사+O+OC(동사원형)' 형태(have→someone=take)입니다. 목적격
    보어(take)가 타동사기 때문에 다시 자신의 목적어 you를 취했습니다. 누군
    가를 시켜서 주위를 한 바퀴 둘러보게 해주겠다는 표현입니다.

- I don't think we need to have him all tied up.
  - 이해 : 나 생각하지 않는다 (뭘?) <u>우리 필요하다 앞으로 만드는 것 그 완전히 묶어놓다</u>
  - 해설 : 동사 need의 목적어인 타동사 to have가 have 이하를 5형식 패턴(to
    have→him=tied up)으로 구성했습니다. 사역동사의 목적어 him이 묶임을
    당하기 때문에 목적격보어는 과거분사(tied) 형태가 되어야 합니다.

- I had one of my people waiting for her at her apartment building.
  - 이해 : 나 시켰다 하나 (그 하나와) 관련 있는 것은 내 사람들 기다리고 있게 목표는
    그녀 접점은 그녀의 아파트 건물
  - 해설 : 'S+사역동사+O+OC(~ing)' 형태(had→one=waiting)입니다. 목적격보어가
    현재분사(waiting)이므로 목적어(one) 행위의 현장감과 생동감을 강조하는
    진행의 의미로 이해합니다.(여자를 감시하려고 부하 하나를 보냈고, 그때부터
    지금까지 계속 감시하고 있음을 현재분사를 통해 표현했습니다.)

- Let your imagination run wild.
  - 이해 : 만들어라 너의 상상력 달리게 거침없이
  - 해설 : '사역동사+O+OC(동사원형)' 형태(Let→your imagination=run)입니다. 본
    동사가 아닌 타동사가 자기 자신의 목적어를 취하듯, 예문에서 자동사인 목적
    격보어 run이 자기 자신의 보어로 형용사 wild를 취했습니다.(2형식 패턴2를
    참고하시기 바랍니다.)

237

- Let it be.
  - 이해 : 만들어라(해라!) 그것 존재하게
  - 해설 : '사역동사+O+OC(동사원형)' 형태(Let→it=be)입니다. 목적어(it)의 존재 그 자체로 존재(be)할 수 있게 간섭하지 말고 순리에 맡기라는 의미입니다.
- Let it go.
  - 이해 : 만들어라(해라!) 그것 가게
  - 해설 : '사역동사+O+OC(동사원형)' 형태(Let→it=go)입니다. 목적어(it)가 자기 갈 길을 가도록(go) 막지 말고 놔두라는 의미입니다.
- 1. I had my passport stolen.
  2. He had his license taken away for speeding.
  - 이해 1 : 나 겪었다 내 여권 도난 **당하는**
  - 이해 2 : 그 겪었다 그의 운전면허증 박탈**되는** 이유는 속도위반
  - 해설 : 사역동사는 기본적으로 명령의 의미를 갖고 있지만, 예외적으로 예문과 같이 주어가 **부정적인 사건/사고를 당하는 경우**에는 명령의 의미가 아니라, **그런 부정적인 사건/사고를 겪었다**는 식으로 이해해야 합니다.

■ 5형식 패턴 #3 : S + 지각동사 + O + OC

지각(知覺)이란 감각기관을 통해 어떤 대상을 인식하는 것입니다. see, watch, hear, feel, find, notice, listen to 같은 지각(知覺)동사는 목적격보어 자리에 동사원형, 현재분사(~ing), 과거분사(pp), 형용사가 나올 수 있습니다. 하지만, to부정사나 명사 단어는 목적격보어로 사용하지 않습니다.

- 1. I saw you dance.
  2. I saw you dancing.
  - 이해 1 : 나 보았다 너 춤추는
  - 이해 2 : 나 보았다 너 춤추고 있는
  - 해설 : 'S+지각동사+O+OC(동사원형/~ing)' 형태(saw→you=dance/dancing)입니다. 사역동사와 마찬가지로 지각동사 목적격보어 자리에 동사원형이 나오면 사실 자체에 초점을 두는 것이고, 현재분사(~ing)가 나오면 시제에 상관없이

특정 시점에 목적어 행위의 생동감과 현장감(~하고 있는)을 강조하는 진행의 의미로 이해합니다.

- 1. He saw his homework passed around.

  2. He saw his homework being passed around.

  - 이해 1 : 그 보았다 그의 숙제 건네지는 빙 돌아서

  - 이해 2 : 그 보았다 그의 숙제 건네지고 있는 빙 돌아서

  - 해설 : 예문1은 'S+지각동사+O+OC(pp)' 형태(saw→homework=passed)입니다. 목적격보어가 과거분사(passed)이므로 수동태 의미(숙제가 이리저리 **건네짐 당하는**)로 이해합니다. 예문2는 목적격보어에 수동태 진행형을 사용해 단지 사실을 언급하는 예문1보다 상황의 생동감을 더 살렸습니다.

- I could see some guys dressed in orange and carrying shovels dragging themselves toward the prison.

  - 이해 : 나 볼 수 있었다 몇몇 남자들 입은 안이고, 밖에서 둘러싸고 있는 것은 오렌지색 그리고 **들고 가고 있는** (뭘?) 삽들, **질질 끌고 가면서** (뭘?) 그들 자신 방향은 교도소

  - 해설 : 'S + 지각동사 + O + OC(pp/~ing)' 형태(saw→guys=dressed /carrying)입니다. 목적격보어가 두 개인 문장으로 첫 번째 목적격보어는 과거분사(dressed) 수동태 의미로 목적어(guys)가 입혀져 있는 것이고, 두 번째 목적격보어는 현재분사(carrying)를 사용해 목적어(guys)의 행위(carry)를 현장감 있게 생중계하듯(carrying) 묘사한 것입니다. 문장 중간의 dragging은 문맥상 동시 행위를 표현하는 분사구문(~하면서)으로 이해하는 것이 적절합니다. 주어가 오렌지색 죄수복을 입은 죄수들의 일상을 관찰하는 내용입니다.

I could see	some guys	dressed	in orange and carrying	shovels		dragging	themselves ~.
S	VT	O	OC 1	OC 2	↓	분사구문	↓
				(vt)	o	(vt)	o

• I heard a bullet pass above me.

- 이해 : 나 들었다 한 총알 통과하는 위로, 그 밑에 있는 것은 나

- 해설 : 'S+지각동사+O+OC(동사원형)' 형태(heard→a bullet=pass)입니다.

• I heard her whisper something to the dog.

- 이해 : 나 들었다 그녀 속삭이는 뭔가 → 그 개

- 해설 : 'S+지각동사+O+OC(동사원형)' 형태(heard→her=whisper)입니다. 목적격보어 whisper가 타동사기 때문에 자기 자신의 목적어(something)를 취했습니다.

• ~ 현재 문맥 ~ You might hear the sentence spoken this way.

- 이해 : 너 (강한 추측) 듣다 그 문장 말해지는 이런 식으로

- 해설 : 'S+지각동사+O+OC(pp)' 형태(hear→the sentence=spoken)입니다. 목적격보어가 과거분사(spoken)이므로 수동태 의미(그 문장이 말해지는)로 이해합니다.

• I listened to James finish what he was saying.

- 이해 : 나 귀를 기울였다 → James 끝마치는 (뭘?) 그가 말하고 있는 것

- 해설 : 'S+지각동사+O+OC(동사원형)' 형태(listened to→James=finish)입니다. 동사 listen은 listen to 형태로 주로 1형식으로 사용되지만, 예문과 같이 5형식으로 사용되는 경우가 종종 있습니다. 목적격보어 finish가 타동사기 때문에 자기 자신의 목적어를 what 명사절 형태로 취했습니다.

• She suddenly felt somebody touch her on the shoulder.

- 이해 : 그녀 갑자기 느꼈다 누군가 만지는 그녀 접면은 어깨

- 해설 : 'S+지각동사+O+OC(동사원형)' 형태(felt→somebody=touch)입니다.

• I found my sister in my room reading my journal.

- 이해 : 나 발견했다 내 여동생 in 내 방 읽고 있는 (뭘?) 내 일기

- 해설 : 'S+지각동사+O+OC(~ing)' 형태(found→sister=reading)입니다. 지각동사 목적격보어 자리에 현재분사(~ing)가 나오면 시제에 상관없이 특정 시점 목적어 행위의 생동감과 현장감을 강조하는 것이므로, 진행의 의미(~하고 있는)로 이해합니다. 목적어(my sister)와 목적격보어(reading) 사이에 전치사구(in my room)가 끼어 있다고 전체 문장 구조를 놓쳐서는 안 됩니다. my sister in my room은 전치사 챕터에서 배운 바와 같이 전치사구 형태로 앞에

있는 명사(my sister)를 보충 설명하는 일종의 명사 부가설명(my sister ~~who~~ ~~is~~ in my room : 내 여동생 (누구냐면) 존재하는 in 내 방)입니다.

• He found himself fascinated by computer programming.
  - 이해 : 그 발견했다 그 자신 매료되어 있는 영향력의 원천은 computer programming
  - 해설 : 'S+지각동사+O+OC(pp)' 형태(found → himself=fascinated)입니다. 목적격보어가 과거분사(fascinated)이므로 수동태 의미(그 자신이 매혹**됨을 당한**)로 이해합니다.

• Did you notice anyone go out?
  - 이해 : 너 알았었냐? 누군가 가다 밖으로
  - 해설 : 'S+지각동사+O+OC(동사원형)' 형태(notice → anyone=go)입니다.

• I watched him watching Jane watching her daughter's violin performance.
  - 이해 : 나 보았다 그 보고 있는 (뭘?) Jane 보고 있는 (뭘?) 그녀 딸의 violin 공연
  - 해설 : 'S+지각동사+O+OC(~ing)' 형태(watched → him=watching)입니다. 목적격보어인 타동사 watching이 다시 5형식 형태를 중첩(watching → Jane=watching)시켰습니다. 마지막으로 중첩된 watching이 타동사기 때문에 다시 자기 자신의 목적어(her daughter's violin performance)를 취했습니다.

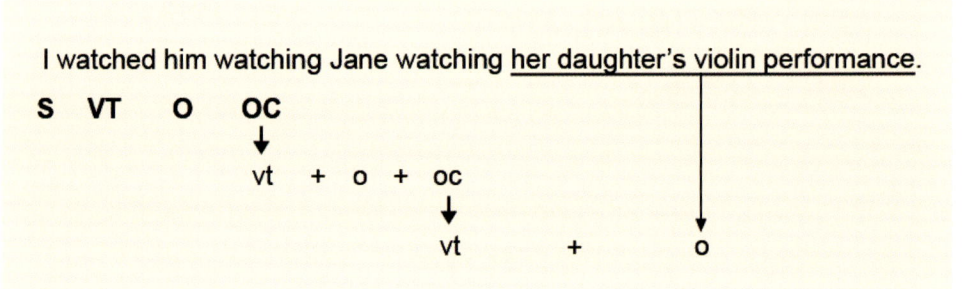

241

2-3 일반동사
6. 만능 동사 get

전치사 중에서도 가장 중요한 전치사가 of, in, to라면, 영어 단어 전체에서 제일 중요하고 가장 빈번하게 사용되는 단어는 get, take라고 말하고 싶습니다. 혹자는 get 동사만으로 거의 모든 영어 표현이 가능하다고 말하기도 합니다. 그만큼 get 동사는 정말 다재다능한 만능 동사입니다.

동사 get은 아래 그림과 같이 1형식부터 5형식까지 두루 사용되며, 각 형식마다 다른 의미를 내포하고 있는 참 독특한 동사입니다.

get

1형식 : **위치하다**

2형식 : 상태가 변하다 (**become**) or
　　　　 수동태에서 be동사 대신 사용

3형식 : ┌ 얻다 (가장 대표적인 **get**)
　　　　 └ 위치시키다

4형식 : 주다 (**give**), 사주다

5형식 : **사역동사**

예문을 통해 동사 get이 왜 만능 동사라고 불리는지 직접 느껴 보시기 바랍니다.

• Get out! Get behind me. Get back. I got home. I got there. Get off me. Get away from me. Get out of my house. Get back in the car. Get back to work.

- 이해 : 위치해라 밖에! / 위치해라 뒤에, 앞에 있는 것은 나 / 위치해라 뒤로(or 제자리로) / 나 위치했다 집에 / 나 위치했다 거기 / 위치해라 떨어졌는데, 그 대상은 나 / 위치해라 떨어져 출발점은 나 / 위치해라 밖에, 빠져 나온 곳은 내집 / 위치해라 제자리로 안에, 밖에서 둘러싸고 있는 것은 그 차 / 위치해라 다시 → 업무

|일반동사 - 만능 동사 get|

- 해설 : **동사 get이 1형식일 때의 의미는 '위치하다' 입니다.** 이런 경우 동사 get 뒤에는 주로 부사나 전치사구[S+get+to+장소(명사)]가 나옵니다. 집에 들어올 때 I got home이라고 말하는 이유도, 외부에 있다가 현재 위치하고 있는 곳이 집이기 때문입니다.(위에서 home은 부사로 쓰였기 때문에, I got to home이라고 하지 않습니다.)

• 1. I get to school.

2. I will get back to you.

3. He got to the point.

- 이해 1 : 나 위치하다 → 학교

- 이해 2 : 나 위치할 것이다 다시 → 너

- 이해 3 : 그 위치했다 → 요점

- 해설 : 'S + get + 전치사구' 형태입니다.(1형식) 동사 get은 일반적으로 예문 1~2와 같이 물리적인 공간에 위치한다는 의미로 사용되지만, 예문3과 같이 물리적인 실제 장소뿐만 아니라, **추상적인 내용에 도달해** 특정 상황을 잘 파악하고 있다는 의미로도 사용될 수 있습니다.

• Some officers got in her face.

- 이해 : 몇몇 경찰관들 위치했다 in 그녀의 얼굴

- 해설 : 'S + get + 전치사구' 형태입니다.(1형식) 몇몇 경찰관들이 그녀 앞에 갑자기 모습을 드러낸 상황을 묘사하는 내용입니다.

• It gets on my nerves.

- 이해 : 그것 위치하다 접면은 내 신경

- 해설 : 'S + get + 전치사구' 형태입니다.(1형식) 뭔가가 내 신경에 접면해서 닿았다는 것은 뭔가 심리적으로 자신의 긴장이나 불안을 야기시키는 일이 발생하여 신경이 쓰인다는 것입니다.

• I get angry. I get sick. I get sleepy. She got mad. I got scared. I get tired of something. The days are getting shorter. Go get ready for dinner.

- 이해 1 : I become angry. I become sick. I become sleepy. She became mad. I became scared. I become tired of something. The days are becoming shorter. Go become ready for dinner.

243

- 이해 2 : 나 되다 화난. 나 되다 아픈. 나 되다 졸린. 그녀 되었다 매우 화난. 나 되
었다 겁먹은. 나 되다 질린 관련 있는 것은 어떤 것. 낮 점점 되다 짧은 더.
가서 되라 준비된 목표는 저녁
- 해설 : **동사 get이 2형식일 때의 의미는 'become'입니다.** 이런 경우 동사 get 뒤에는 주
로 형용사류(S+get+형용사류)가 나옵니다. 'S+be동사+형용사'가 주어의 상
태 자체에 초점을 둔다면, 'S+get+형용사'는 주어의 상태 변화에 초점을 맞추는
것입니다.

• Things have gotten worse.
- 이해 : 일들(형편/상황) 되었다 더 나쁜
- 해설 : 'S+get+형용사류' 형태입니다.(2형식)

• 1. Nobody was hurt.
→ Nobody got hurt.

2. I get lost. I got fired. I get paid. I got stuck.

3. I get married. I got divorced. I get dressed.
- 이해 1 : 아무도 다치지 않았다
- 이해 2 : 나 (길을) 잃게 되다. 나 해고 당했다. 나 (돈) 지금 받다. 나 (뭔가에) 걸려
꼼짝 못하게 되었다
- 이해 3 : 나 결혼하다. 나 이혼했다. 나 (옷) 입다
- 해설 : 'S+get+과거분사' 형태입니다.(2형식) 'be동사+pp'인 수동태는 be동사를 get
으로 대체할 수 있습니다. 'S+get+과거분사'는 수동태 상태 자체보다는 수동
태의 상태에 처하게 된 **변화 과정에 초점**을 맞추는 표현입니다. 예문3은 수동
태 의미는 아니지만 수동태로 표현되는 문장들입니다.

• I noticed that the closer we got to the police station, the quieter he got.
- 이해 : 나 알아챘다 (뭘?) 가까이 더 우리 위치했다 → 경찰서, 조용한 더 그 되었다
- 해설 : 한 문장 안에 있는 get이지만 서로 다른 의미를 갖고 있습니다. 첫 번째 get은
1형식 '위치하다' 의미로 사용되었고, 두 번째 get은 2형식 become 의미로 사
용되었습니다.

• A : Do you understand?
B : I get it.
- 이해 : 너 이해하냐? 나 이해한다 그것.

|일반동사 - 만능 동사 get|

- 해설 : 'S+get+O' 형태입니다.(3형식) 동사 get이 3형식으로 사용될 때는 실체가 있는 사물을 '얻을' 때뿐만 아니라, 사고 작용을 통해 뭔가를 인지하고 이해할 때도 get을 사용할 수 있습니다.

• We couldn't get the piano through the door.
- 이해 : 우리 위치시킬 수 없었다 (뭘?) 그 피아노 관통하는 것은 그 문
- 해설 : 'S+get+O' 형태입니다.(3형식) 동사 get이 1형식일 때는 '위치하다' 라는 자동사지만, 3형식일 때는 '위치시키다' 라는 타동사 의미가 있습니다.

• We had better call a taxi and get you to the airport.
- 이해 : 우리 부르는 게 좋겠다 (뭘?) 한 택시 그리고 위치시키다 너 → 공항
- 해설 : 'S+get+O' 형태입니다.(3형식)

• My dad got me a kitten named Jewel.
- 이해 : 나의 아버지 사줬다 나에게 한 새끼 고양이 이름 붙여진 Jewel 이라고
- 해설 : 'S+get+IO+DO' 형태입니다.(4형식) **동사 get이 4형식으로 사용될 때는 'give', 'buy'의 의미가 있습니다.** a kitten named는 'n+pp' 형태의 명사 부가설명입니다.(Jewel은 a kitten named의 보어입니다.)

• She got us something to drink and eat.
- 이해 : 그녀 줬다 우리에게 어떤 것 앞으로 마실 그리고 먹을
- 해설 : 'S+get+IO+DO' 형태입니다.(4형식) something to drink and eat은 'n + to 부정사' 형태의 명사 부가설명입니다.

• My teacher found a way to get my poems published.
- 이해 : 나의 선생님 찾았다 한 방법 앞으로 만들 내 시들 출판되는
- 해설 : 'S+get(사역동사)+O+OC(pp)' 형태(get→poems=published)입니다. **동사 get이 5형식으로 사용될 때는 사역동사 의미가 있습니다.** 목적격보어가 과거분사 (published)이므로 수동태 의미(시들 출판**되다**)로 이해합니다.

• I have to get her to trust me again.
- 이해 : 나 만들어야 한다 그녀 앞으로 신뢰하게 (뭘?) 나 다시
- 해설 : 'S+get(사역동사)+O+OC(to부정사)' 형태(get→her=to trust)입니다. 목적격 보어가 to부정사이므로 미래 의미로 이해합니다.(사역동사 목적격보어 자리에 동사원형, 과거분사만 올 수 있다는 선입견을 버려야 합니다.)

245

• He got the engineers working on the project.
- 이해 : 그 시켰다 기술자들 일하고 있게 접면은 그 project
- 해설 : 'S+get(사역동사)+O+OC(~ing)' 형태(got→engineers=working)입니다. 목적격보어 자리에 현재분사(working)가 나오면 목적어 행위의 생동감과 현장감(~하고 있는)을 강조하려는 것입니다.(이전에 지시를 내려서 계속 일하고 있다는 뉘앙스가 있는 것입니다.)

get과 take는 뭔가를 획득한다는 관점에서 비슷한 의미가 있습니다. 이번에는 get과 take의 차이점에 대해 살펴보도록 하겠습니다. 동사 get, take, have에는 아래와 같은 의미상의 차이가 있습니다.

get, take 차이점

get : 소유의 시작 (얻다)
예) I got a new car.

take : 소유 상태의 변화 (취(取)하다)
예) You took everything from me.

have : 이미 소유하고 있는 상태
예) I have two sisters.

뭔가를 획득한다는 기본 의미의 관점에서 get과 take에는 위와 같은 차이가 있습니다. 위 그림과 같이 take는 get보다 적극적이고, 다소 강제적인 측면도 있다고 볼 수 있습니다. (소유권 변동/이전 등)

동사 take 또한 다양한 뜻과 다양한 형태로 사용되기 때문에, 그 쓰임새를 알고 있으면 문장을 이해하는 데 도움이 됩니다. take의 기본 의미와 파생 의미를 알아보고, 예문을 통해 take가 활용되는 실례를 살펴보도록 하겠습니다.

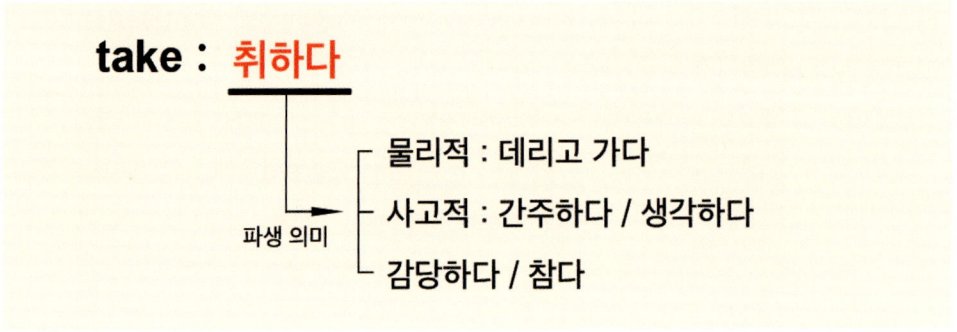

"취(取)하다 : 자기 것으로 만들어 가지다"

위 사전적 의미와 같이 "취하다"는 매우 능동적이고 적극적인 의미를 내포하고 있습니다.
동사 take의 기본 의미가 "취하다" 라는 것을 꼭 기억해 두고 있어야 합니다.

- He is going to take us to the airport.
  - 이해 : 그 취할 것이다 우리 → 공항
  - 해설 : 어떤 장소로 **데리고 간다**는 의미입니다.
- What is taking you so long?
  - 이해 : 무엇이 취하고 있냐? 너 그렇게 오래
  - 해설 : 시간이 왜 지체되고 있는지 그 이유를 물어보는 것입니다. 예문의 What은 주
    어로 사용되었습니다.
- Do you take James to be your husband?
  - 이해 : 너 취하냐? (뭘?) James 앞으로 되다 너의 남편
  - 해설 : 결혼식 때 사용되는 문구입니다.
- Whatever it takes, I will try.
  - 이해 : 무엇이든 (뭐냐면) 그것(상황)이 취하던, 나 시도할 것이다
  - 해설 : 상황이 어떻든지 간에 개의치 않고 도전하겠다는 의미입니다. Whatever
    it takes는 'n+(s+vt)' 형태의 명사 부가설명입니다.(Whatever + it takes,
    Whatever는 부가설명 영역 타동사 takes의 목적어입니다.)
- We are taking this very seriously.
  - 이해 : 우리 간주하고 있다 (뭘?) 이것 매우 심각하게

247

- 해설 : 동사 take에는 think, suppose, assume, reckon 같은 사고(思考)적 의미의
  파생 의미가 있습니다.

• We tend to take our parents' love for granted.
  - 이해 : 우리 생각하는 경향이 있다 우리 부모님의 사랑 당연하게
  - 해설 : '간주하다/생각하다' 라는 파생 의미의 take

• I will take the risk.
  - 이해 : 나 감당할 것이다 그 위험
  - 해설 : 위험을 감수하겠다는 의지의 표현입니다.

2-4 명사 부가 설명과 관계 대명사

우리가 기본 편에서 상당한 비중을 두고 다루었던 '명사 부가설명'은 사실 관계대명사입니다. 엄밀히 말하면 **관계대명사의 생략형**입니다.

원형인 관계대명사를 배우기 전에 관계대명사 생략형을 먼저 다룬 이유는

첫째, 원어민의 생략형 사용 빈도가 원형에 비해 높아서, 생략형을 제대로 이해하지 못하면 문장에서 핵심이 되는 진주어, 본동사를 인식하기 어렵고,

둘째, 생략형을 알고 있으면, who, which, that과 같은 단어로 명사 부가설명임을 명시적으로 알려 주는 관계대명사는 훨씬 이해하기 쉽기 때문입니다.

원어민이 생략형을 선호하는 이유는 분사구문에서도 그랬듯이 언어 사용의 편의성 때문입니다. 중요한 것은 관계대명사든 관계대명사 생략형이든, 명사 부가설명의 존재 이유는 상대방과의 원활한 의사소통을 위해 상대방에게 앞서 나온 명사를 보충 설명해 주는 역할을 한다는 점입니다. 이러한 명사 부가설명은 영어 문장을 길어지고 복잡하게 만들어 문장의 주성분인 진주어, 본동사를 인식하기 어렵게 만들기 때문에 확실히 이해하고 있어야 합니다.

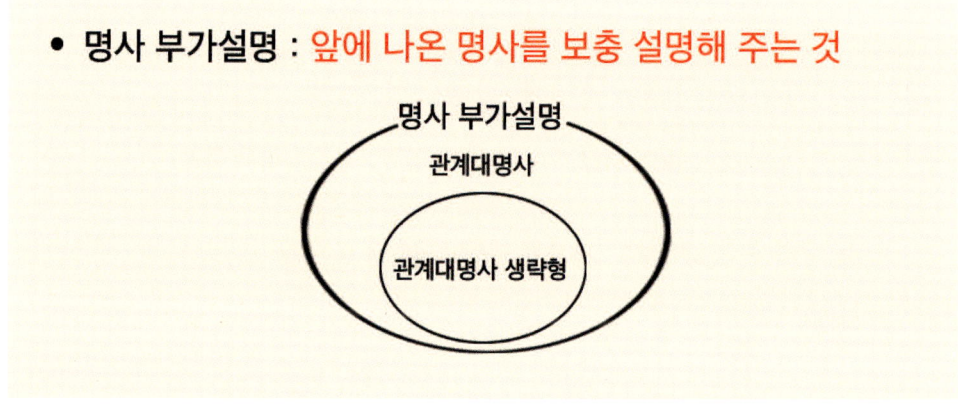

● **명사 부가설명 : 앞에 나온 명사를 보충 설명해 주는 것**

명사 부가설명
관계대명사
관계대명사 생략형

Key-Point ──○ 기본 편에서 배운 명사 부가설명은 관계대명사 생략형이다. 따라서, 문장에서 원형인 관계대명사를
만나면 앞에 나온 명사를 보충 설명해 주는 명사 부가설명이라고 인식한다.

- **관계대명사 생략형, 관계대명사 모두 명사 부가설명입니다.**

  - 관계대명사 :   n(명사) + ~ing / pp / a
    생략형   s+v / to부정사

    ‖

  - 관계대명사 :   n(명사) + who(m) / which / that + (일반동사 / be동사 / s + v)

관계대명사에는 주격 관계대명사와 목적격 관계대명사 두 가지 형태가 있습니다. 아래 그림은 관계대명사의 두 가지 형태입니다.

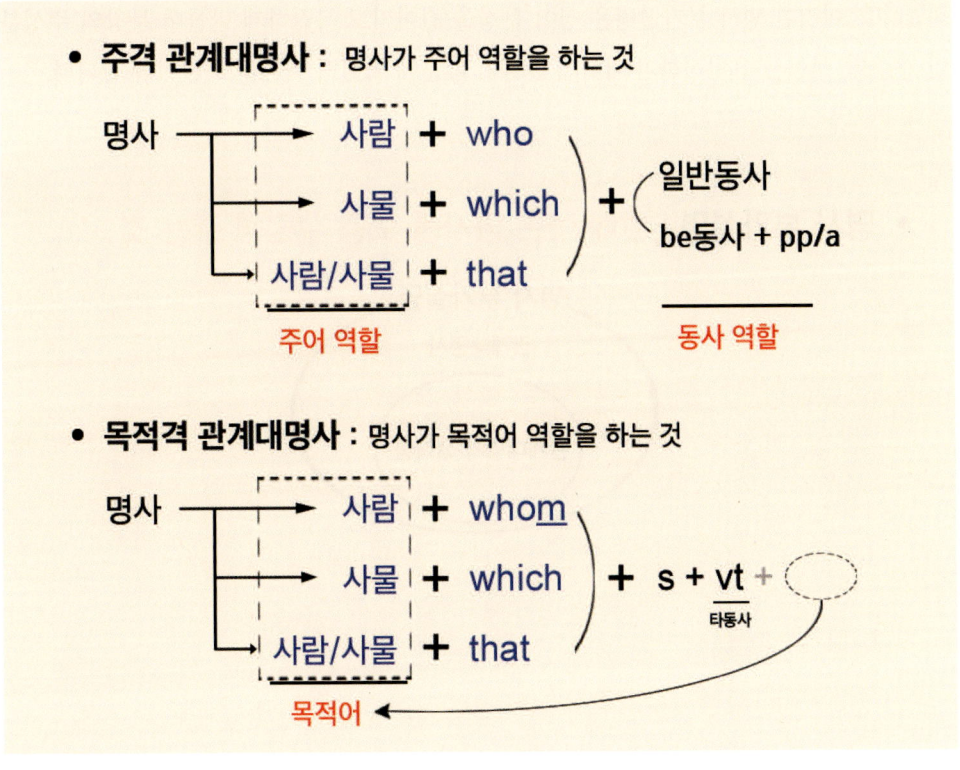

- **주격 관계대명사 :** 명사가 주어 역할을 하는 것

  명사 ─→ 사람 + who / 사물 + which / 사람/사물 + that + (일반동사 / be동사 + pp/a)

  주어 역할   동사 역할

- **목적격 관계대명사 :** 명사가 목적어 역할을 하는 것

  명사 ─→ 사람 + whom / 사물 + which / 사람/사물 + that + s + vt(타동사) + ◯

  목적어

관계대명사(who, which, that)는 보충 설명의 대상이 되는 명사에 따라 표시 형식이 달라집니다. 앞에 나온 명사가 사람인 경우에는 who, 사물인 경우에는 which, 사람/사물 구별 없이 사용하고 싶을 때는 that을 사용합니다. 따라서, 문장에서 who, which, that을 만나면 앞에 나온 명사를 보충 설명해 주는 명사 부가설명이라고 생각하면 됩니다.

주격 관계대명사는 보충 설명되는 명사가 주어 역할을 하는 것이고, 목적격 관계대명사는 목적어 역할을 하는 것입니다. 물론, 진주어, 진목적어는 아닙니다. 명사를 포함한 보충 설명의 영역에서 그렇다는 것입니다. 이런 연유로, 명사 부가설명 기본 편에서 배운 바와 같이 명사와 부가설명이 마치 주어와 동사처럼 혹은 부가설명 영역 타동사의 목적어로 이해되었던 것입니다.

목적격 관계대명사는 명사가 사람인 경우 who 대신 whom을 사용합니다.(원어민은 목적격 관계대명사에서도 who를 사용하기도 합니다.)

관계대명사는 who(m), which, that으로 친절하게 명사 부가설명임을 알려 주기 때문에, 문장에서 관계대명사를 만나면 기본 편에서 배운 대로 아래와 같이 어순대로 이해하면 됩니다.

- I once met an ex-French pilot who was traveling through Africa.
    - 이해 : 나 일전에 만났다 한 전 프랑스 조종사 (그 사람이 **누구냐면**) 여행하고 있는 관통하는 것은 Africa
    - 해설 : 문장에서 who가 나왔기 때문에 앞에 나온 명사 an ex-French pilot을 보충 설명해 주는 명사 부가설명입니다. 보충 설명의 대상인 명사 an ex-French pilot이 사람이기 때문에 관계대명사 who를 사용했으며, who 다음에 나오는 일반동사 was traveling이 an ex-French pilot의 동사 역할을 하기 때문에 이 문장에서 who는 주격 관계대명사입니다.
- I exchanged the shirt which my wife had bought for my birthday.
    - 이해 : 나 교환했다 그 셔츠 (그 셔츠가 **뭐냐면**) 내 아내가 (이전에) 구입한 목표는 내 생일
    - 해설 : 문장에서 which가 나왔기 때문에 앞에 나온 명사 the shirt를 보충 설명해 주는 명사 부가설명입니다. the shirt가 사물이기 때문에 관계대명사 which를 사용했습니다. 절(s+v)의 형태로 앞에 나온 명사를 보충 설명해 주고 있습니다.

251

which 다음에 주어(my wife), 동사(had bought)가 나오고 had bought는 타동사이므로 목적어가 필요한데, 그 목적어가 앞에 있는 보충 설명의 대상인 the shirt인 것입니다. the shirt가 보충 설명 영역인 had bought의 목적어기 때문에 이 문장에서 which는 목적격 관계대명사입니다.

- The woman that I was sitting next to on the train talked all the time.
  - 이해 : <u>그 여자 (누구냐면) 나 앉아 있었던 옆에 → 접면은 기차 "본동사 대기" 수다 떨었다 내내</u>
  - 해설 : that 이하는 명사 뒤에 나왔기 때문에 명사절이 아니라, 앞에 나온 명사 The woman을 보충 설명해 주는 명사 부가설명입니다. 관계대명사 that은 사람과 사물 구분 없이 사용할 수 있습니다. 관계대명사 that 다음에 주어(I)와 동사(was sitting)가 나오고, next to의 to는 전치사이므로 전치사의 목적어가 필요합니다. 그런데 그 목적어가 앞에 나온 보충 설명의 대상인 The woman인 것입니다. The woman이 보충 설명 영역의 전치사 to의 목적어기 때문에 이 문장에서 that은 목적격 관계대명사입니다. 예문과 같이 명사 부가설명이 주어부에 나오면 '본동사 대기 상태'에 있어야 한다고 누차 강조한 바 있습니다. 위 예문의 주(主)가 되는 내용 즉, 주성분만 추리면 The woman talked all the time에 불과합니다.

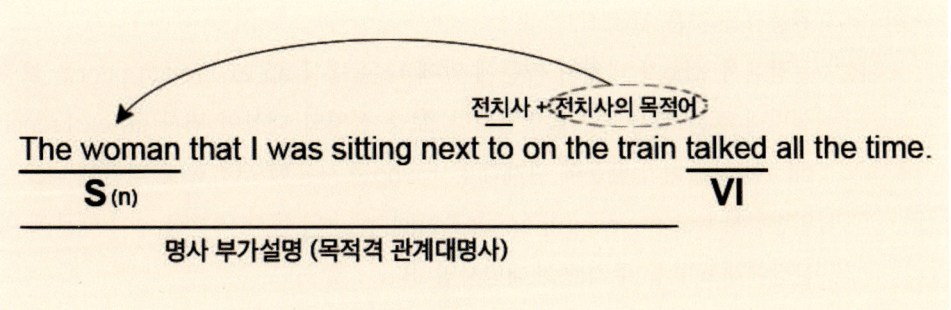

앞에서도 언급한 바와 같이, 원어민이 생략형을 선호하는 이유는 언어 사용의 편의성 때문입니다. 하지만, 생략을 하더라도 타당한 근거와 언어 사용자 간의 사회적 합의가 있어야 합니다.

이에 따라 주격 관계대명사가 주격 관계대명사 생략형이 되는 과정은 아래 그림과 같습니다.

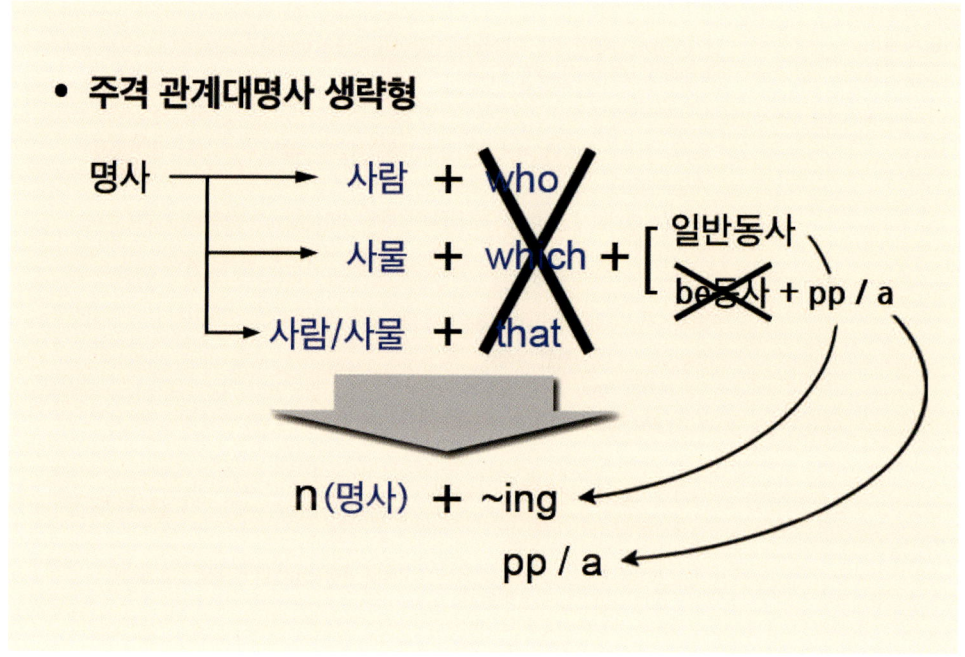

주격 관계대명사에서

첫째, 관계대명사임을 명시적으로 알려 주는 who, which, that과 같은 문법적 표시는 생략합니다.

둘째, 일반동사인 경우, 일반동사를 현재분사(v~ing) 형태로 변경하면 우리가 기존에 알고 있던 현재분사 형태의 명사 부가설명(n + ~~who/which/that~~ + ~~일반동사~~ → n+~ing)이 됩니다.

셋째, be동사인 경우, be동사 챕터에서 배운 바와 같이 be동사 또한 문법적 표시 성격이 강하기 때문에 be동사를 생략(n + ~~who/which/that~~ + ~~be동사~~ + pp/a → n+pp/a)합니다.

이런 과정으로 우리가 기존에 알고 있던 '명사 부가설명' 중 현재분사 형태의 명사 부가설명(n+~ing), 과거분사 형태의 명사 부가설명(n+pp) 그리고 형용사 형태의 명사 부가설명(n+a) 같은 주격 관계대명사 생략형이 만들어지는 것입니다.

주격 관계대명사
어순 이해 Tip

관계대명사 형태에 따라 각각 아래와 같이 어순대로 이해하고, 그 이후에 나오는 주성분(특히, 본동사)의 출현에 대비한다.

- 명사 + who/which/that + 일반동사 : s+v 처럼 이해한다. (명사를 s, 일반동사를 v 처럼 이해)
  ≫ 생략형 : 명사 + ~ing : s+v 처럼 이해한다. (명사를 s, 현재분사를 v 처럼 이해)
  ` 이해 : 명사 ~하고 있는 (진행형의 의미가 어색할 때는 일반 사실의 v 처럼 이해)

- 명사 + who/which/that + be동사 + pp : s+v 처럼 이해한다. (명사를 s, 수동태부분 (be동사+pp)을 v처럼 이해)
  ≫ 생략형 : 명사 + pp : s+v 처럼 이해한다. (명사를 s, pp(과거분사)를 v 처럼 이해)
  ` 이해 : 명사 ~되어진 (수동태 의미)

- 명사 + who/which/that + be동사 + a : s+be동사+sc 처럼 이해한다. (명사를 s, 형용사를 sc 처럼 이해)
  ≫ 생략형 : 명사 + a : s = sc 처럼 이해한다. (명사를 s, 형용사를 sc 처럼 이해)
  ` 이해 : 명사(상태) = 형용사

• He died of something growing in his brain.
  - 이해 : 그 죽었다 (그 죽음과) 관련 있는 것은 어떤 것 자라고 있었던 in 그의 뇌
  - full sentence : He died of something which was growing in his brain.
  - 해설 : 전치사 of의 목적어 something을 보충 설명하는 'n+~ing' 형태 (something growing)의 명사 부가설명입니다.(주격 관계대명사)

• The number of Korean wearing glasses is rapidly rising.
  - 이해 : 숫자 (그 수와) 관련 있는 것은 한국사람 쓰고 있는 안경 "본동사 대기" 급격하게 증가하고 있다
  - full sentence : The number of Korean who wears glasses is rapidly rising.
  - 해설 : 주어부(The number of Korean who wears glasses) 전치사 of의 목적어인 Korean을 보충 설명하는 'n+~ing' 형태(Korean wearing)의 명사 부가설명 입니다.(주격 관계대명사)

• He leaned his forehead on his arms crossed upon the wheel of the car.
  - 이해 : 그 기대 놓았다 (뭘?) 그의 이마 접면은 그의 팔 교차된 접면은 핸들 (그 핸들과) 관련 있는 것은 그 차

254

- full sentence : He leaned his forehead on <u>his arms which were crossed upon</u> <u>the wheel of the car.</u>
- 해설 : 전치사 on의 목적어 his arms를 보충 설명하는 'n+pp' 형태(his arms crossed)의 명사 부가설명입니다.(주격 관계대명사) 전치사 upon은 전치사 on과 의미가 유사하나 좀 더 격식적인 문어체에 사용됩니다.

• Jason became fascinated by a flat-screen technology developed by a firm near Daejeon called Sim Tech, run by an eccentric engineer named Smith Duncan.
- 이해 : Jason 되었다 매료된 영향력의 원천은 <u>한 평면 스크린 기술 개발된</u> 영향력의 원천은 <u>한 회사 근처에 있는 것은 대전 불리 우는</u> Sim Tech으로, <u>운영되는</u> 영향력의 원천은 <u>한 괴짜 기술자 불리 우는</u> Smith Duncan으로
- full sentence : Jason became fascinated by <u>a flat-screen technology which was</u> <u>developed</u> by <u>a firm near Daejeon that was called Sim Tech,</u> <u>which was run</u> by <u>an eccentric engineer who was named Smith</u> <u>Duncan.</u>
- 해설 : 한 문장 안에 'n+pp' 형태의 명사 부가설명이 네 개(technology developed, a firm called, a firm run, engineer named) 존재하는 문장입니다.(주격 관계대명사)

• He threw himself in the path of a knife intended to kill his friend.
- 이해 : 그 내던졌다 그 자신 안에 있고, 밖에서 둘러싸고 있는 것은 그 방향 (그 방향과) 관련 있는 것은 <u>한 칼 의도된</u> 앞으로 죽이려고 (뭘?) 그의 친구
- full sentence : He threw himself in the path of <u>a knife which was intended to</u> <u>kill his friend.</u>
- 해설 : 전치사 of의 목적어 a knife를 보충 설명하는 'n+pp' 형태(a knife intended)의 명사 부가설명입니다.(주격 관계대명사) 친구를 살리기 위해 칼이 향하는 방향으로 자기 자신을 내던지는 장면을 묘사하는 문장입니다.

• The huts are grouped together behind a wall cut from the surrounding trees.
- 이해 : 그 오두막들 무리 지어 있는 함께 뒤에, 앞에 있는 것은 <u>한 담 단절된 출발점</u> <u>은 둘러싸고 있는</u> 나무들
- full sentence : The huts are grouped together behind <u>a wall which is cut from</u> <u>the surrounding trees.</u>

255

- 해설 : 전치사 behind의 목적어 a wall을 보충 설명하는 'n+pp' 형태(a wall cut) 의 명사 부가설명입니다.(주격 관계대명사) the surrounding trees에서 surrounding은 형용사 역할을 하는 현재분사 형용사입니다.

• The detective who had left came back with a plastic bag with an evidence tag taped to it.

- 이해 : 그 형사 (누구냐면) 전에 자리 비웠던 "본동사 대기" 왔다 다시 함께하는 것 은 한 plastic 봉지 함께하는 것은 한 증거 꼬리표 테이프 붙여진 → 그것(a plastic bag)

- full sentence : The detective who had left came back with a plastic bag with an evidence tag which was taped to it.

- 해설 : 첫 번째 명사 부가설명은 진주어 The detective를 보충 설명하는 주격 관계 대명사이고(생략형 : The detective having left, 더 이전 내용이기 때문에 leaving이 아니라 having left를 사용해야 합니다.), 두 번째 명사 부가설명은 전치사 with의 목적어 an evidence tag를 보충 설명하는 'n + pp' 형태(an evidence tag taped)의 명사 부가설명입니다.(주격 관계대명사)

• They also make sure Americans looking for work won't see their unemployment insurance cut off.

- 이해 : 그들 또한 만들다 확실히 (뭘?) 미국인들 찾고 있는 목표는 일자리 보지 않을 것이다 그들의 실업 수당 삭감되는

- full sentence : They also make sure Americans who are looking for work won't see their unemployment insurance cut off.

- 해설 : 예문의 전체 문장 구성은 5형식 문장(They also make (it) sure)입니다. 5형 식 문장에서 가목적어 it이 생략되었고, 진목적어는 Americans 이하 명사절 입니다. 명사절 안의 looking은 주어 Americans를 보충 설명하는 'n+~ing' 형태(Americans looking)의 명사 부가설명입니다.(주격 관계대명사) 명사절 은 5형식 지각동사 패턴으로 구성되었습니다. 's+지각동사+o+oc(pp)' 형태 (see→unemployment insurance=cut)입니다. 목적격보어가 과거분사(cut) 이므로 수동태 의미(실업 수당이 삭감되는)로 이해합니다. cut off '잘라서 떼 어 내다 → 줄이다/삭감하다'

| 명사 부가설명과 관계대명사 |

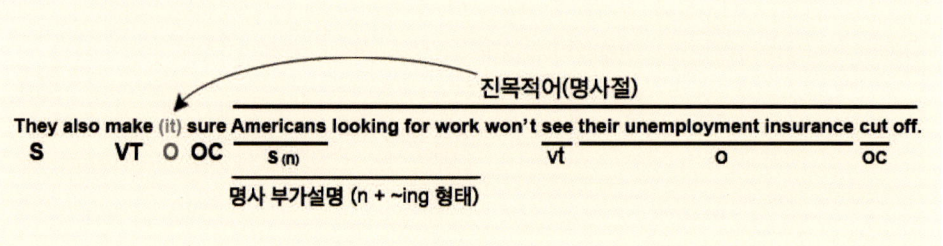

진목적어(명사절)

They also make (it) sure Americans looking for work won't see their unemployment insurance cut off.

S　　VT　O　OC　　s (n)　　　　　　　　　　　vt　　　　　o　　　　　　oc

명사 부가설명 (n + ~ing 형태)

- Something impressive was being created.
  - 이해 : 뭔가 = 인상적인 창조되고 있었다
  - full sentence : Something which was impressive was being created.
  - 해설 : 진주어 Something을 보충 설명하는 'n+형용사' 형태(Something impressive)의 명사 부가설명입니다.(주격 관계대명사)

- The manager fired the employee responsible for the project.
  - 이해 : 그 관리자 해고했다 그 직원 = 책임지고 있는 목표는 그 project
  - full sentence : The manager fired the employee who was responsible for the project.
  - 해설 : 목적어 the employee를 보충 설명하는 'n+형용사' 형태(the employee responsible)의 명사 부가설명입니다.(주격 관계대명사)

- He chose one of the options available.
  - 이해 : 그 선택했다 (뭘?) 하나 (그 하나와) 관련 있는 것은 선택 사항들 = 이용 가능한
  - full sentence : He chose one of the options which were available.
  - 해설 : 전치사 of의 목적어 the options를 보충 설명하는 'n+형용사' 형태(the options available)의 명사 부가설명입니다.(주격 관계대명사)

- Sam sank into a chair, his face very white, his mouth trembling.
  - 이해 : Sam 주저앉았다 밖에서 안으로 한 의자, 그의 얼굴 = 매우 창백한, 그의 입 떨고 있는
  - full sentence : Sam sank into a chair, his face which was very white, his mouth that was trembling.
  - 해설 : 첫 번째 명사 부가설명은 명사 his face를 보충 설명하는 'n+형용사' 형태 (his face white)의 주격 관계대명사이고, 두 번째 명사 부가설명은 명사 his

257

mouth를 보충 설명하는 'n+~ing' 형태(his mouth trembling)의 주격 관계 대명사입니다. 관계대명사 full sentence에 시제가 일치된 일반동사를 사용하느냐, 진행형을 사용하느냐는 느낌대로 문맥에 맞게 선택하면 됩니다. 위 예문과 같이 명사가 부각되는 단락에서는 관계대명사 full sentence는 잘 사용하지 않습니다.

• The dam used the water running through it to turn big fans called "turbines" that would generate electricity.

- 이해 : 그 댐 사용했다 (뭘?) 물 흐르는 관통하는 것은 그것(댐) 앞으로 돌리려고 (뭘?) 거대한 선풍기들 **불리 우는** "turbines"으로 (그게 뭐냐면) 만들어내는 (뭘?) 전기

- full sentence : The dam used the water that ran through it to turn big fans which were called "turbines" that would generate electricity.

- 해설 : 한 문장 안에 'n+~ing' 형태의 명사 부가설명(the water running), 'n + pp' 형태의 명사 부가설명(big fans called) 그리고 마지막으로 온전한 형태의 주격 관계대명사(turbines that would generate electricity)가 존재하는 문장입니다.(주격 관계대명사) 'n+~ing' 형태의 명사 부가설명 이해 시 진행형의 의미가 어색할 때는 일반 사실의 동사처럼 이해하면 됩니다. 예문의 would는 현재 문맥에서의 '추측'을 의미하는 would가 아니라, 과거시제 문장에서 시제 일치(used-would)된 will의 과거형입니다. 위 문장의 기본틀은 The dam used the water에 불과합니다. 기본 문장에 to부정사구(to turn big fans)를 연결해 확장시켰고, 나머지는 보충 설명이 필요한 명사들에 부가설명이 붙었을 뿐입니다.

목적격 관계대명사는 아래 그림과 같이 관계대명사 표시(whom, which, that)만 생략하면 목적격 관계대명사 생략형이 됩니다.

258

|명사 부가설명과 관계대명사|

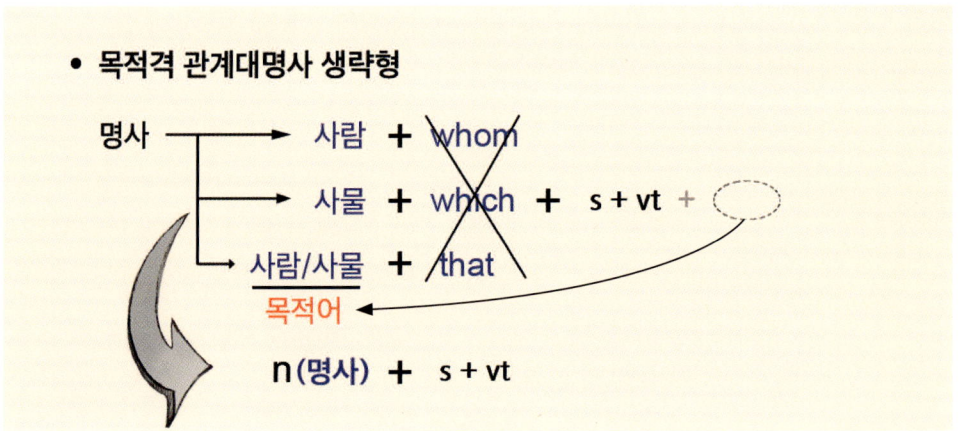

기본 편에서 배운 바와 같이, 목적격 관계대명사에서 명사는 그 명사를 보충 설명해 주는 부가설명 영역의 목적어입니다. 목적격 관계대명사, 특히 생략형에서 명사 다음에 바로 's+v' 가 나오면 그 동사가 온전한 동사 형태라도 본동사가 아니기 때문에, 명사 부가설명임을 인식하고 앞으로 나올 문장의 주성분에 집중해야 합니다.

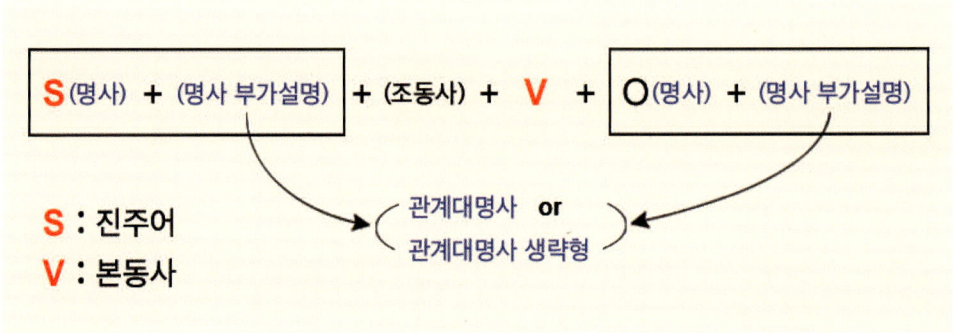

위 그림과 같이 영어에서 주어는 모든 문장의 근원이기 때문에 일반적으로 문장의 맨 앞에 위치합니다. 또 주어가 될 수 있는 품사는 명사이므로, 문장 앞부분에 주어에 대한 명사 부가설명이 올 수 있습니다. 이런 경우 명사 부가설명은 단지 앞에 나온 명사에 종속되어 그 명사가 무엇을 의미하는지 보충 설명해 주는 문장의 보조 성분에 불과하므로, 우리는 앞으로 나올 문장의 주성분 특히, 본동사의 출현에 대비하고 있어야 합니다.

주어뿐만 아니라 목적어, 보어, 전치사의 목적어, 꼬리에 꼬리를 무는 타동사의 목적어 등

259

명사가 올 수 있는 자리에는 필요에 따라 명사 부가설명이 나올 수 있다는 것을 꼭 기억하고 있어야 합니다.

목적격 관계대명사 어순 이해 Tip

아래와 같이 어순대로 이해하고, 그 이후에 나오는 주성분(특히, 본동사)의 출현에 대비한다.

- 명사 + whom/which/that + s+vt : 앞에 나온 명사는 뒤에 나온 부가설명 영역 vt의 목적어입니다.
  ≫ 생략형 : 명사 + (s + vt)
  • 이해 : 앞에 나온 명사에 대하여 절(s+v)의 형태로 그 명사가 구체적으로 무엇인지 설명해 주는 것입니다.
  • ex_사람인 경우) : the boy I met yesterday - 그 소년 (누구냐면) 내가 만난 어제
  • ex_사물인 경우) : the watch you bought - 그 시계 (뭐냐면) 네가 구입한

- The lipstick you love contains palm oil.
  - 이해 : 그 립스틱 (뭐냐면) 네가 굉장히 좋아하는 "본동사 대기" 함유하고 있다 (뭘?) 야자유
  - full sentence : The lipstick which you love contains palm oil.
  - 해설 : 진주어 The lipstick을 보충 설명하는 'n+(s+vt)' 형태(The lipstick you love)의 명사 부가설명입니다.(목적격 관계대명사) 명사 다음에 바로 s+v 형태가 나왔으므로 명사 부가설명임을 인식하고, 앞으로 나올 문장의 주성분에 대비하고 있어야 합니다.(본동사는 contains입니다.)

- Evidently the only dress Julia had was the pink one she wore every day.
  - 이해 : 명백히 유일한 옷 (뭐냐면) Julia가 입는 "본동사 대기" = 그 핑크색 옷 (뭐냐면) 그녀 입는 매일
  - full sentence : Evidently the only dress which Julia had was the pink one that she wore every day.
  - 해설 : 진주어 the only dress를 보충 설명하는 'n+(s+vt)' 형태(the only dress Julia had)의 명사 부가설명입니다.(목적격 관계대명사) 주격보어인 the pink one 또한 'n+

(s+vt)' 형태(the pink one she wore)로 보충 설명되었습니다.(본동사는 was입니다.) dress는 사물이기 때문에 관계대명사로 which나 that 모두 사용할 수 있습니다.

- The man I saw killing a police officer was not him.
  - 이해 : 그 남자 <u>(누구냐면)</u> 내가 목격한 살해하는 한 경찰관 "본동사 대기" 아니었다 그
  - full sentence : <u>The man whom I saw killing a police officer</u> was not him.
  - 해설 : 진주어 The man을 보충 설명하는 'n+(s+vt)' 형태(The man I saw killing a police officer)의 명사 부가설명입니다.(목적격 관계대명사) 명사 다음에 바로 s+v 형태가 나왔으므로 명사 부가설명임을 인식하고, 앞으로 나올 문장의 주성분에 대비하고 있어야 합니다.(본동사는 was입니다.) 예문에서 부가설명은 5형식 지각동사 형태로 앞에 나온 명사(The man)를 보충 설명해 주었습니다.(I saw the man killing a police officer) 목적격 관계대명사 부가설명 영역에 3형식만 나오지는 않는다는 점에 주의해야 합니다.

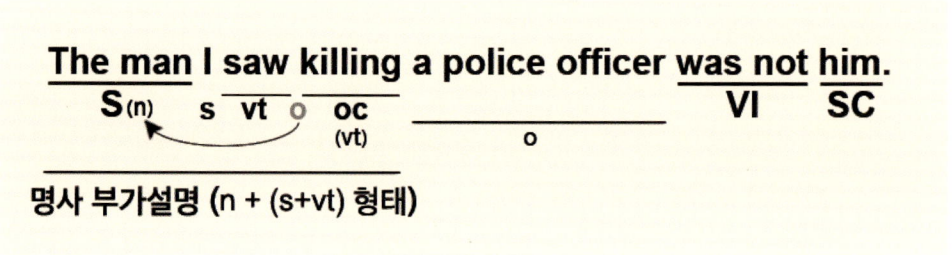

- We apologize for the trouble you are having playing this game.
  - 이해 : 우리 사과한다 이유는 그 곤경 <u>(뭐냐면)</u> 네가 겪고 있는 play하면서 (뭘?) 이 게임
  - full sentence : We apologize for <u>the trouble that you are having</u> as you play this game.
  - 해설 : 전치사 for의 목적어 the trouble을 보충 설명하는 'n+(s+vt)' 형태(the trouble you are having)의 명사 부가설명입니다.(목적격 관계대명사) 예문 중간에 뜬금없이 등장하는 현재분사 playing은 문맥상 동시 행위를 표현하는 분사구문(~하면서)입니다.(as you play this game)

261

- Jake immediately put people he trusted into the top ranks at his company.
  - 이해 : Jake 즉시 놓았다 (뭘?) 사람들 (누구냐면) 그가 신뢰하는 밖에서 안으로 고위 직급들 접점은 그의 회사
  - full sentence : Jake immediately put <u>people whom he trusted</u> into the top ranks at his company.
  - 해설 : 목적어 people을 보충 설명하는 'n+(s+vt)' 형태(people he trusted)의 명사 부가설명입니다.(목적격 관계대명사) 문장의 기본틀은 Jake immediately put people into the top ranks at his company인데 화자가 목적어 people에 대해 그 사람들이 구체적으로 누구인지 부가설명을 해주었습니다.

- The book my father got me was "The Wonderful Wizard of Oz."
  - 이해 : <u>그 책 (뭐냐면) 내 아버지가 사준 나에게</u> "본동사 대기" = "The Wonderful Wizard of Oz"
  - full sentence : <u>The book which my father got me</u> was "The Wonderful Wizard of Oz".
  - 해설 : 진주어 The book을 보충 설명하는 'n+(s+vt)' 형태(The book my father got me)의 명사 부가설명입니다.(목적격 관계대명사) 명사 바로 다음에 s+v 형태가 나왔으므로 명사 부가설명임을 인식하고, 다음에 나올 문장의 주성분에 대비하고 있어야 합니다.(본동사는 was입니다.) 예문에서 부가설명은 4형식 형태로 앞에 나온 명사(The book)를 보충 설명해 주었습니다.(my father got me the book)

- The medication they gave me was very strong.
  - 이해 : <u>그 약 (뭐냐면) 그들이 준 나에게</u> = 매우 독한
  - full sentence : <u>The medication that they gave me</u> was very strong.
  - 해설 : 진주어 The medication을 보충 설명하는 'n+(s+vt)' 형태(The medication they gave me)의 명사 부가설명입니다.(목적격 관계대명사) 예문에서 부가설명은 4형식 형태로 앞에 나온 명사(The medication)를 보충 설명해 주었습니다.(they gave me the medication) 예문에서 본동사는 was입니다.(The medication = very strong)

- I never forgot the kindness they showed me.
  - 이해 : 나 결코 잊을 수 없었다 (뭘?) <u>그 친절함 (뭐냐면) 그들이 보여준 나에게</u>

| 명사 부가설명과 관계대명사 |

- full sentence : I never forgot <u>the kindness that they showed me.</u>
- 해설 : 목적어 the kindness를 보충 설명하는 'n+(s+vt)' 형태(the kindness they showed me)의 명사 부가설명입니다.(목적격 관계대명사) 예문에서 부가설명은 4형식 형태로 앞에 나온 명사(the kindness)를 보충 설명해 주었습니다.(they showed me the kindness)

• That is something you just have to get done.
   - 이해 : 그것 = <u>어떤 것 (뭐냐면) 너 만들어야만 하는 (something)</u> **되어지게**
   - full sentence : That is <u>something that you just have to get done.</u>
   - 해설 : 주격보어 something을 보충 설명하는 'n+(s+vt)' 형태(something you just have to get done)의 명사 부가설명입니다.(목적격 관계대명사) 예문에서 부가설명은 5형식 사역동사 형태로 앞에 나온 명사(something)를 보충 설명해 주었습니다.(you just have to get something done)

That is something you just have to get (something) **done.**
S VI SC(n)   s   vt   o   oc

명사 부가설명 (n + (s+vt) 형태)

• You need to explain anything that children might find confusing or unfamiliar.
   - 이해 : <u>너 설명해줄 필요가 있다 (뭘?) 무엇이든 (뭐냐면) 아이들이 (현재 강한 추측) 생각하다 (anything)=혼란스러운 또는 잘 모르는</u>
   - 해설 : 목적어 anything을 보충 설명하는 'n + 관계대명사that + (s+vt)' 형태(anything that children might find confusing or unfamiliar)의 목적격 관계대명사입니다. 예문에서 부가설명은 5형식 형태로 앞에 나온 명사(anything)를 보충 설명해 주었습니다.(children might find anything confusing or unfamiliar)

• You need to make the things that the buyers want to see obvious.
   - 이해 : <u>너 필요하다 (뭘?) 앞으로 만드는 것 (뭘?) 그런 것들 (뭐냐면) 구매자들이 보고 싶어하는 명확하게</u>

263

- 해설 : 5형식 문장(You need to make the things obvious)에서 목적어 the things 를 보충 설명하는 'n + 관계대명사that + (s+vt)' 형태(the things that the buyers want to see)의 목적격 관계대명사입니다.

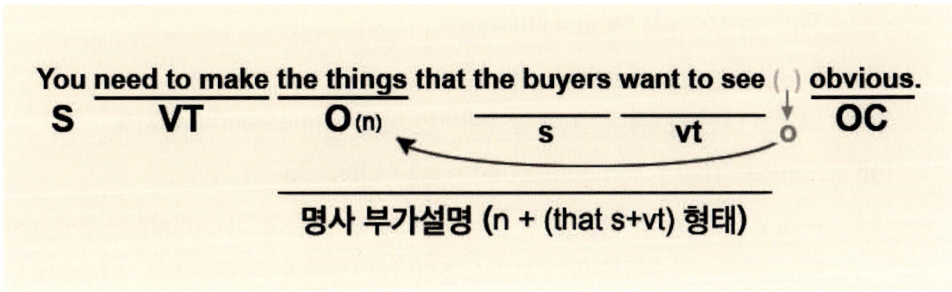

• Tax increases on wealthier Americans that Mr. Obama has proposed to pay for the bill.

- 이해 : 세금 인상 접면은 <u>부유한 더 미국인들 (누구냐면) 대통령 Obama 제안하다</u> <u>(wealthier Americans) 앞으로 납부하게 목표는 그 법안</u>

- 해설 : 전치사 on의 목적어 wealthier Americans가 누구인지 보충 설명하는 'n + 관계대명사that + (s+vt)' 형태(wealthier Americans that Mr. Obama has proposed to pay for the bill)의 목적격 관계대명사입니다. 예문에서 부가설명은 5형식 형태로 앞에 나온 명사(wealthier Americans)를 보충 설명해 주었습니다.(Mr. Obama has proposed wealthier Americans to pay for the bill)

앞에서 몇몇 예제를 통해 살펴본 바와 같이 보충 설명의 대상이 되는 명사가 부가설명 영역 타동사의 목적어일 수도 있지만, 부가설명 영역 전치사의 목적어일 수도 있습니다.

아래 그림은 보충 설명의 대상이 되는 명사가 부가설명 영역 전치사의 목적어인 경우입니다.

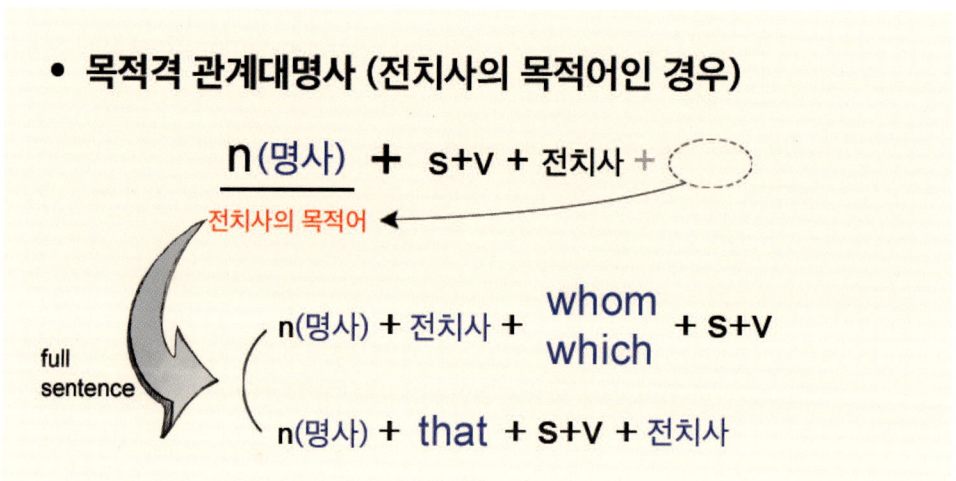

위 그림처럼 보충 설명의 대상이 되는 명사가 부가설명 영역 전치사의 목적어일 수 있습니다. 위쪽이 관계대명사 생략형이고, 아래쪽이 관계대명사 full sentence입니다. full sentence를 사용할 때는 전치사가 관계대명사 앞에 위치해야 하며, 이런 경우 관계대명사 whom, which는 생략될 수 없습니다.(전치사가 앞에 오는 경우 관계대명사 that은 사용할 수 없습니다. 관계대명사가 that인 경우에는 전치사가 반드시 부가설명 영역의 끝에 위치해야 합니다.)

전치사의 목적어가 보충 설명의 대상이 되는 목적격 관계대명사는 어순에 따른 이해에 있어 생략형이 full sentence보다 이해가 자연스럽기 때문에 full sentence는 잘 사용하지 않습니다.(full sentence는 주로 문어체에서 사용됩니다.)

- One of the people I spoke to was Maggie Dunning.
  - 이해 : 한 명 (그 한 명과) 관련 있는 것은 사람들 (누구냐면) 내가 대화했던 → "본동사 대기" = Maggie Dunning
  - full sentence : One of the people to whom I spoke was Maggie Dunning.
  - 해설 : 전치사 of의 목적어 the people을 보충 설명하는 'n+(s+v+전치사)' 형태(the

265

people I spoke to)의 명사 부가설명입니다.(목적격 관계대명사) the people
은 부가설명 영역 전치사 to의 목적어(I spoke to the people)입니다. 명사
the people 다음에 바로 s+v 형태(I spoke)가 나왔으므로 명사 부가설명임을
인식하고, 앞으로 나올 문장의 주성분에 대비하고 있어야 합니다.(본동사는
was입니다.)

- One topic they wrestled with was his belief.
  - 이해 : 한 주제 (뭐냐면) 그들이 고군분투했던 함께하는 것은 "본동사 대기" = 그의 믿
    음
  - full sentence : One topic **that** they wrestled **with** was his belief.
  - 해설 : 진주어 One topic을 보충 설명하는 'n+(s+v+전치사)' 형태(One topic they
    wrestled with)의 명사 부가설명입니다.(목적격 관계대명사) One topic은 부
    가설명 영역 전치사 with의 목적어(they wrestled with one topic)입니다. 앞
    에서 배운 대로 관계대명사 that은 전치사를 앞에 둘 수 없습니다.

- She was the first person I was truly in love with.
  - 이해 : 그녀 = 첫 번째 사람 (누구냐면) 나 존재했다 진심으로 안에 있고, 밖에서 둘
    러싸고 있는 것은 사랑 함께하는 것은
  - full sentence : She was the first person **with whom** I was truly in love.
  - 해설 : 주격보어 the first person을 보충 설명하는 'n+(s+v+전치사)' 형태(the first
    person I was truly in love with)의 명사 부가설명입니다.(목적격 관계대명
    사) the first person은 부가설명 영역 전치사 with의 목적어(I was truly in
    love with the first person)입니다.

- Those are the ones we really had to watch for.
  - 이해 : 그들 = 그 사람들 (누구냐면) 우리가 정말로 경계해야 했던 목표는
  - full sentence : Those are the ones **for whom** we really had to watch.
  - 해설 : 주격보어 the ones를 보충 설명하는 'n+(s+v+전치사)' 형태(the ones we
    really had to watch for)의 명사 부가설명입니다.(목적격 관계대명사) the
    ones는 부가설명 영역 전치사 for의 목적어(we really had to watch for the
    ones)입니다. watch for '지켜보다 목표는 => 경계하다/조심하다/기다리다'

- Vitamin – one of the many nutritional elements on which life is dependent.

  - 이해 : Vitamin – 하나 (그 하나와) 관련 있는 것은 <u>많은 영양소들 (뭐냐면) 생명이</u>
    <u>의존하는</u>

  - 생략형 : Vitamin – one of <u>the many nutritional elements life is dependent on.</u>

  - 해설 : 전치사 of의 목적어 the many nutritional elements를 보충 설명하는 'n + 전치사 + 관계대명사which + (s+v)' 형태(the many nutritional elements on which life is dependent)의 목적격 관계대명사입니다. the many nutritional elements는 부가설명 영역 전치사 on의 목적어(life is dependent on the many nutritional elements)입니다.

- You are really the person I would feel most comfortable leaving my son with.

  - 이해 : 너 = 딱 그 사람 (누구냐면) 나 (추측) 느끼다 가장 안심되는, 두고 가면서 <u>(뭘?) 내 아들 함께하는 것은</u>

  - full sentence : You are really the person **with whom** I would feel most comfortable leaving my son.

  - 해설 : 주격보어 the person을 보충 설명하는 'n + (s+v+전치사)' 형태(the person I would feel most comfortable leaving my son with)의 명사 부가설명입니다.(목적격 관계대명사) the person은 부가설명 영역 전치사 with의 목적어(leaving my son with the person)입니다. 예문 중간에 뜬금없이 등장하는 현재분사 leaving은 문맥상 동시 행위를 표현하는 분사구문(~하면서)입니다.(as I leave my son with) 예문은 현재 문맥이므로 예문의 would는 '현재 추측'의 조동사입니다.

- Those pages are what our professor was referring to.

  - 이해 : 그 페이지들 = <u>그것들 (뭐냐면) 우리 교수님이 언급했던 →</u>

  - full sentence : Those pages are **the things that** our professor was referring **to.**

  - 해설 : 기본 편 명사 상당어구 챕터에서 what 명사절의 what은 'the thing(s) that' 형태의 명사 부가설명이라고 배웠습니다. 예문은 what에 포함되 있는 주격보어 the things를 보충 설명하는 'n + 관계대명사that + (s+v+전치사)' 형태(the things that our professor was referring to)의 명사 부가설명입니다.(목적격 관계대명사) the things는 부가설명 영역 전치사 to의 목적어(our professor was referring to the things)입니다.

267

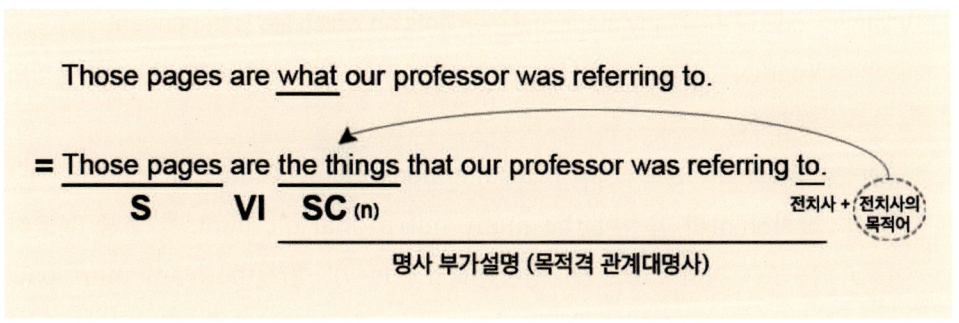

아래 그림은 보충 설명의 대상이 되는 명사가 부가설명 영역의 주격보어인 경우입니다.

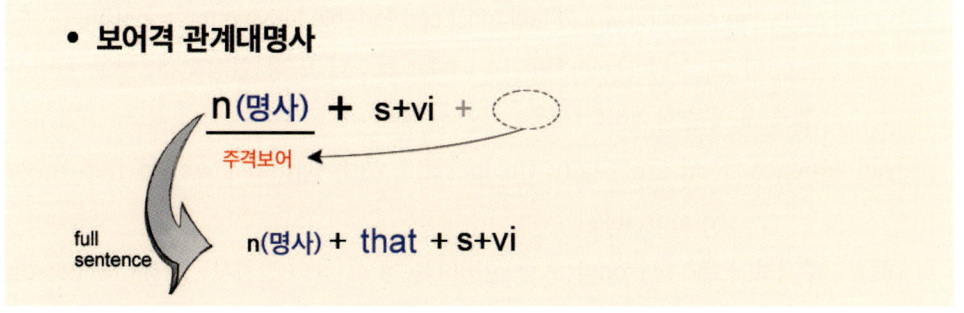

보어격 관계대명사는 보충 설명의 대상이 되는 명사가 부가설명 영역의 주격보어인 경우입니다. 보어격 관계대명사는 that만 사용할 수 있으며, 관계대명사 생략형은 that만 제거하면 됩니다. 보어격 관계대명사도 생략형이 주로 사용됩니다.(기존 문법에서는 보어격 관계대명사란 명칭은 없고 주격 관계대명사로 통칭하지만, 이 책에서는 보충 설명의 대상이 되는 명사가 부가설명 영역에서 보어이므로 보어격 관계대명사라고 칭하겠습니다.)

예문을 통해 보어격 관계대명사를 만나보도록 하겠습니다.

• She is not the girl that she used to be.
  - 이해 : 그녀 아니다 그 소녀 (누구냐면) 그녀 예전에 존재했던
  - 생략형 : She is not the girl she used to be.
  - 해설 : 주격보어 the girl을 보충 설명하는 'n + 관계대명사that + (s+vi)' 형태(the girl that she used to be)의 보어격 관계대명사입니다. the girl은 부가설명

영역의 주격보어(she used to be the girl)입니다. 현재의 그녀는 과거의 그녀와 많은 차이가 난다는 의미입니다.

- I wasn't the father I should have been.
  - 이해 : 나 아니었다 그 아버지 (누구냐면) 나 존재이었어야 했던
  - full sentence : I wasn't <u>the father that I should have been.</u>
  - 해설 : 주격보어 the father를 보충 설명하는 'n+(s+vi)' 형태(the father I should have been)의 명사 부가설명입니다.(보어격 관계대명사) the father는 부가설명 영역의 주격보어(I should have been the father)입니다. 과거의 나는 아버지 역할을 제대로 하는 그런 아버지가 아니었다는 과거에 대한 후회(should have pp)를 표현하는 내용입니다. 보어격 관계대명사는 that만 사용할 수 있기 때문에, 명사 the father가 사람이라고 who를 사용할 수 없습니다.

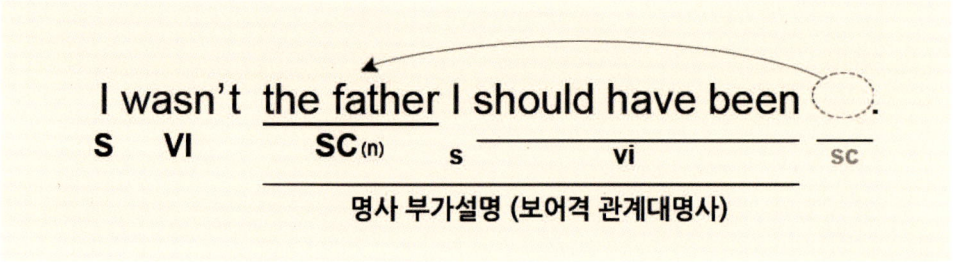

- Sometimes when I looked at my mother, I could see the pretty girl she used to be underneath the wrinkles.
  - 이해 : 때때로 언제? 나 시선을 두었다 접점은 내 어머니, 나 볼 수 있었다 (뭘?) <u>귀여운 소녀 (누구냐면) 그녀 예전에 존재했던</u> 아래, 그 위를 덮고 있는 것은 주름살
  - full sentence : Sometimes when I looked at my mother, I could see <u>the pretty girl that she used to be</u> underneath the wrinkles.
  - 해설 : 목적어 the pretty girl을 보충 설명하는 'n+(s+vi)' 형태(the pretty girl she used to be)의 명사 부가설명입니다.(보어격 관계대명사) the pretty girl은 부가설명 영역의 주격보어(she used to be the pretty girl)입니다. 때때로 어머니 얼굴을 보면서, 주름살 속에 감춰진 과거 젊은 시절의 앳되고 매력적인

269

모습을 엿볼 수 있었다는 내용입니다. 전치사 underneath는 전치사 under와 유사한 의미(A underneath B : A가 아래 있고, 그 위를 덮고 있는 것은B)가 있습니다.

that은 주로 명사절로 사용되지만, 관계대명사로도 사용되기 때문에 문장에서 that을 만나면 혼동이 생길 수 있습니다. 문장에서 that이 사용되는 대표적인 사례를 통해 각각의 경우를 구분해 보도록 하겠습니다.

참고 : that의 다양한 용법

1. 지시대명사 : 사람, 사물, 장소 등을 직접 가리키는 경우(that 단독으로 사용)
2. 지시형용사 : 정관사 the처럼 앞에서 이미 언급한 사람/사물이나, 듣는 이가 이미 알고 있는 사람/사물을 가리키는 경우(that + 명사 : 그 명사)
3. 명사절 : 주어, 목적어, 보어 자리에 절(that s+v)의 형태로 나오는 경우(이런 경우 that은 명사절임을 알려 주는 일종의 기호(문법적 표시)입니다. 따라서, 생략하는 경우도 있습니다.)
4. 관계대명사 : 앞에 나온 명사에 대해서 그 명사가 구체적으로 무엇인지 보충 설명을 해주는 경우
5. 부사 : 그렇게, 그만큼, 그 정도로(that much, that far 등)

구분	명사절	관계대명사
특징	주로 동사 다음에 나오거나, 진주어/진목적어로 사용	반드시 앞에 명사가 존재
형태	• S+일반동사+(that s+v) • S+be동사+(that s+v) • It is+...+(that s+v)	• n+(that +v) • n+(that s+v)
역할	문장의 주성분	문장의 보조성분

|명사 부가설명과 관계대명사|

- Who is that?
  - 이해 : 누구냐? 저 사람
  - 해설 : 지시대명사(주로 주어, 목적어 자리에 단독으로 사용됩니다.)

- Look at that man over there.
  - 이해 : 시선을 두어라 접점은 그(저) 남자 위에 있고, 그 아래 있는 것은 저기
  - 해설 : 지시형용사(that + 명사 : that man)

- I think that the story is not true.
  - 이해 : 나 생각한다 (뭘?) 그 이야기 아니다 사실인
  - 해설 : 목적어 자리에 that명사절(목적어절)이 사용되었습니다. 이런 경우 that을 생략(I think the story is not true)하기도 합니다. 참고로 that명사절을 읽을 때는 that까지 읽고, 한 템포 쉬고 나머지를 읽습니다.(I think that/the story is not true.)

- 1. My arm doesn't reach that far.

  2. I don't have that much money.
  - 이해 1 : 내 팔 닿지 않는다 그렇게 멀리
  - 이해 2 : 나 없다 그만큼 많은 돈
  - 해설 : that이 부사로 사용되어 양이나 정도를 나타내는 형용사나 다른 부사를 한정하는 경우입니다.(부사는 동사, 형용사, 부사나 문장 전체를 수식하는 역할을 합니다.)

- 1. That was different.

  2. Something that was different happened.
  - 이해 1 : 그것 = 다른
  - 이해 2 : 어떤 것 (뭐냐면) = 다른 발생했다
  - 해설 : 두 예문 모두 that was different가 등장하지만, 첫 번째 예문은 지시대명사로 사용된 that이고, 두 번째 예문은 주격 관계대명사로 사용된 that입니다. 예문과 같이 that이 관계대명사로 사용되는 경우에는, 반드시 앞에 명사가 나온다는 점을 명심하고 있어야 합니다.

271

2-5 전치사

기본 편에서 우리는 이미지 연상을 통한 전치사의 기본 의미와, 기본 의미에서 유추된 파생 의미를 통해 전치사가 포함된 문장을 어순대로 이해하는 방법에 대해 알아보았습니다. 또한, 전치사의 기본 의미를 알고 있으면, 일일이 관용구를 무조건적으로 외우지 않더라도 관용구의 묶음 의미를 직관적으로 인식할 수 있다는 사실도 알게 되었습니다.

기본 문장에서 문장이 확장될 때 가장 빈번한 경우가 전치사구를 통해서인 만큼, 영어 문장에서 가장 흔하게 볼 수 있는 단어 또한 전치사들입니다.

그동안 너무 홀대했던 전치사인 만큼 전치사에 많은 관심을 기울이시기 바랍니다. 전치사가 영어를 좌지우지할 수도 있습니다. 그만큼 전치사는 중요합니다.

아래 그림들을 통해서 전치사의 기본 의미와 어순에 따른 이해를 다시 한 번 상기시켜 보기 바랍니다. 전치사의 이미지나 기본 의미, 전치사 어순에 따른 이해가 명확하게 정립되지 않았다면 기본 편을 다시 공부하기 바랍니다.[A(전치사 앞부분), 전치사, B(전치사 뒷부분)를 이용해 아래 각각의 이미지를 텍스트로 전환시켜 보고, 머릿속으로 전치사의 이미지와 이해의 흐름에 따른 장면을 그려 보시기 바랍니다.]

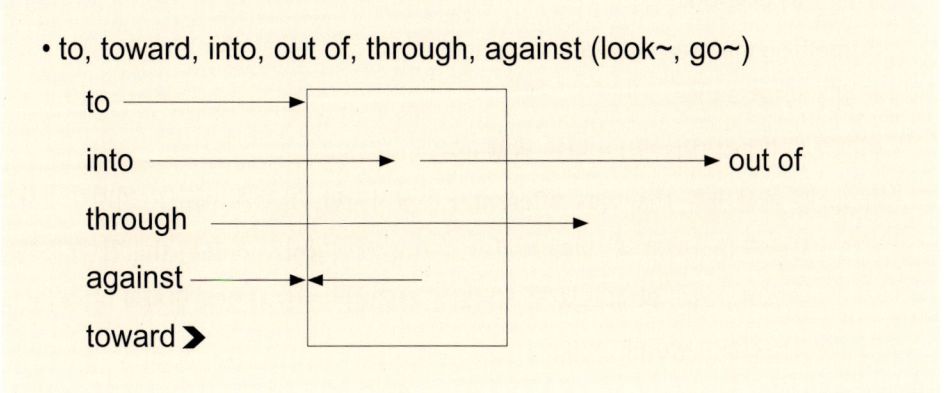

|전치사|

- **in**

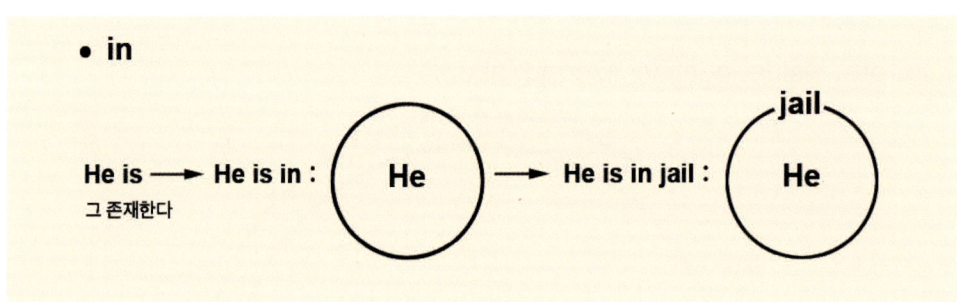

- **on, at, off**

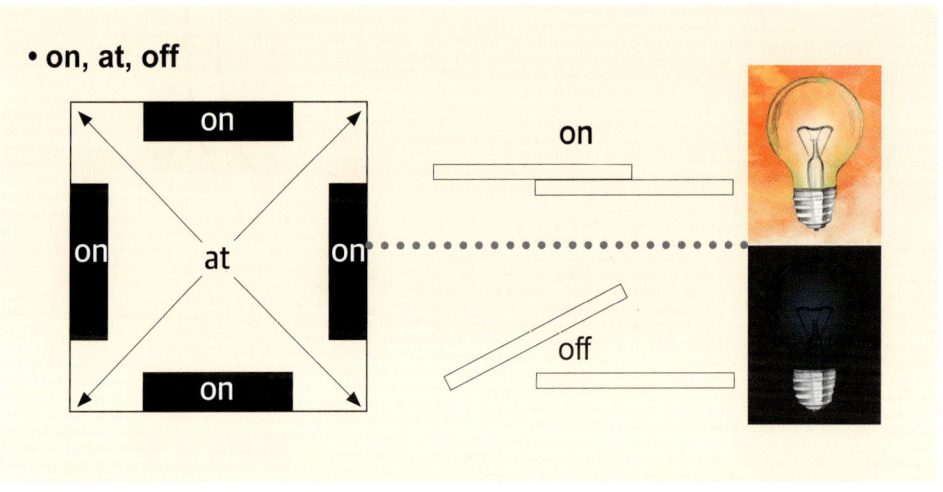

- above, over, under, below, up, down

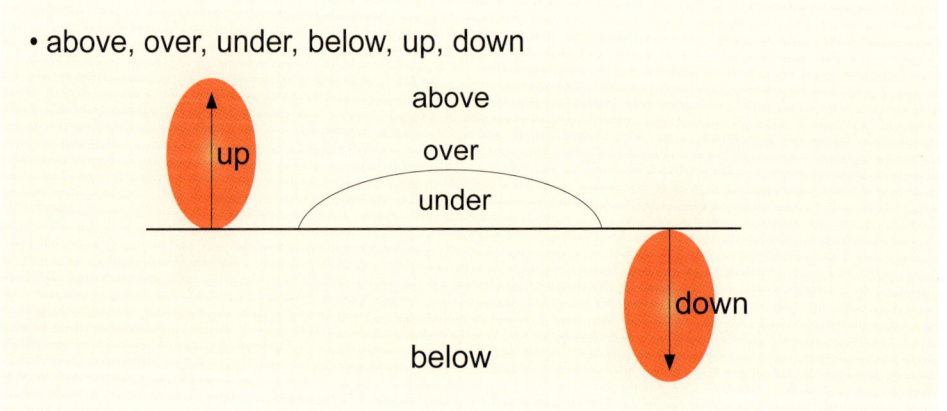

273

• from, inside, outside, around, about

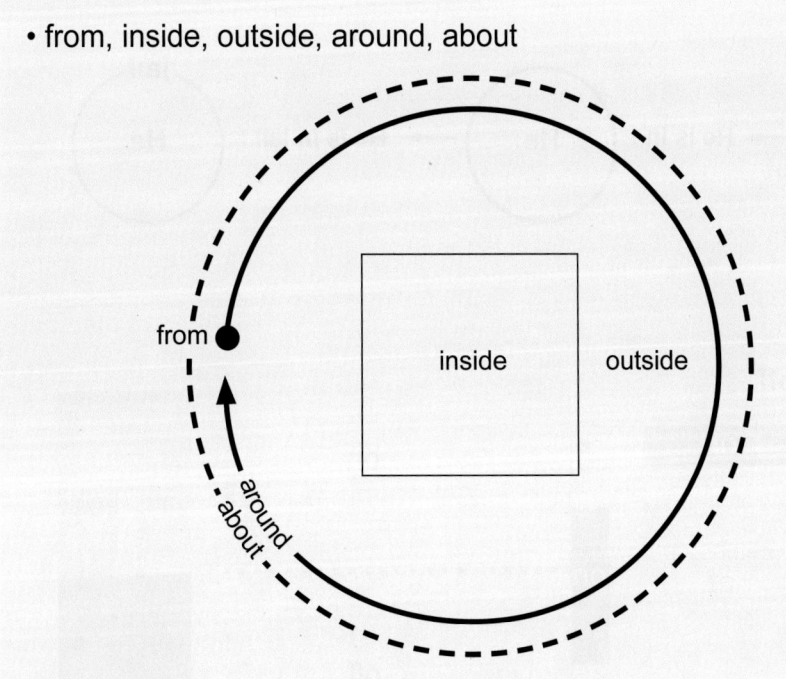

• along, across

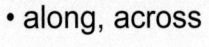

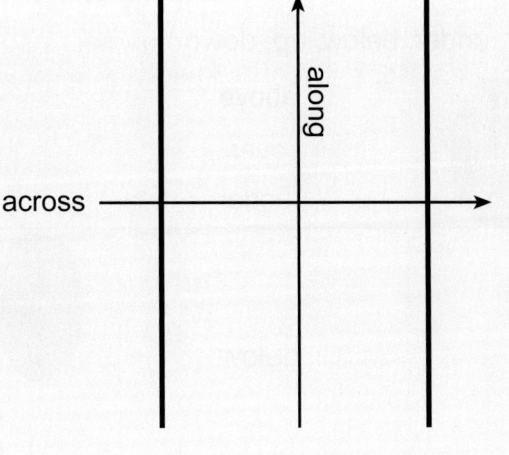

|전치사|

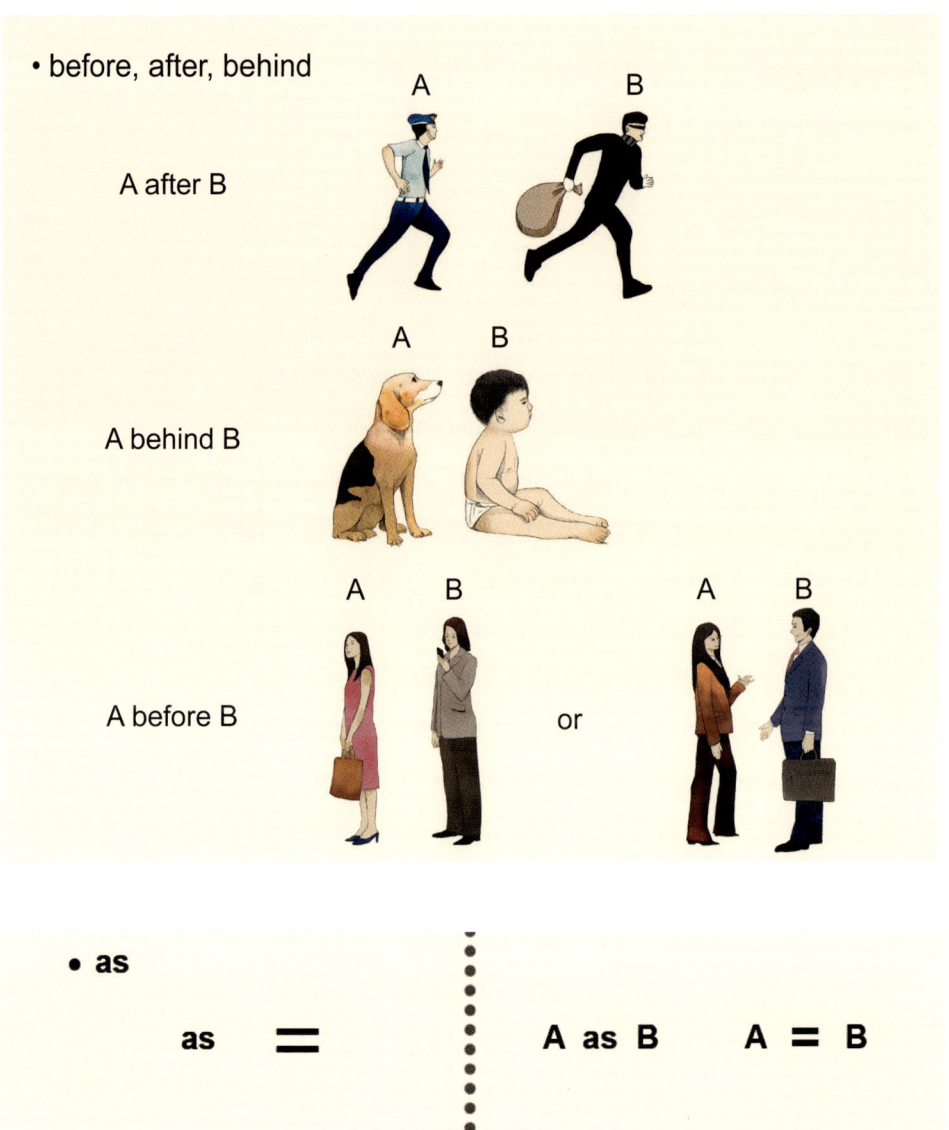

• before, after, behind

A after B

A behind B

A before B   or

• as

as ＝   A as B   A ＝ B

전치사가 포함된 아래 관용구들은 어떤 의미적 차이가 있을까요? 전치사의 기본 의미를 생각하며 먼저 스스로 구분해 보시기 바랍니다.

Test 1

• shout at, shout to

• throw at, throw to

275

- cry to, cry for

- pay to, pay for

- look down on, look up to

위 관용구들은 아래와 같은 뉘앙스의 차이가 있습니다. 물론, 그 차이는 전치사의 기본 의미에서 비롯된 것입니다.

- shout at : When you are angry, you shout at a specific person

  shout to : shout → a direction so that they can hear you

- throw at : throw something at someone in order to hit him or her

  throw to : throw something to a direction for somebody to catch

- cry to : cry → somebody (cry to God)

  cry for : cry 목표는 something (cry for help)

  He prayed for the people of Korea to the Lord.

- pay to : You sent a payment of 2.2USD to an online seller.

  pay for : You sent a payment of 2.2USD for your order.

- look down on : 시선을 두다 아래로 접면은 someone(눈을 아래로 내리깔면서 누군가를 위아래로 훑는 행위입니다 = '무시하다', 물론, look down on은 look down at과 같이 시선을 아래로 두고 특정한 사물/장소를 보는 경우에도 사용할 수 있습니다.)

  look up to : 시선을 두다 위로 → someone(누군가를 경외해 위로 우러러보는 것입니다 = '존경하다/우러러보다')

Test 2

- think of, think about, think over

- hear of, hear about, hear from

위 관용구들은 아래와 같은 뉘앙스의 차이가 있습니다. 물론, 그 차이 또한 전치사의 기본 의미에서 기인한 것입니다.

|전치사|

• think of
  - 이해 : think of는 '관련 있는 것은' 이라는 전치사 of의 기본 의미와 결합되어 그저
    '관련 있는 것을 가볍게 떠올리는 수준'으로 생각하는 것입니다.
  - 예문 : He told me his name, but I can't think of it now.
• think about
  - 이해 : think of와 비교하여 think about은 전치사 about의 기본 의미(내용은 ~)가
    적용되어 내용에 대해 면밀히 생각하고 고려하는 뉘앙스가 있습니다.
  - 예문 : I have thought about what you said, and I've decided to take your offer.
• think over
  - 이해 : (완전히 위에서 덮은 것 같이) 심사숙고하여 곰곰이 생각한다는 것입니다.
  - 예문 : I went for a long walk to think things over.

hear 관련 관용구도 think 관용구와 마찬가지입니다. 전치사 기본 의미의 차이가 관용구의 미묘한 뉘앙스 차이를 만드는 것입니다.

• hear of
  - 이해 : (관련 있는 것을) 한번 들어본 적이 있는 정도입니다. 이름, 존재 정도나 소문
    따위를 들어본 적 있다는 뉘앙스입니다.
  - 예문 : "Who is Tom Hart?" "I have no idea. I have never heard of him."
• hear about
  - 이해 : 뉴스나 정보 등의 내용에 대해 능동적으로 듣는 것입니다.
  - 예문 : Did you hear about what happened at the club on Saturday night?
• hear from
  - 이해 : 안부를 전해 듣다 from(출발점은) somebody
  - 예문 : "Have you heard from Jane recently?" "Yes, she called a few days ago."

아래는 우리가 알고 있는 전치사나 부사의 기본 의미와는 다른 예외 용법들입니다.

• prefer A to B
  - 이해 : 선호한다 (뭘?) A 비교 대상은 B

277

- 해설 : 전치사 to에는 'than'의 의미도 있습니다. 어순에 따라 먼저 나온 것이 더 선호하는 대상이고, 비교 대상은 to 다음에 등장합니다.

• Blacks outnumbered whites by a ratio of more than ten to one.
- 이해 : 검정색들 수적으로 우세했다 (뭘?) 하얀색들 영향력의 원천은 한 비율 (그 비율과) 관련 있는 것은 더 많은 비교 대상은 10대 1
- 해설 : 전치사 to에는 'versus'의 의미(A 대 B)도 있습니다. 10대 1보다 더 큰 비율로 수적으로 우세했다는 내용입니다.

• Call me back in ten minutes.
- 이해 : 전화해라 나에게 다시 이후에 10분
- 해설 : 전치사 in이 시간, 기간 등과 함께 쓰일 때 '시간 안에'와 같이 포괄하는 의미로 사용될 것 같지만, 그 시간이 경과된 후(後)로 '이후'의 시간이 됩니다.

• He arrived around five o'clock.
- 이해 : 그 도착했다 약 5시
- 해설 : around, about이 부사로 사용될 때, '약, 대략'의 의미가 있습니다.

• Her eyes are disproportionately big for her face.
- 이해 : 그녀의 눈 = 불균형하게 큰 비교 대상은 그녀의 얼굴
- 해설 : 전치사 for에는 'than'과 같은 의미(~에 비해/~치곤)도 있습니다.

• A car missed her by less than a foot.
- 이해 : 한 차 빗나갔다 (뭘?) 그녀 차이는 더 적은 비교 대상은 한 발
- 해설 : 한 발보다 적은 차이로 차가 그녀를 치지 못하고 빗나갔다는 것입니다. 전치사 by로 '만큼/정도' 같은 차이를 표현할 수도 있습니다.

• The telephone is by the window.
- 이해 : 전화기 존재한다 옆에 창문
- 해설 : 전치사 by에는 '옆/가에' 라는 의미도 있습니다.

• Time goes by so quickly.
- 이해 : 시간 흐른다 지나서 매우 빠르게
- 해설 : by가 부사로 사용될 때 'past'의 의미가 있습니다.

• We talked over a cup of coffee.
- 이해 : 우리 대화했다, 긴 더 행위는 한 잔 (그 한 잔과) 관련 있는 것은 커피
- 해설 : 전치사 over에는 'while'의 의미(= We talked while we had a cup of coffee)

도 있습니다. 커피 마시는 행위가 더 기니까, 커피 마시면서 대화를 하는 것이
됩니다.

다음 단어들은 전치사 to와 잘 어울립니다. 이 또한 전치사 to의 → 이미지와 관련 있습니
다. 전치사 to 다음에는 당연히 전치사의 목적어인 명사(명사 상당 어구)가 나옵니다.

key, way, secret, chance, access, solution

- key to the door
- key to communicating with people accurately and effectively (전치사의 목적어가 동
  명사인 경우)
- way to the exit
- military secrets to the enemy
- chance to finding her (전치사의 목적어가 동명사구인 경우입니다. 동명사(finding)가
  타동사기 때문에 her를 목적어로 취했습니다.)
- Pre-order now for early access to exclusive rewards
- solution to the problem for you

전치사 종합 예문을 통해 문장을 어순대로 이해하면서 스스로 점검해 보는 시간을 가져
보기 바랍니다.

1. I got my laptop out from under the bed.

2. "Cover me!" the soldier said as he jumped out from behind the wall.

3. The man beside her put an arm around her, and she put her head on his
   shoulder.

4. He falls down on the ground and curls into a ball after he was struck below his
   stomach.

5. Please bury us beneath the tree just outside the cave entrance to the palace.

6. Their leader escaped into a tomb below, closing the entrance under the altar
   behind him.

279

1. 나 획득했다 내 laptop 밖으로 출발점은 아래서, 그 위를 덮고 있는 것은 침대

2. "엄호해라 나!" 그 병사 말했다, 동시에 일어나는 일은 그 점프했다 밖으로 출발점은 뒤에서, 앞에 있는 것은 담

3. 그 남자 옆에 있는 것은 그녀 놓았다 한 팔 빙 도는 것은 그녀, 그리고 그녀 놓았다 그녀의 머리 접면은 그의 어깨

4. 그 쓰러지다 아래로 접면은 땅바닥 그리고 (몸을) 돌돌 말았다 밖에서 안으로 한 공 모양 이후에, 이전에 있었던 일은 그 맞았다 밑에, 그 위에 있는 것은 그의 복부

5. 제발 묻어줘라 우리 밑에, 그 위에 있는 것은 그 나무 바로 바깥쪽, 그 안쪽은 동굴 입구 → 궁전

6. 그들의 지도자 탈출했다 밖에서 안으로 한 무덤 아래에 있는, 닫으면서 (뭘?) 그 입구 아래 있고, 그 위를 덮고 있는 것은 제단 뒤에 있고, 앞에 있는 것은 그

2-6 접속사

1. with 전치사로 접속사를 대체

접속사 as 챕터에서 우리는 'A와 동시에 일어나는 일은 B'라는 접속사 as의 파생 의미와 분사구문을 통해 주어가 두 가지 행위를 동시에 하는 상황을 표현하는 것에 대해 배웠습니다. 이와 유사한 표현을 전치사 with를 통해서도 구현할 수 있습니다. 이는 전치사 with의 기본 의미가 'A와 함께하는 것은 B'이기 때문입니다. '함께한다'는 의미가 동시 행위의 표현을 촉발한 것입니다.

with구문은 명사 부가설명, 분사구문, 5형식, "동명사와 함께 사용해 특정 상황을 묘사하는 전치사 in(in + 동명사구)" 등과 함께 한 문장으로 심플하면서도 세련된 표현을 할 수 있는 중요한 고급 영어 표현입니다.

분사구문과 with구문의 차이점은, **분사구문은 주로 동일한 주어의 동시 행위를 묘사하는 데 사용**하는 반면, **with구문은 주어와 주어의 신체 일부 혹은 전혀 다른 대상과의 동시 상황을 연출하는데 사용**한다는 점입니다. 이는 with구문은 주어와 다른 동시 상황의 대상을 전치사 with의 목적어를 통해 달리 가져갈 수 있기 때문입니다.

자! 그럼 with구문이 어떠한 형태로 문장에서 모습을 드러내는지 알아보도록 하겠습니다.

281

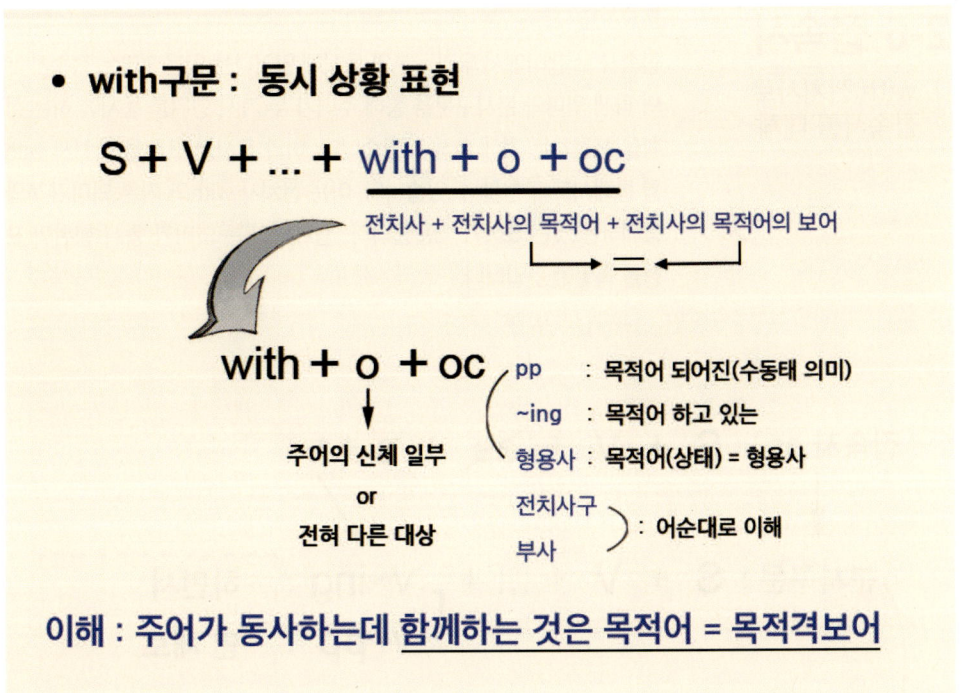

위 그림과 같이 전치사 with의 목적어 자리에 주어의 신체 일부를 사용하여 동시 행위를 묘사하거나, 아니면 전혀 다른 대상과 함께 동시 상황 연출이 가능합니다.

with구문 이해의 핵심은 어순대로 이해하다가 with의 목적어 뒤에 pp, ~ing 혹은 형용사가 나오면 단순한 전치사구가 아닌 동시 행위나 동시 상황을 묘사하는 with구문이라는 것을 인지하고, with의 목적어와 그 뒤의 단어(전치사 목적어의 보어)를 마치 5형식처럼 이해하는 것입니다. 전치사 with의 목적어 뒤에 전치사구나 부사가 나오면 그냥 어순대로 이해합니다.

예문을 통해 with구문을 만나 보도록 하겠습니다.

• He sat with his arms crossed at his chest and his legs crossed.
  - 이해 : 그 앉았다 함께하는 것은 그의 팔들 교차된 채로 접점은 그의 가슴 그리고 그의 다리들 꼰 채로

- 해설 : 'with + o(주어의 신체 일부) + oc(pp)' 형태의 with구문(with + his arms/
his legs + crossed). 전치사 with의 목적어 즉, his arms와 his legs가 스스로
팔짱을 끼고 다리를 꼬는 것이 아니라, 사람이 끼고 꼬는 것이기 때문에 현재
분사가 아닌 과거분사(수동태 의미)를 사용했습니다.

• He was behind a crate with his heart pounding.
- 이해 : 그 존재했다 뒤에, 앞에 있는 것은 한 대형 나무 상자 함께하는 것은 그의 심
장 쿵쿵 뛰고 있는
- 해설 : 'with + o(주어의 신체 일부) + oc(~ing)' 형태의 with구문(with + his heart
+ pounding). 전치사 목적어의 보어가 현재분사(~ing, pounding)이므로 진
행의 의미로 이해합니다.

• Go lie down with a damp cloth over your forehead.
- 이해 : 가서 누워라 아래로 함께하는 것은 한 젖은 천 위에서 덮고 있고, 그 아래 있
는 것은 너의 이마
- 해설 : 'with + o(다른 대상) + 전치사구' 형태의 with구문(with + a damp cloth +
over your forehead)

• He was standing with his back to me.
- 이해 : 그 서 있었다 함께하는 것은 그의 등 → 나
- 해설 : 'with + o(주어의 신체 일부) + 전치사구' 형태의 with구문(with + his back
+ to me). 'his back to me'는 그가 나를 마주 보는 것이 아니라, 등지고 있는
상황을 표현하는 것입니다.

• The boy sat slumped at the table with his head in his arms, sobbing.
- 이해 : 그 소년 앉았다 축 처진 상태로 접점은 탁자 함께하는 것은 그의 머리 안에 있
고, 밖에서 둘러싸고 있는 것은 그의 두 팔, 흐느껴 울면서
- 해설 : 'with + o(주어의 신체 일부) + 전치사구' 형태의 with구문(with + his head
+ in his arms). The boy sat slumped는 2형식 문장입니다. sobbing은 문맥
상(팔이 흐느낄 수는 없습니다) 그리고 위치상(쉼표 뒤에 나왔습니다) 진주어
The boy의 동시 행위를 표현하는 분사구문(~하면서)입니다.

• The car won't make it up the hill with the ground so wet.
- 이해 : 그 자동차 성공하지 못 할 것이다 위로가면서 접하는 것은 그 언덕 함께하는
것은 지면=매우 젖은

283

- 해설 : 'with + o(다른 대상) + oc(형용사)' 형태의 with구문(with + the ground + so wet). 전치사 with의 목적어(the ground) 뒤에 나오는 형용사(wet)는 마치 5형식처럼 목적어(the ground)의 상태를 나타냅니다.

• He stood with his head down.
  - 이해 : 그 서 있었다 함께하는 것은 그의 머리 아래로
  - 해설 : 'with + o(주어의 신체 일부) + 부사' 형태의 with구문(with + his head + down)

• I tried to go to sleep with my headphones still on.
  - 이해 : 나 애썼다 앞으로 잠들려고 함께하는 것은 내 헤드폰 여전히 접면한(낀 채로)
  - 해설 : 'with + o(다른 대상) + 부사' 형태의 with구문(with + my headphones + on)

• The guard sat next to the driver with his seat turned around facing prisoners.
  - 이해 : 그 경비병 앉았다 옆에 → 그 운전수 함께하는 것은 그의 좌석 돌려진 채로, 마주보면서 (뭘?) 죄수들
  - 해설 : 'with + o(다른 대상) + oc(pp)' 형태의 with구문(with + his seat + turned around). 문장 중간에 뜬금없이 등장하는 facing은 문맥상 진주어 The guard 의 동시 행위를 묘사하는 분사구문(~하면서)입니다. 죄수 호송차 경비병이 죄수들을 감시하기 위해 특수 제작된 180도 돌려져 있는 좌석에 앉아, 죄수들을 마주 보고 있는 장면을 묘사하는 문장입니다.

with구문에서 전치사 with 대신 without을 사용하면, with구문과는 반대의 의미를 표현할 수 있습니다. '함께하지 않는 것은 ~' 즉, **동시 상황이지만 not을 포함하는 의미의 동시 상황을 표현**할 수 있다는 것입니다.

• He refills my drink without me having to ask.
  - 이해 : 그 다시 채운다 (뭘?) 내 마실 것 함께하지 않는 것은 나 요청해야 한다
  - 해설 : 'without + o(다른 대상) + oc(~ing)' 형태. 내가 요청하지 않았는데도 웨이터가 알아서 잔을 채워 줬다는 것입니다. 내가(me) 능동적으로 요청하는 것이므로, 전치사 목적어의 보어 자리에 현재분사(having)를 사용했습니다.

|접속사 – with 전치사로 접속사를 대체|

- Talks between the two parties broke down without an agreement being reached.
  - 이해 : 회담들 양쪽에 있는 것은 두 당사자들 결렬됐다 함께하지 않는 것은 한 합의 도달**된**
  - 해설 : 'without + o(다른 대상) + oc(pp)' 형태. 합의(an agreement)는 스스로 도달 하는 것이 아니라 사람에 의해 도달되는 것이기 때문에 보어 자리에 과거분 사(수동태 의미)를 사용했습니다. 보어 자리에 being pp와 같이 수동태 진행 형을 사용하면 수동태 행위의 생동감과 현장감을 강조할 수 있습니다. break down '부서지다 아래로 → 뭔가가 부숴져서 아래로 풀썩 내려앉음 → 붕괴되 다/고장나다/결렬되다'

- I walked out of the room without anyone knowing I had been there.
  - 이해 : 나 걸어 나왔다, 빠져 나온 곳은 그 방 함께하지 않는 것은 아무도 알다 (뭘?) 나 (이전에) 존재했었다 거기
  - 해설 : 'without + o(다른 대상) + oc(~ing)' 형태. 사람(anyone)이 능동적으로 알아 채는 것이므로 보어 자리에 현재분사(knowing)를 사용했습니다. 아무도 모 르게 방을 빠져나왔다는 것입니다.

285

2-6 접속사

2. 등위접속사

and, but, or, than 등을 등위접속사라고 합니다. 등위접속사는 원칙적으로 등위접속사 앞과 뒤에 같은 형태가 나와서 서로 대칭이 되어야 합니다. 이는 'A 등위접속사 B'에서 A가 동명사구이면 B에도 동명사구가 나오고, A가 'S + V' 절(節) 형태이면 B에도 'S + V' 절의 형태가 와야 한다는 것을 의미합니다.

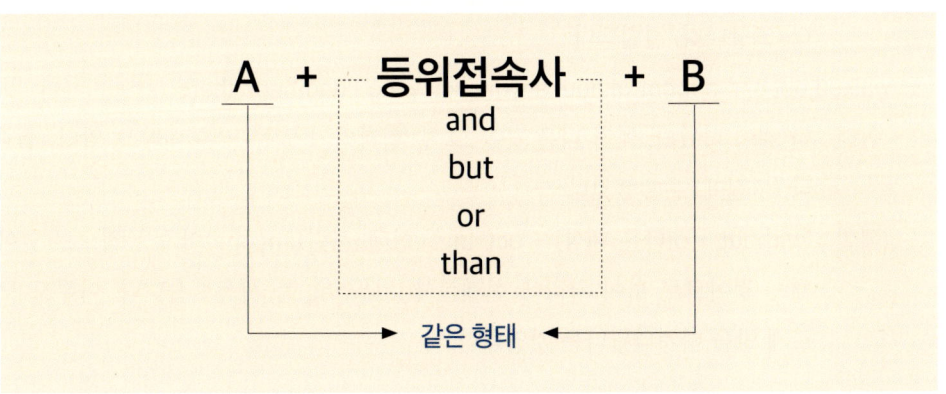

- He is much taller than I am.
  - 이해 : 그 존재하는데 (상태가) 훨씬 큰 더 비교 대상은 나 존재하다
  - 해설 : 등위접속사 than 앞에 절의 형태(S + be동사)가 나왔기 때문에 뒤에도 원칙적으로 절의 형태가 나와야 합니다. He is much taller than me보다 위 문장이 문법적으로는 더 올바른 문장입니다.

- She is happy but her dog is sad.
  - 이해 : 그녀 존재하는데 (상태가) 행복한, 그러나 그녀의 개 존재하는데 (상태가) 안 좋은
  - 해설 : 등위접속사 but 앞, 뒤 문장의 형태가 동일합니다.

|대명사|

2-7 대명사

대명사를 사용하면 같은 명사가 반복적으로 사용되어 문장이 장황해지고 지저분해지는 것을 방지할 수 있습니다. 앞서 나온 명사 대신 사용한다고 해서 명칭이 대(代)명사입니다. 문장에서 Mrs. Anne Marie Schreiner라는 이름이 주어, 목적어, 보어, 전치사의 목적어 자리 등에 계속 반복적으로 나온다고 생각해 보세요! 대명사는 이전에 언급된 명사를 대신하여 사용됨으로써 문장을 간결하게 하는 역할을 합니다.

2-7 대명사

1. 형용사가 아닌 대명사

대명사 중에는 평소에 대명사라고 생각지 못한 것들도 있습니다. some, any, many, more, enough, a lot 등이 바로 그런 경우입니다. 이런 단어들은 형용사 역할 뿐만 아니라 문장에서의 위치나 역할에 따라 대명사로 사용되기도 합니다. 이런 단어들의 대명사 용법은 여러분이 생각하는 것보다 사용 빈도가 훨씬 높기 때문에 잘 알아 두고 있어야 합니다.

- **형용사 같은 단어가 대명사로 사용되는 경우**
  - 주어, 목적어, 보어 자리 등에 단독으로 오는 경우
  - 'some / any / many / more / enough / a lot + of + 명사' 형태로 사용되는 경우
  - 이해 : 명사처럼 이해한다
    (약간의 것, 몇몇 사람, 많은 것, 더 많은 것/더 많은 사람, 충분한 양/충분한 사람 등)

위와 같이 some, any, many, more, enough, a lot 같은 단어가 주어, 목적어, 보어 자리 등에 단독으로 사용되거나, a lot of people 처럼 관용구 형태를 띠는 경우에는 형용사 의미로 이해하는 것이 아니라 **명사처럼 이해해야** 합니다.

287

- A lot of people
  - 이해 : <u>많은 것</u> (그 많은 것과) 관련 있는 것은 사람들
  - 해설 : 'a lot + of + 명사' 형태로, 여기서 a lot은 대명사입니다. a lot of people은 위와 같이 이해되어 '많은 사람'이라는 의미로 통용되는 것입니다.

- I have only read a little of the book so far.
  - 이해 : 나 단지 읽었다 <u>적은 분량</u> (그 적은 분량과) 관련 있는 것은 그 책 지금까지
  - 해설 : 'a little + of + 명사' 형태. 예문의 little은 명사 앞에 위치해 명사를 꾸며 주는 역할을 하는 형용사(a little girl)가 아니라, 목적어 자리에 사용된 대명사(a little : 약간의 **것**)입니다.

- Right now, Rome has enough to last through the harsh winter.
  - 이해 : 지금 당장, Rome 가지고 있다 (뭘?) <u>충분한 양</u> 앞으로 버틸 관통하는 것은 혹독한 겨울
  - 해설 : 예문의 enough는 목적어 자리에 단독으로 사용된 대명사입니다. 대명사이므로 명사처럼 이해합니다. enough to last는 'n + to부정사' 형태의 명사 부가 설명입니다.

- He has never responded any of my letters.
  - 이해 : 그 지금까지 한번도 응답하지 않았다 (뭘?) <u>아무 것</u> (그 아무 것과) 관련 있는 것은 내 편지들
  - 해설 : 'any + of + 명사' 형태. 예문의 any는 목적어 자리에 사용된 대명사입니다.

- We must do more to protect the environment.
  - 이해 : 우리 반드시 해야만 한다 (뭘?) <u>더 많은 것</u> 앞으로 보호하려고 (뭘?) 환경
  - 해설 : more가 단독으로 목적어 자리에 사용되었기 때문에 형용사가 아니라 명사처럼(더 많은 수/양의 것) 이해해야 합니다.

- Over two millennia ago, local people carved more than 3,000 kilometers of these canals beneath the desert.
  - 이해 : 위에서 덮고 있고, 그 아래 있는 것은 2000년 전에, 현지주민 파냈다 (뭘?) <u>이상의 것</u> 비교 대상은 3,000 kilometers 관련 있는 것은 이 수로들 밑에 있고, 그 위에 있는 것은 사막
  - 해설 : more가 단독으로 목적어 자리에 사용되었기 때문에 형용사가 아니라 명사처럼(3,000 kilometers가 넘는 수로) 이해합니다. '뭔가 위에서 덮고 있고, 그

| 대명사 - 형용사가 아닌 대명사 |

아래 있는 것은 2000년 전' 이라는 것은 2000년보다 훨씬 전이라는 것입니다. 전치사 beneath는 전치사 below와 유사한 의미(A beneath B : A가 밑에 있고, 그 위에 있는 것은 B)가 있습니다.

• So much of America needs to be rebuilt right now.
  - 이해 : 매우 <u>많은 것</u> (그 많은 것과) 관련 있는 것은 미국, 재건되어야 한다 당장
  - 해설 : 'much + of + 명사' 형태. much가 주어 자리에 사용되었으므로 명사처럼(많은 것) 이해해야 합니다.

• Even today, half of China's wheat comes from the Yellow River flood plain.
  - 이해 : 오늘날 조차, <u>절반의 것</u> (그 절반의 것과) 관련 있는 것은 중국의 밀, 온다 출발점은 황하강 범람원
  - 해설 : 'half + of + 명사' 형태. half가 주어 자리에 사용되었으므로 명사처럼 이해합니다.

• I figured she'd had enough of being apart from us.
  - 이해 : 나 판단했다 (뭘?) 그녀 가졌다 <u>충분한 것</u> (그 충분한 것과) 관련 있는 것은, 존재하는 떨어져서 출발점은 우리
  - 해설 : 'enough + of + 명사(동명사구)' 형태. enough가 목적어 자리에 사용되었으므로 명사처럼 이해해야 합니다. 문맥상 enough는 충분한 시간이라는 것을 유추할 수 있습니다. 주어와 그녀 사이에 뭔가가 틀어져서 얼마간 시간을 두고 떨어져 있었던 상황(enough of being apart)을 표현하고 있습니다.

289

2-7 대명사

2. 대명사 수 일치

주어 자리에 '대명사 + of + 명사' 형태가 나오는 경우, 주어와 본동사의 수 일치는 아래 그림과 같습니다.

- **대명사 주어, 동사 수 일치**

  - 'All / Any / Most / None / Some + of + 명사' 형태가 주어인 경우 of 전치사의 목적어인 명사의 단수/복수 여부에 따라 본동사의 단수/복수가 결정된다.

    → 'All/Any/Most/None/Some + of + 단수 명사' + 단수 동사
      <u>주어</u>

    → 'All/Any/Most/None/Some + of + 복수 명사' + 복수 동사
      <u>주어</u>

일반적으로 'A of B'가 주어인 경우, 어순상 A가 중심 내용이고 B는 관련 있는 내용이므로 본동사의 단수/복수는 A의 단수/복수에 따라 결정됩니다. 하지만, 위 그림과 같은 대명사들의 경우에는 of 전치사의 목적어 즉, 명사 B의 수에 따라 본동사의 수가 결정됩니다.[대명사는 아니지만 percent 또는 분수(a third 등)가 of 앞에 나오는 경우에도 본동사의 수는 of 뒤의 명사에 영향을 받습니다.]

- The tray of ice cubes has fallen on the kitchen floor.
  - 이해 : 쟁반 (그 쟁반과) 관련 있는 것은 얼음 조각들 떨어졌다 접면은 부엌 바닥
  - 해설 : 주어부는 The tray of ice cubes고, 진주어는 The tray입니다. 본동사의 수는 일반적으로 A of B에서 주어부의 진주어 A에 의해 결정됩니다. 진주어 The tray가 단수기 때문에 본동사에 단수(has fallen)를 사용했습니다.

| 대명사 - 대명사 수 일치 |

- Neither of these cars is worth the money.
  - 이해 : 아무 것 (그 아무 것과) 관련 있는 것은 이 차들 가치가 없다 돈 될만한
  - 해설 : 진주어 Neither가 단수기 때문에 본동사에 단수(is)를 사용했습니다. worth
    는 주로 주격보어로 사용되며, 뒤에 다시 자신의 보어를 명사 형태로 취합니
    다.(예문에서 명사 the money는 worth의 보어입니다.)

- 1. Some of the money is missing.
  2. Some of the people in the bank are the suspects.
  - 이해 1 : 일부의 것 (그 일부의 것과) 관련 있는 것은 그 돈 = 실종된
  - 이해 2 : 일부 사람들 (그 일부 사람들과) 관련 있는 것은 전체 사람들 in 은행 = 용의
    자들
  - 해설 : 주어가 'Some + of + 명사' 형태인 경우 본동사의 수는 of 전치사의 목적어
    에 좌우되므로, 예문1은 단수 동사(the money - is), 예문2는 복수 동사(the
    people - are)를 사용했습니다. 예문의 Some은 대명사로 사용되었으므로 이
    전 챕터에서 배운 대로 형용사가 아니라 명사처럼 이해합니다.

- 1. Most of my coworkers are cleared of any suspicion.
  2. Most of my jewelry is missing.
  - 이해 1 : 대부분의 것 (그 대부분의 것과) 관련 있는 것은 내 동료들 혐의가 풀린 (그
    혐의 풀림과) 관련 있는 것은 어떤 의심이든
  - 이해 2 : 대부분의 것 (그 대부분의 것과) 관련 있는 것은 내 보석 = 실종된
  - 해설 : 주어가 'Most + of + 명사' 형태인 경우 본동사의 수는 of 전치사의 목적어에
    좌우되므로, 예문1은 복수 동사(my coworkers - are), 예문2는 단수 동사(my
    jewelry - is)를 사용했습니다. 예문의 Most는 대명사로 사용되었으므로 명사
    처럼 이해합니다.

- 1. Fifty percent of the cake has disappeared.
  2. Fifty percent of the cakes have disappeared.
  - 이해 1 : 50 퍼센트 (그 50퍼센트와) 관련 있는 것은 그 케이크 사라졌다
  - 이해 2 : 50 퍼센트 (그 50퍼센트와) 관련 있는 것은 케이크들 사라졌다
  - 해설 : 주어가 '~ percent + of + 명사' 형태인 경우 본동사의 수는 of 전치사의 목적
    어에 좌우되므로, 예문1은 단수 동사(the cake - has disappeared), 예문2는
    복수 동사(the cakes - have disappeared)를 사용했습니다.

• 1. Two-thirds of the country is unemployed.

2. A third of the people are unemployed in my country.

 - 이해 1 : 2/3 (그 2/3 와) 관련 있는 것은 그 나라 = 실직한

 - 이해 2 : 1/3 (그 1/3 과) 관련 있는 것은 국민 = 실업자인 in 내 나라

 - 해설 : 주어가 '분수 + of + 명사' 형태인 경우 본동사의 수는 of 전치사의 목적어
에 좌우되므로, 예문1은 단수 동사(the country – is), 예문2는 복수 동사(the
people – are)를 사용했습니다.

|기타 - 문장 구조 분석|

2-8 기타
1. 문장 구조 분석

우리는 영어를 어순대로 이해하지만 문장 분석이 필요한 경우, 아래와 같은 방법을 사용하면 손쉽게 문장 구조를 파악할 수 있습니다.

- **문장 구조 분석 Tip**

  - 보조성분인 전치사구(전치사+전치사의 목적어)를 제거한다.
  - 진주어와 본동사를 식별한다.
  - 명사 부가설명이나 분사구문을 식별한다.

일반적으로 전치사구는 문장의 주성분이 아니기 때문에 전치사구(전치사+전치사의 목적어)를 배제하면 빠르고 손쉽게 문장의 중심 뼈대 즉, 주성분만 추릴 수 있습니다.

- I went to the market to buy some milk for breakfast.
  - 전치사구 제거 : I went ~~to the market~~ to buy some milk ~~for breakfast.~~
  - simpler sentence : I went to buy some milk.
  - 해설 : 'to + the market', 'for + breakfast'와 같은 전치사구(전치사+전치사의 목적어)를 배제하면, 문장을 한눈에 훨씬 더 잘 파악할 수 있습니다. 위 예문은 길어 보이지만, 1형식 문장에 불과합니다.
- The words in the sentence of this page don't make sense at all.
  - 전치사구 제거 : The words ~~in the sentence of this page~~ don't make sense ~~at all.~~
  - simpler sentence : The words don't make sense.
  - 해설 : 'in + the sentence', 'of + this page', 'at + all' 같은 전치사구(전치사+전치사의 목적어)를 배제하니, 주성분만 남아 3형식 문장임을 쉽게 파악할 수 있습니다.
- She felt the hair on the back of her neck go up.
  - 전치사구 제거 : She felt the hair ~~on the back of her neck~~ go up.

293

- simpler sentence : She felt the hair go up.
- 해설 : 전치사구 때문에 문장이 복잡해 보이지만, 전치사구를 제거하면 5형식 지각
  동사 문장이라는 것을 쉽게 파악할 수 있습니다.

전치사구를 제거한 심플해진 문장에서 진주어와 본동사를 식별하고, 명사 부가설명 같은
보조 요소나 분사구문을 식별하면 문장의 구조가 훨씬 더 한눈에 파악됩니다.

• If you watch a mother in a motion picture or dramatic play suffer horribly at the
  death of her child born just a few days ago, ~.
- 전치사구, 명사 부가설명 제거 : If you watch a mother ~~in a motion picture or~~
  ~~dramatic play~~ suffer horribly ~~at the death of her~~
  ~~child born just a few days ago~~, ~.
- simpler sentence : If you watch a mother suffer horribly, ~.
- 해설 : 전치사구, 명사 부가설명(her child + born ~)을 제거하면 예문의 if절이 5형
  식 지각동사 문장이라는 것을 쉽게 파악할 수 있습니다.

기타 – 혼동되는 단어들

2-8 기타
2. 혼동되는 단어들

영어는 지극히 주어 중심적인 언어지만 go나 come을 사용할 때는 청자(聽者) 즉, 듣는 사람의 입장에서 go 혹은 come 사용에 대한 취사 선택을 해야 합니다. 말하는 사람이 out 즉, 밖을 향해 나아가더라도 청자에게 다가가는 거라면 go가 아닌 come을 사용해야 합니다. go는 말하는 사람이나 듣는 사람의 모든 입장으로부터 밖으로 나가는 경우에 사용합니다.

go, come과 더불어 유사한 의미의 혼동되는 단어들을 살펴보면 다음과 같습니다.

동사 look과 see를 구분하기 위해서는 아래 그림과 같이 화살표가 어디에서 시작되었느냐가 중요합니다. 이는 주어의 행위 즉, 보는 것이 주어로부터 능동적으로 시작된 것인지, 아니면 자연스럽게 시야에 들어온 사물을 주어가 인지하고 이해하는 것인지에 따라 look과 see를 구분해서 사용한다는 의미입니다.

- **look, see, watch**
  - look : 주어가 의식적으로 자기 시선을 특정한 곳에 두는 것

    능동적

  - see : 주어가 자기 시야에 들어온 사물을 인지하고 이해하는 것

    수동적

  - watch : 주어가 움직이는 대상을 일정 시간 유심히 보는 것

295

	이해	특징
look	시선을 두다	주어가 시선을 두는 의식적 행위가 주(主). 자동사기 때문에 look 뒤에 바로 목적어를 사용할 수는 없고, 전치사 다음에 목적어를 사용할 수 있습니다. 주로 at과 같이 사용(look at something)합니다. 자동사는 홀로 행위를 할 수 있는 동사지만, 목적어가 필요한 경우 전치사의 목적어를 이용하는 것이라고 생각하면 됩니다.
see	보다	주어의 사고 작용이 주(主). 상대방의 말을 이해한다고 할 때 I see와 같이 말하는 이유도, 위 그림과 같이 see의 인지하고 이해한다는 기본 의미와 관련이 있습니다.
stare	빤히 쳐다보다, 응시하다	단어의 의미상 전치사 at과 잘 어울립니다.
glance	흘깃 보다, 대충 훑어보다	
glare	노려보다, 쏘아보다	

- I looked down at my feet.
  - 이해 : 나 시선을 두었다 아래로 접점은 내 발
  - 해설 : look은 자동사기 때문에 보는 대상 즉, 목적어가 필요하면 at, to와 같은 전치사를 통해 목적어를 취합니다.(look + 전치사(at/to) + 전치사의 목적어)
- I looked to my right, and there was a beautiful girl there.
  - 이해 : 나 시선을 두었다 → 내 우측, 그리고 존재했던 것은 한 아름다운 소녀 거기
  - 해설 : look은 전치사 at과 잘 어울리지만, 예문과 같이 단순히 시선을 어떤 방향으로 둔다는 의미일 때는 전치사 to나 toward를 사용합니다.

listen과 hear의 구분은 앞서 살펴본 look, see의 구분과 절묘하게 비교됩니다. listen은 look처럼 주어가 의식적으로 특정 대상에 귀 기울이는 것이고, hear는 see와 같이 주어가 수동적으로 귀에 들리는 내용을 인지하고 이해하는 것입니다.

|기타 - 혼동되는 단어들|

• listen, hear

- listen : 주어가 의식적으로 특정 대상에 귀를 기울이는 것

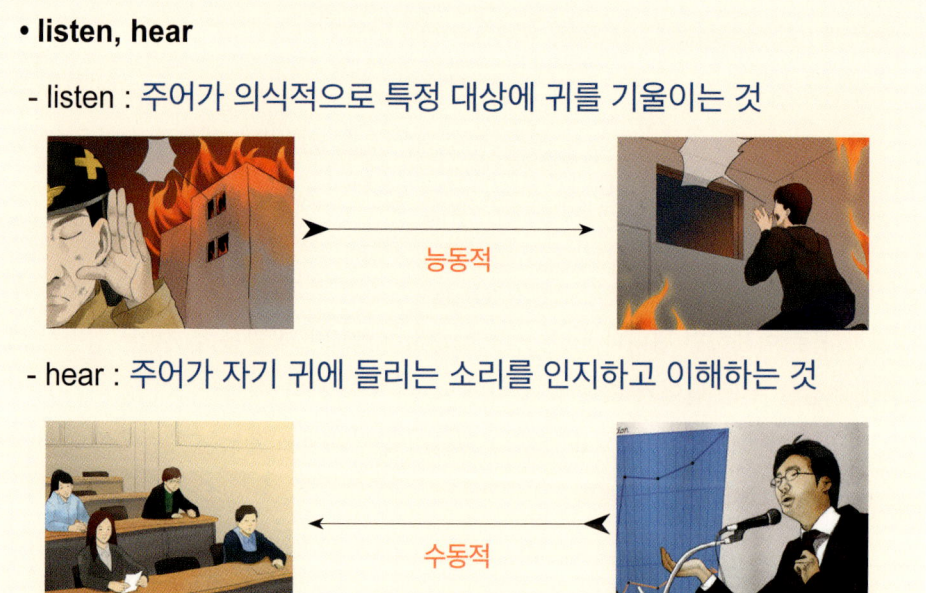

- hear : 주어가 자기 귀에 들리는 소리를 인지하고 이해하는 것

	이해	특징
listen	귀 기울이다	주어가 귀 기울이는 의식적 행위가 주(主). 자동사기 때문에 listen 뒤에 바로 목적어를 사용할 수는 없고, 전치사 다음에 목적어를 사용할 수 있습니다. 단어의 의미상 주로 전치사 to(→)와 같이 사용(listen to something)합니다.
hear	듣다	주어의 사고 작용이 주(主). 주로 타동사로 쓰이며 목적어 자리에 보통 절(that s + v)이 옵니다. 또는 5형식 지각동사 형태

• I am listening to the radio.

 - 이해 : 나 귀 기울이고 있다 → 라디오

 - 해설 : listen은 자동사기 때문에 듣는 대상 즉, 목적어가 필요하면 to와 같은 전치사
　　　　를 통해 목적어를 취합니다.(listen + 전치사(to) + 전치사의 목적어)

297

• Listen to the birds singing.
 - 이해 : 귀 기울여라 → 그 새들 지저귀고 있는
 - 해설 : '지각동사 + O + OC(~ing)' 형태(listen to→birds=singing)입니다. 동사
   listen은 주로 listen to 형태로 1형식으로 사용되지만, 예문과 같이 5형식으로
   사용될 수도 있습니다.

'말하다'를 의미하는 단어들과 관련하여 say, tell은 의미적으로 큰 차이가 없기 때문에 통
상 '말하다'로 이해하면 됩니다. 또한, talk, speak는 상대방과 말을 주고받는 양방향 의사
소통에 초점을 두는 단어기 때문에 '말하다' 혹은 '대화하다/이야기하다'로 이해하면 됩
니다. 하지만 say, tell, talk, speak 같은 단어들이 문장에서 사용되는 패턴에는 아래 표와
같은 차이가 있습니다.

	형태	특징
say	- say to someone - say something to someone	- 사람을 목적어로 취하지 않습니다. (say to someone)
tell	- tell someone something (4형식) - tell someone to do (5형식) - tell someone about something	- tell은 정보 제공 성격이 강합니다. - 사람을 목적어로 취하며 주로 4형식, 5형식 으로 사용됩니다. - 4형식으로 사용되는 경우 something 즉, 전 달하려는 내용에 보통 절(that s + v)을 많이 사용합니다.
talk	- talk to someone - talk (to someone) about - talk with someone	- 사람을 목적어로 취하지 않습니다. (talk to someone)
speak	- speak to someone - speak with someone - speak + 언어(목적어)	- 사람을 목적어로 취하지 않습니다. (speak to someone) - 예외적으로 어떤 언어를 구사할 수 있음을 표현할 때는 해당 언어를 목적어로 취할 수 있습니다.

|기타 - 혼동되는 단어들|

- They told me I wouldn't be able to join them.
  - 이해 : 그들 말했다 나에게 (뭘?) <u>나 합류할 수 없다</u> (뭘?) 그들
  - 해설 : tell 동사가 4형식으로 사용될 때, 직접목적어(DO) 자리에 주로 절(節)이 나옵니다.

- Tell me about liberating the isolated zones.
  - 이해 : 말해라 나에게 내용은 해방시키는 것 (뭘?) 그 고립된 지역들
  - 해설 : 전치사 about의 목적어로 동명사구를 사용해 명사 단어를 사용할 때보다 더 세련되고 구체적인 표현을 할 수 있습니다. isolated는 뒤에 있는 명사 zones 를 수식하는 '과거분사 형태의 형용사'입니다.

- Sue is talking to Erica.
  - 이해 : Sue 대화하고 있다 → Erica
  - 해설 : talk to someone 형태

- He is talking about his dream.
  - 이해 : 그 말하고 있다 내용은 그의 꿈
  - 해설 : talk (to someone) about something 형태 (He is talking to the class about his dream.)

- I spoke to her.
  - 이해 : 나 말했다 → 그녀
  - 해설 : speak to someone 형태

- I need to speak with you.
  - 이해 : 나 필요하다 (뭘?) 앞으로 대화하는 것 함께하는 것은 너
  - 해설 : speak with someone 형태. speak to가 전치사 to의 기본 의미(→)로 인해 주어로부터의 일방향적인 말의 전달이라는 느낌을 준다면, speak with는 전치사 with의 기본 의미와 어울려 상대방과 서로 말을 주고 받으며 대화하는 뉘앙스가 있습니다.

- She can speak Spanish.
  - 이해 : 그녀 구사할 수 있다 (뭘?) 스페인어
  - 해설 : speak + 언어(목적어) 형태. 타동사로 사용된 speak 동사입니다.

299

- **'추측'을 표현하는 다양한 형태**
  - 조동사 : would, could, would have pp, could have pp 등
  - 2형식 : seem (to), appear (to), be likely to 등
  - 부 사 : maybe, probably, perhaps 등

위와 같이 조동사로 추측의 마음 상태를 표현하는 방법 외에, 다양한 방법으로 '추측'을 표현할 수 있습니다. maybe, probably, perhaps 등과 같은 부사는 단독으로 사용되거나, 다른 추측 표현과 함께 사용되어 '추측'의 의미를 더 강화하기도 합니다.

- 1. He would have left it there for me.
  2. Maybe he had left it there for me.
  3. He would have probably left it there for me.
  - 이해 1 : 그 (과거 추측) 남겼다 그것 거기에 목표는 나
  - 이해 2 : 아마도 그 (이전에) 남겼다 그것 거기에 목표는 나
  - 이해 3 : 그 (과거 강한 추측) 남겼다 그것 거기에 목표는 나
  - 해설 : probably, maybe, perhaps 등과 같이 추측을 표현하는 부사들은 단독으로 사용되거나, 추측을 표현하는 다른 용법과 함께 사용하여 추측의 의미를 더 강화하기도 합니다.
- You seem to be nervous.
  - 이해 : 너 (추측건대 상태가) 불안한
  - 해설 : seem은 화자가 주관적으로 느끼기에 주어의 상태가 어떤 거 같다고 추측할 때 사용하는 2형식 표현입니다. seem to be에서 to be는 자주 생략됩니다.(You seem nervous.)
- Things aren't as simple as they might appear.
  - 이해 : 상황 아니다 = 간단한 = 그들(Things) (강한 추측) 보이다
  - 해설 : 돌아가고 있는 상황이 겉으로 보이는 것만큼 그리 간단하지 않다는 표현입니다.
- 1. It is likely to be in the near future.

|기타 - 혼동되는 단어들|

2. It is likely that he will succeed.

  - 이해 1 : 그것 일 것만 같다 앞으로 존재하다 가까운 미래에

  - 이해 2 : 그것 확률이 크다 (뭐가?) 그 성공할 것이다

  - 해설 : 'It is likely ~'는 to be, that절과 함께 사용하여 발생 확률이 높은 추측을 표
현할 때 사용합니다.

● 혼동되는 동사들의 '동사원형 - 과거형 - 과거분사형 - 현재분사형'

  - lie - lay - lain - lying : 누워 있다, 놓여 있다, 위치하다(get) => 자동사

  - lay - laid - laid - laying : 놓다/두다(put), (알을) 낳다 등 => 타동사

  - lie - lied - lied - lying : 거짓말하다 => 자동사

• She lay on the beach.

  - 이해 : 그녀 누워 있었다 접면은 해변

  - 해설 : 본동사 lay 뒤에 명사 즉, 목적어가 없기 때문에, 예문의 lay는 자동사 lie의 과
거형입니다.

• Self-respect lies at the heart of humanness.

  - 이해 : 자존감 위치한다 접점은 중심부 (그 중심부와) 관련 있는 것은 인간성

  - 해설 : 본동사 lies 뒤에 명사 즉, 목적어가 없으므로 예문의 lies는 자동사 lie의 3인
칭 단수 현재형입니다.

• 1. In the light of the moon a little egg lay on a leaf.

  2. The cuckoo lays its eggs in other birds' nests.

  - 이해 1 : 밖에서 둘러싸고 있는 것은 빛 관련 있는 것은 달, 한 작은 알 놓여 있었다
접면은 한 잎사귀

  - 이해 2 : 뻐꾸기 낳는다 (뭘?) 그것의 알들 안에 있고, 밖에서 둘러싸고 있는 것은 다
른 새들의 둥지

  - 해설 : 예문1은 본동사 lay 뒤에 명사 즉, 목적어가 없으므로, lay는 자동사 lie의 과
거형입니다. 예문2는 본동사 lays 뒤에 명사 즉, 목적어(its eggs)가 있기 때문
에 lays는 타동사 lay의 3인칭 단수 현재형입니다.

301

- Now I lay my head on the pillow.
  - 이해 : 지금 나 놓다 내 머리 접면은 베게
  - 해설 : 본동사 lay 뒤에 명사 즉, 목적어(my head)가 있으므로, 예문의 lay는 타동사 lay의 1인칭 단수 현재형입니다.

- As I lay in bed, I wondered where I had laid my watch.
  - 이해 : 동시에 일어나는 일은 나 누워 있었다 in 침대, 나 궁금했다 (뭘?) 어디 나 (이전에) 뒀는지 (뭘?) 내 시계
  - 해설 : 본동사 뒤에 명사, 즉 목적어가 오느냐 오지 않느냐로 본동사의 자동사 혹은 타동사 여부를 구분할 수 있습니다. 앞에 나온 lay는 자동사 lie의 과거형이고, 뒤에 나오는 laid는 타동사 lay의 과거분사형입니다.

- You are lying to all of us.
  - 이해 : 너 거짓말 하고 있다 → 모두 관련 있는 것은 우리
  - 해설 : 본동사 lying 뒤에 명사, 즉 목적어가 없으므로 예문의 lying은 자동사 lie의 현재분사형입니다. 자동사 lie가 '누워 있다'의 lie인지, '거짓말하다'의 lie인지는 문맥을 통해 구분해야 합니다.

|기타 - 혼동되는 단어들|

● 구분이 필요한 단어들

- hope : 실현 가능성이 있고, 미래에 대한 긍정적 기대를 표현할 때
- wish : 실현 가능성이 낮거나 불가능한 일을 바랄 때

- farther : 물리적인 거리가 멀어짐(먼 더)
- further : 양, 정도가 심해짐(more, additional)

- expand : 크기, 규모 등 확대
- extend : 시간, 길이 등 연장

- factory : 생필품, 공산품 등을 만드는 공장
- plant : 철, 화학 등을 다루는 중공업 공장
- mill : 종이, 제지, 섬유 등을 만드는 공장 또는 제분소
- works : 벽돌, 시멘트 등을 만드는 공장

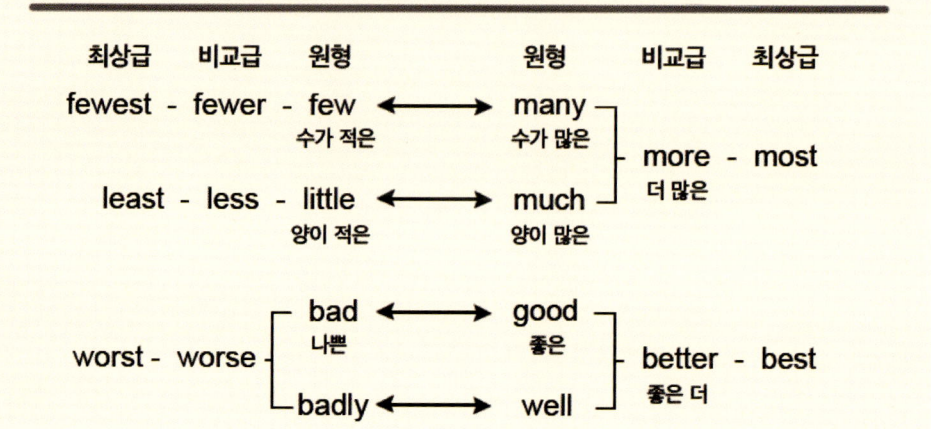

아래와 같이 비교급이 포함된 관용구도 어순대로 이해하면 어구의 함축된 의미를 쉽게 파악할 수 있습니다.

• no less than : 자그마치 (used to emphasize a large amount)
  - 이해 : 無 더 적은 것 비교 대상은 ~
  - 해설 : 비교 대상에 비해 더 적은 것이 없기(無) 때문에 많은 양을 강조하는 '자그마치' 처럼 이해됩니다.

303

• no more than : 기껏해야 (only)
  - 이해 : 無 더 많은 것 비교 대상은 ~
  - 해설 : 비교 대상에 비해 더 많은 것이 없기(無) 때문에 그저 그런 양을 폄하하는 '기껏해야' 처럼 이해됩니다.

|기타 - 기타 표현들|

2-8 기타

3. 기타 표현들

아래 표현들은 단어의 기본 의미만으로는 전체 구문의 의미를 이해하기 어렵기 때문에 구문을 묶어서 이해하는 것이 좋습니다.

- **used 관련 표현들**

  - **S + used to do** : '하곤 했다' (과거 습관 ≒ would)

  - **S + be동사 + used** : '사용되다' (수동태)

  - **S +** [**be동사 + used to** [**v~ing** : '익숙하다' (= be accustomed to)
    get   **n**

- **try 관련 표현들**

  - **try to do** : '노력하다 앞으로 하려고'

  - **try + v~ing** : '시험삼아 v해보다'

- **worth : 2형식**

  보어
  S + be동사 + worth + [**(n)** : '가치가 있는 (n만큼/n해 볼)'
                                      (v~ing)

- **have got to**

  S + have got to do : '당장 해야 한다'

- **so that 관련 표현들**

  - **so ~ that ~** : '너무 ~해서 그 결과 ~'

  - **so that ~** : '그 결과 ~'

- **too ~ to부정사**

  too ~ to부정사 : '너무 ~해서 ~할 수 없다'

305

- My father used to say.
  - 이해 : 나의 아버지 말하곤 했다
  - 해설 : be동사가 없고, to 다음에 동사원형이 나왔기 때문에 과거 습관을 표현하는 used입니다. 'used to + 동사원형'은 '과거에는 정기적으로 했지만, 지금은 하지 않는다'는 뉘앙스가 있습니다. 반면, would가 과거 습관의 의미로 사용되는 경우에는 현재도 그 습관을 지속하는지 여부는 고려하지 않습니다.('used to + 동사원형'의 의문문은 'Did + S + use to + 동사원형 ~?', 부정문은 'S + didn't use to + 동사원형 ~' 입니다.)
- Spring is like winter used to be.
  - 이해 : 봄 존재한다 = 겨울 존재하였 듯이
  - 해설 : be동사가 없고, to 다음에 동사원형이 나왔으므로 과거 습관을 표현하는 used입니다. 봄이 왔는데, 봄 같지 않게 지난 겨울이 그랬 듯이 여전히 춥다는 의미입니다.
- He said his mind wasn't what it used to be.
  - 이해 : 그 말했다 (뭘?) 그의 마음 ≠ 그것(=그의 마음) 이전에 그러했 듯이
  - 해설 : be동사가 없고, to 다음에 동사원형이 나왔기 때문에 과거 습관을 표현하는 used입니다. 자기 마음이 예전 같지 않다는 것입니다.
- It is worth the risk.
  - 이해 : 그것 = 가치가 있는 위험(을 감수할 만한)
  - 해설 : worth는 be동사 다음에 나오는 주격보어입니다. worth의 문장 패턴은 worth 단독으로 사용되거나, worth 뒤에 다시 worth의 보어가 명사 형태(동명사 포함)로 등장합니다.
- This book is worth reading.
  - 이해 : 이 책 = 가치가 있는 읽어 볼
  - 해설 : 동명사도 명사이기 때문에 worth의 보어가 될 수 있습니다.
- Any human's life is worth trying to save.
  - 이해 : 어떤 사람의 목숨이라도 가치가 있는 노력할 만한 앞으로 구하려고
  - 해설 : worth의 보어 자리에 동명사구(trying to save)가 왔습니다.
- It is obvious that I have got to do something.
  - 이해 : 그것(가주어) = 명백한 (진주어~) 나 당장 해야만 한다 뭔가

- 해설 : 'have got to + 동사원형'은 have to에 **긴급성**이 부가된 것입니다. 이는 'be going to + 동사원형'에 시급성(immediately)이 부가된 'be about to + 동사원형'과 비교될 수 있습니다.(기본 편 기타 챕터 '미래 표현들' 참조)

• Some sounds are so harsh, grating, and discordant that they offend the ear.
  - 이해 : 몇몇 소리들 = 너무 거친, 귀에 거슬리는, 그리고 불협화음인 그 결과 그들 (그 소리들) 불쾌하게 만든다 (뭘?) 귀
  - 해설 : so ~ that ~(너무 ~해서 그 결과 ~). so 다음에는 주로 형용사가 나옵니다.

• Jane swims everyday so that she can stay healthy.
  - 이해 : Jane 수영한다 매일 그 결과 그녀 유지할 수 있다 건강한
  - 해설 : so that ~(그 결과 ~)

• I was breathing too hard to answer.
  - 이해 : 나 숨쉬고 있었다 너무 힘들게 그래서 대답할 수 없었다
  - 해설 : too ~ to부정사(너무 ~해서 ~할 수 없다). too 다음에는 주로 형용사가 나옵니다.

• I had too much fun to take your money.
  - 이해 : 나 가졌다 너무 많은 즐거움 그래서 취할 수 없다 (뭘?) 너의 돈
  - 해설 : too ~ to부정사(너무 ~해서 ~할 수 없다)

• You are too good to be true.
  - 이해 : 너 너무 타당해서 믿을 수 없는
  - 해설 : 상대방이 너무 그럴듯하게 말해서 사기꾼 같아 신뢰할 수 없다는 표현입니다.

- **if (= whether)**

  S + ┌ **wonder** ~ if (or whether) s + v : '~인지 ~아닌지'
  ├ **ask**
  ├ **know**
  └ **find out, see, care, be sure** 등

- **if only** : '~이면 좋을 텐데'

- **in case** : '만약의 경우에 대비하여'

• I wonder if you can help me.
  - 이해 : 나 궁금하다 (뭘?) ~인지~아닌지 너 돕다 나
  - 해설 : wonder if s + v (~인지 ~아닌지)

• If only I knew her number.
  - 이해 : ~이면 좋을 텐데 (어떤?) 나 안다 그녀의 전화번호
  - 해설 : if only 다음에는 현재의 바람이나 후회(동사가 과거형) 혹은 과거의 바람이
    나 후회(동사가 과거완료형)하는 내용이 나옵니다. 참고로 only if는 유일하
    게 가정하는 것이므로, 어떤 일이 가능한 유일한 상황을 가정할 때 사용합니
    다.

• If only I had gone to my son's graduation ceremony.
  - 이해 : ~이면 좋았을 텐데 (어떤?) 나 갔었더라면 → 내 아들의 졸업식
  - 해설 : if only 다음에 과거완료형이 나오면 과거에 대한 바람이나 후회를 하는 것입
    니다.

• Sam ran his fingers through the fresh piles of dirt, in case he had missed anything.
  - 이해 : Sam 움직였다 (뭘?) 그의 손가락들 관통하는 것은 갓 푼 더미들 관련 있는 것
    은 흙, 만약의 경우에 대비하여 그 (전에) 놓쳤다 (뭘?) 뭐든
  - 해설 : in case 뒤에는 만약의 경우가 어떤 경우인지가 절의 형태로 제시됩니다.

| 기타 - 종합 예제 |

2-8 기타

4. 종합 예제

지금까지 배운 것을 적용해 어순에 따른 이해를 해봅니다. 이해하다 막히면 문장의 처음으로 돌아가, 주어부터 시작해 순차적으로 전개되는 영어의 어순 원리를 되새기면서 다시 이해해 봅니다.

- A top-secret government unit called The Bureau begins investigating a series of mysterious attacks by an enemy more powerful than communism.
  - 이해 : 한 일급비밀 정부 기관 **불리우는** "The Bureau"라고 시작하다 (뭘?) 조사하는 것 (뭘?) 한 일련의 것 관련 있는 것은 불가사의한 공격들 영향력의 원천은 어떤 적=더 강력한 비교 대상은 공산주의
  - 해설 : unit called('n + pp' 형태의 명사 부가설명), an enemy more powerful ('n + 형용사' 형태의 명사 부가설명). 꼬리에 꼬리를 무는 타동사의 목적어 (begins + investigating + a series)

- I remember my mother telling me never to call a woman who wasn't beautiful "plain-faced".
  - 이해 : 나 기억한다 (뭘?) 내 어머니 (전에) 말했다 나에게 결코 부르지 말라고 (뭘?) 한 여자 (누구냐면) 예쁘지 않은 "plain-faced"라고
  - 해설 : '3형식[5형식(5형식)]' 문장 구조. I remember (my mother) [telling me never (to call a woman="plain-faced")]. a woman who wasn't beautiful 은 주격 관계대명사. 'remember + v~ing'(기억한다 (이전에) v했던 것), 'remember + to부정사'(기억한다 앞으로 v할 것)

I remember my mother telling me never to call a woman who wasn't beautiful "plain-faced".
S VT   O   O   OC
   (vt)   (vt)   O(m)   OC
                              명사 부가설명 (주격 관계대명사)

309

- The teacher my parents hired to help me play the piano had given me some drills to work on during winter recess.
  - 이해 : 그 선생님 (누구냐면) 내 부모님들이 고용한 앞으로 도우라고 나 연주하는 것 (뭘?) 피아노 "본동사 대기" (이전에) 주었다 나에게 몇 가지 반복 연습들 앞으로 연습할 언제? 겨울 방학 동안
  - 해설 : 위 예문의 기본틀은 4형식 문장(The teacher had given me some drills)입니다. The teacher my parents hired는 진주어 The teacher를 보충 설명해 주는 'n + (s+vt)' 형태의 명사 부가설명입니다. 진주어 다음에 바로 s+v 형태가 나왔으므로 명사 부가설명임을 인식하고, 앞으로 나올 본동사에 대비하고 있어야 합니다. some drills to work on은 'n + to부정사' 형태의 명사 부가설명으로 some drills는 전치사 on의 목적어입니다.

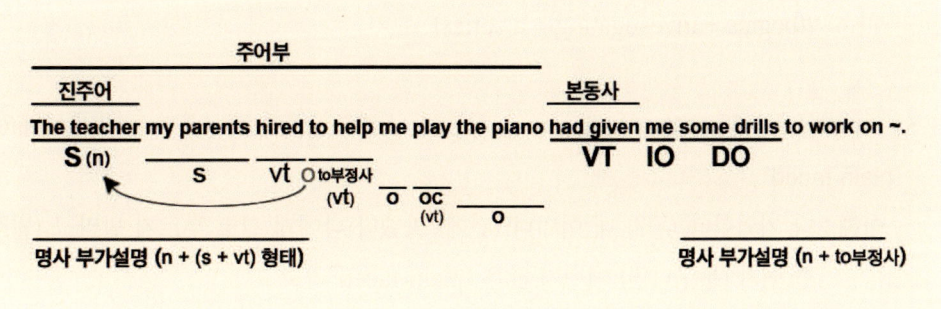

- They set out along the road south with the boy crying and looking back at the guy standing there in the road shivering and hugging himself.
  - 이해 : 그들 출발했다 쭉 잇대어 있는 것은 도로=남쪽으로 함께하는 것은 그 소년 울고 있는 그리고 시선을 두고 있는 뒤로 접점은 그 남자 서 있는 거기에 in 그 도로, 떨면서 그리고 끌어안고 있으면서 (뭘?) 그 자신
  - 해설 : with the boy crying and looking['with + o(다른 대상) + oc(~ing)'] 형태의 with구문. the guy standing('n + ~ing' 형태의 명사 부가설명). 문장 중간에 뜬금없이 등장하는 shivering and hugging은 문맥상 도로가 떨고, 껴안을 수는 없으므로 the road 에 대한 명사 부가설명이 아니라, the guy의 동시 행위를 표현하는 분사구문(~하면서)입니다.

|기타 - 종합 예제|

- But even after being spotted by Jenny, he couldn't take his eyes away from the drama unfolding before him.
  - 이해 : 그러나 심지어 "이후 내용 대기" 이전에 있었던 일은 (그) 발견되다 영향력의 원천은 Jenny, [이후 내용 ~] 그 취할 수 없었다 (뭘?) 그의 눈 다른 데로 출발점은 그 드라마 전개되고 있는 마주 보는 것은 그
  - 해설 : 접속사/전치사 before, after의 기본 의미와 어순에 따른 이해 방법을 상기하면서 어순에 따라 이해합니다. the drama unfolding('n + ~ing' 형태의 명사 부가설명)

- Elders are mentors who have been in this world working with other humans doing the important things that make life work a lot longer than you students.
  - 이해 : 연장자들 = mentor들 (누구냐면) 존재해 온 in 이 세상, 일하면서 함께하는 것은 다른 사람들 (누구냐면) 하는 (뭘?) 중요한 일들 (그 중요한 일들이 뭐냐면) 만들다 삶 효과가 나게 훨씬 오래 더 비교 대상은 너희 학생들
  - 해설 : 문맥상 working은 Elders의 동시 행위를 표현하는 분사구문(~하면서)입니다. other humans doing('n + ~ing' 형태의 명사 부가설명), the important things that make(명사 다음에 that이 나왔고 뒤에 동사가 나오므로, that 명사절이 아니라 주격 관계대명사입니다.) 예문의 기본틀은 Elders are mentors 라는 2형식 문장에 불과합니다. 나머지는 명사 부가설명들과 분사구문이 계속 연결 및 중첩되면서 문장이 확장되었을 뿐입니다.

- Most people who have grown up introverted in this very extroverted culture of ours have had painful experiences of feeling like they are out of step with what's expected of them.
  - 이해 : 대부분의 사람들 (누구냐면) 자라 온 내성적인 상태로 안에 있고, 밖에서 둘러싸고 있는 것은 이 매우 외향적인 문화 (그 외향적인 문화와) 관련 있는 것은 우리의 (문화) "본동사 대기" 겪어 왔다 (뭘?) 고통스러운 경험들 (그 고통스런 경험들과) 관련 있는 것은 느끼는 = (뭘?) 그들 존재한다 밖에, 빠져 나온 곳은 주류(主流)의 발판 함께하는 것은 기대 되어지는 것 관련 있는 것은 그들

311

- 해설 : 예문의 기본틀은 Most people have had painful experiences라는 3형식 문
장에 불과합니다. 나머지는 명사 부가설명과 전치사 of의 목적어로, 동명사
구 등이 연결되면서 목적어가 구와 절의 형태로 꼬리에 꼬리를 물어 문장이
확장되었을 뿐입니다. 문장 앞부분의 진주어 다음에 바로 명사 부가설명이
나왔으므로, 앞으로 나올 본동사에 대비하고 있어야 합니다. have grown up
introverted.(2형식 형태 문장, introverted가 have grown up의 보어 역할을
하고 있습니다.)

- He is placed in a very awkward position of having to make a decision on whether
she is capable of doing the job that she is doing.
  - 이해 : 그 처해있다 안에 있고, 밖에서 둘러싸고 있는 것은 한 매우 난처한 입장 (그
입장과) 관련 있는 것은 결정해야만 하는 것 접면은(내용은) ~인지 ~아닌지
그녀 할 수 있는 능력이 되는지 (뭘?) 그 과제 (그 과제가 뭐냐면) 그녀가 지
금 하고 있는
  - 해설 : 예문의 기본틀은 He is placed라는 1형식 문장에 불과합니다. 전치사 of의
목적어로 동명사구를 사용하여 관련된 내용(입장, 능력)이 구체적으로 무엇
인지를 설명(position of having to ~, capable of doing ~)해 주고 있습니다.
'a decision + on + 전치사의 목적어(whether절)'와 같이, 영어는 '단어 + 전
치사 + 단어'가 유기적인 연관성을 갖고 물 흐르듯 확장됩니다. the job that
she is doing은 목적격 관계대명사입니다.

- After I got my boss convinced to come, the rest of getting ready for the party was
just easy and fun.
  - 이해 : "이후 내용 대기" 이전에 있었던 일은 나 만들었다 나의 직장 상사 납득되게 앞
으로 올 것을, [이후 내용 ~] 나머지 것 (그 나머지 것과) 관련 있는 것은 준비하
는 것 목표는 그 파티 = 그저 수월하고 즐거운

2-8 기타

5. 반드시 알아 두어야 하는 미국식 축약형, 연음 발음

자신이 발음할 수 있는 만큼 들리기 때문에 축약형과 연음 발음을 아는 것은 상당히 중요합니다. 원어민은 말할 때나 글을 쓸 때 축약형, 연음을 매우 편하게 여기고 빈번하게 사용하기 때문에 반드시 알고 있어야 합니다. Phonics를 배우지 않은 한계와 학습의 편의를 위해 발음을 한글로 표기하도록 하겠습니다.

- I am = I'm : 아임/아음
- You are = You're : 유어
- She is (or She has) = She's : 쉬즈
- It is (or It has) = It's : 잇츠
- am not / is not / are not / has not / have not = ain't : 에인트
- She is gone = She's gone : 쉬즈 고은
- did not = didn't : 리른

- I am going to + 동사원형 : 아음 거너(= I'm gonna)
- I will = I'll : 아을
- She will = She'll : 쉬을
- will not = won't : 웡트
- I would + 동사원형 = I'd + 동사원형 : 아드(축약형이 같기 때문에 아래 I had와 구분이 필요합니다. 조동사 would 뒤에는 동사원형, 과거완료 had 뒤에는 과거분사가 나옵니다.)
- I had + pp = I'd + pp : 아드(동사 read 의 원형, 과거형, 과거분사형이 같기 때문에 I'd read 의 경우, "d' 가 would일 수도 있고, had일 수도 있습니다.)

313

이럴 때는 문맥과 시제를 통해서 would, had를 식별해야 합니다.)

- How'd you meet him? = How did you meet him?("d' 가 would가 아니라 did인 경우가 있습니다. 문맥을 통해서 추측의 would인지, 과거형 의문문에 쓰이는 대동사 did인지를 구분해야 합니다.)
- I have = I've : 아브/아버
- I have been = I've been : 아버 빈
- I have never been = I've never been : 아브 네버 빈
- You have done = You've done : 유브 던
- I have got to + 동사원형 = I've got to : 아브 가러(= I've gotta)

- would not = wouldn't : 우른
- could not = couldn't : 쿠른
- should not = shouldn't : 슈른
- must not = mustn't : 머쓴
- would have = would've : 우럽
- could have = could've : 쿠럽
- should have = should've : 슈럽
- must have = must've : 머썹
- may have = may've : 메이럽
- might have = might've : 마잇럽
- would've done : 우럽 던
- wouldn't have done : 우른 하브 던
- would've been : 우러 빈
- could've done : 쿠럽 던
- couldn't have done : 쿠른 하브 던
- could've been : 쿠러 빈
- might've been : 마러 빈

|기타 - 발음|

- should've done : 슈럽 던
- shouldn't have done : 슈른 하브 던
- should've been : 슈러 빈
- must've done : 머썹 던
- mustn't have done : 머쓴 하브 던
- must've been : 머써 빈

- walk to work : 워크 루 월크
- want to = wanna : 워너
- wanted to : 워니 루(≠ want it to)
- want you to call : 원 유 루 콜
- used to : 유즈 루
- Let us = Let's : 렛츠

- He could've done it, but he didn't try : 히 쿠럽 던 잇, 벋 히 리른 츄라이
- It must've been love : 잇 머써 빈 러브

에필로그

드디어 책을 끝마쳤습니다. 수고하셨습니다! 이제 앞으로 여러분이 해야 할 일은 이 책을 통해 익힌 것들을 토대로 원서와 영어 방송을 꾸준히 보고, 원어민과 소통하는 것입니다. 즉, 자기가 익힌 것을 스스로 실행하고 꾸준히 연습하는 일만 남은 것입니다.

세계 지식 총 양의 약 70프로가 영어로 기록되고, 계속해서 이 생산 속도가 빨라지고 있다고 합니다. 2020년에는 7일마다 정보의 양이 두 배가 된다고 하는데, 이 속도라면 이 정보의 70프로에 해당하는 영어가 얼마나 중요해지는지는 다시 언급할 이유가 없습니다.

언어는 학문이 아니라 의사소통과 지식 습득의 수단입니다. 여러분이 진정으로 하고 싶은 일을 위해 영어가 도움이 될 수 있도록 즐기는 마음으로 꾸준히 연마하십시오! 부디 이 책이 그런 여러분의 꿈과 비전에 보탬이 되었으면 합니다!

2019년 1월 1일
저자 장 시 영